"新时代基层党建与基层治理现代化研究"丛书

丛书主编：郝宇青

Research on the Modernization
of Grass–Roots Party Building
and Grass–Roots Governance in the New Era

任园◎著

新时代城市社区
"组织再造"中的
主体及其功能调适研究

天津出版传媒集团

天津人民出版社

图书在版编目（CIP）数据

新时代城市社区"组织再造"中的主体及其功能调适研究 / 任园著. -- 天津 : 天津人民出版社, 2024. 8.
（"新时代基层党建与基层治理现代化研究"丛书 / 郝宇青主编）. -- ISBN 978-7-201-20689-9

Ⅰ. D669.3

中国国家版本馆CIP数据核字第2024VS6911号

新时代城市社区"组织再造"中的主体及其功能调适研究
XIN SHIDAI CHENGSHI SHEQU "ZUZHI ZAIZAO"
ZHONG DE ZHUTI JI QI GONGNENG TIAOSHI YANJIU

出　　版　天津人民出版社
出 版 人　刘锦泉
地　　址　天津市和平区西康路35号康岳大厦
邮政编码　300051
邮购电话　（022）23332469
电子信箱　reader@tjrmcbs.com

策划编辑　王　玎
责任编辑　王　玎
封面设计　汤　磊

印　　刷　天津新华印务有限公司
经　　销　新华书店
开　　本　710毫米×1000毫米　1/16
印　　张　17
字　　数　220千字
版次印次　2024年8月第1版　2024年8月第1次印刷
定　　价　89.00元

丛书总序

中国特色社会主义进入新时代以来，基层治理就成了当今中国最为重要的政治议题之一，这也是新时代之"新"的一个表现特别突出的方面。那么，为什么基层治理成为当今中国最为重要的政治议题之一呢？我曾在《基层社会治理的政治学论纲》（《社会科学》2020年第6期）一文中梳理了以下三个方面的原因：

一是以社会领域为改革重心的战略转型。党的十一届三中全会的召开，标志着改革开放大幕的开启。正如邓小平所说："改革是全面的改革，包括经济体制改革、政治体制改革和相应的其他各个领域的改革"①，由于"文革"结束后中国面对严峻的社会现实，在实际的改革进程中，不得不把经济领域的改革作为优先选项，试图达到通过经济发展去解决其他领域问题的目的。这样的战略选择固然是有其合理性的，但也造成了改革的结构性失衡问题。可以看到，当代中国在创造世界经济奇迹和社会财富大量涌现的同时，各种社会问题和社会不稳定因素也在快速增加，片面强调效率和经济增长的后果逐渐浮现。对此，如果不能消除贫富分化、实现社会公平，那么，基层社会的治理危机就难以消解，构建社会主义和谐社会的目标就无法实现，甚至有可能葬送改革开放的成果。于是，改革方针和策略的调整就成为新时代面对的重大课题。党的十八届三中全会通过的全面深化改革的决议，把"完善和发展中国特色社会主义制度，推进国家治理体系和治理能力现代化"作为全面深化改革的总目标，就可以看作对改革方针和策略的重新定位，从而开启了以社会领域为改革重心的新征程。

---

① 《邓小平文选》（第三卷），人民出版社，1993年，第237页。

改革重心调整是一种必要的政治行动，而加强基层社会治理是这一政治行动目标的核心和基础。

二是以美好生活为价值取向的社会主要矛盾转化。党的十九大报告明确提出了我国社会主要矛盾的转化："人民日益增长的美好生活需要和不平衡不充分的发展之间的矛盾。"①社会主要矛盾的变化是"关系全局的历史性变化"，它关乎第二个百年奋斗目标、关乎中华民族伟大复兴、关乎国家治理体系和治理能力现代化的实现程度。当然，社会主要矛盾的变化也"对党和国家工作提出了许多新要求"，特别是要"建立符合我国实际的先进社会制度"，要"顺应人民意愿"（实现美好生活的意愿可以说是当前中国最大的民意）。社会主要矛盾的转化是一个宏观的政治问题，而化解社会主要矛盾则需要微观层面的努力。当前，我国社会主要矛盾集中表现在基层，尤为集中地表现在基层民众那里。因而，基层是化解社会主要矛盾最为主要的阵地。党的十九大报告提出了"社会治理重心向基层下移"的政治策略，就在客观上把基层作为化解社会主要矛盾主要阵地的功能定位固定了下来。

三是以强基固本为政治考量的合法性资源转换。对于任何一个执政党来说，拥有一定的合法性资源都是必要的，否则，就有可能陷入执政的危机之中。对于中国共产党来说，也是如此。应当说，在党的执政过程中，始终进行着合法性资源的生产和再生产，并源源不断地提供着合法性支持。譬如，在改革开放前，着重意识形态合法性资源的生产和再生产；改革开放后，则着重经济绩效合法性的生产和再生产。这里需要说明的是，中国共产党执政合法性资源的生产和再生产模式具有一个鲜明的特点，即它是一种特定合法性资源的生产和再生产。特定合法性资源的生产和再生产在特定的历史时期是有效的，但是其局限也是明显的，即它无法满足现代化国家和现代政党对合法性资源的要求。因此，对于

---

① 《决胜全面建成小康社会，夺取新时代中国特色社会主义伟大胜利》，《人民日报》2017年10月28日。

旨在追求社会主义现代化国家建设为目标的中国共产党来说，在世情、国情、党情都发生深刻变化的情况下，它必须致力于从特定合法性资源的生产和再生产到散布性合法性资源生产和再生产的转换。如果说特定合法性资源的生产和再生产是单一向度的，那么，散布性合法性资源的生产和再生产则是综合的、系统的、全面的。虽然两者都以人民的同意和认可为宗旨，但是，后者是多维度的、网络化的，包含着物质的和精神的双保险。在这个意义上，散布性合法性资源的生产和再生产更有利于满足人民群众的需要，因而更有利于赢得基层人民群众的认同和支持，因此，它更有助于党的执政地位的巩固。因此，习近平指出："党的工作最坚实的力量支撑在基层，最突出的矛盾和问题也在基层，必须把抓基层、打基础作为长远之计和固本之举。"①

鉴于上述三个方面的原因，中央果断作出了党和国家工作重心转移到基层、转移到基层社会治理的政治决策，并进行了相应的制度安排。可以看到，在这一政治决策和制度安排的推动下，全国范围内开始了形式多样的基层社会治理的实践和创新。当然，在这些实践和创新中，既有成功的经验，也有失败的教训。然而，不论是经验还是教训，都值得从学理上进行总结和探究，从而为提高基层社会治理的有效性、推进基层社会治理的现代化提供智力支持。这是学术界理应肩负起来的责任。应当说，新时代以来，基层党建与基层治理的实践可谓蔚为壮观，学术界对之展开的研究和探索也是蔚为壮观。两者形成了实践和理论的"合唱"。我带领我的研究团队也加入了基层党建和基层治理的研究中来了。

在党的十八大之前，我的研究兴趣主要集中在社会转型领域，并积累了一些社会调查的经验。2016年起，我担任上海市闵行区政协委员，多了一些接触社会、接触各行各业精英人士的机会，也给我创造了和闵行区的一些基层单位进行合作研究的机会。我带领我研究团队在江川路街道、古

①《〈中共中央关于制定国民经济和社会发展第十四个五年规划和二〇三五年远景目标的建议〉辅导读本》，人民出版社，2020年，第434页。

美路街道、吴泾镇、华漕镇、颛桥镇、浦江镇和一些新经济组织进行了驻点调研，获得了大量的一手资料。我们还基于研究阐释党的十九大精神国家社科基金重大专项课题"加强基层党组织建设，着力解决基层党组织弱化、虚化、边缘化问题调查研究"，到浙江、福建、江西、云南、陕西、甘肃、新疆、吉林等地进行调研，获得了极为珍贵的资料和数据。基于此，我的团队成员在获得锻炼的同时，也取得了不少的学术成果。"新时代基层党建与基层治理现代化研究"丛书就是这些成果的一部分。目前，该丛书先行出版4本，即任园的《新时代城市社区"组织再造"中的主体及其功能调试研究》、王谢平的《城市社区治理中的政治技术及其运用研究》、赵爽的《城市基层社会治理的动力研究》和哈德里别克·黑南的《新时代城市社区服务型治理研究》。待其他成果整理完成，将进一步充实该丛书。

"新时代基层党建与基层治理现代化研究"丛书的出版，得到了天津人民出版社的大力支持，在此谨表示衷心的敬意和感谢！尤其是王玚同志欣然担任丛书的责任编辑，付出了许多艰辛的努力，她在很多细节上不厌其烦，其认真负责的态度让人感动。

出版该丛书的初衷，并不仅仅是成果的展示，而是希望能够让我们的研究成果接受实践的检验和学界的批评指正，从而达到对实践的帮助、对研究的推动作用。我们也深知，任何一项研究成果都不可能是十全十美的，它所揭示的经验或规律也不可能是静止的。尤其是中国式现代化的实践没有完成时，基层党建和基层治理的实践没有完成时，因而任何实践经验的总结可能也都是一时的、局部的。或许，恰恰就是这些，给我们提供了不断努力、不断探索的持续的动力。当然，不断地接受挑战、不断地进行探索，是我们作为理论工作者应有的理论情怀和责任担当。

郝宇青

2024年8月21日于丽娃河畔

前　言

城市基层社区治理结构中，治理主体是驱动基层治理的重要组成，通过主体关系及其功能调适形成的合力决定着基层社会治理的有效性和发展趋向。不管是对于城市社区自身从传统向现代的体制变迁，还是对于外在技术演进和治理方式变革所提出的创新要求，都使得我国城市社区治理必须完成"组织再造"的改革，而"组织再造"过程的核心又在于各类参与主体在新技术、新背景、新需求的条件下重新定义自身的角色—功能。以主体关系及其功能调适为核心，有效回应公共产品的供给和公共需求的满足，实现城市社区组织再造过程，这是新时代推动基层组织治理体系和能力现代化，形成基于中国国情的治理实践和参鉴经验的重点和难点。

基于上述背景，本书将城市社区"组织再造"视为一个结构—功能的系统过程，涉及以下三重关系结构：社区"组织再造"的治理结构框架是什么？社区"组织再造"中的各主体如何通过功能调适来实现治理目标，他们的行动策略和动力何在？社区"组织再造"的有效性和局限性怎样？要回应上述问题，需要回到社区"组织再造"的内部实践，讨论和验证治理要素的构成如何有效达成治理目标。

为此，本书的总体研究设计是，采取实证调查与文本研究相结合、比较研究与案例分析相结合的研究方法，基于城市社区治理体制的历史变迁和社会背景，以近年来上海市 M 区在城市社区"组织再造"改革中进行的探索和创新为现实政治实践的蓝本，具体论述了社区"组织再造"中各主体的功能调适过程、行动策略和动力机制，以及"组织再造"的改革效能，旨在以此理解中国治理过程，特别是理解"组织再造"对于社会建设、治理体制发展和技术创新的意义，进而推动中国治理走向世界参与。

本书得出的主要结论包括：

第一，中国城市社区"组织再造"的过程，以主体关系及其功能调适为核心，以回应公民需求为归宿，同时解决内外两方面的发展与创新需求，逐渐形成了基于中国国情的治理实践。

第二，社区治理的"组织再造"不是单纯复制某种治理模式，它是在回应各个治理主体角色—功能定位的基础上，有效实现各类主体之间的合作治理，即一种中国治理情境中的治理模式生成过程。

第三，中国基层社区治理中的"组织再造"提供了治理方法的经验，提供了不同于西方历史上新公共管理运动的"政府再造"经验，提供了后发国家的治理实践探索，也为发达国家提供了审视治理经验的不同视角。

目　录

绪　论

第一节　问题缘起与研究意义

一、问题的提出

在城市基层社区治理结构中，治理主体是驱动基层治理的重要组成，通过主体关系及其功能调适形成的合力决定着基层社会治理的有效性和发展趋向。换言之，主体及其关系差异描绘着不同的基层社会治理过程，是包含治理主体、治理议程、治理目标等各项要素的有机组合。

在中国基层社会的运行过程中，主体构成及其联结关系经历了从传统到现代的剧烈变迁。在中国古代，基层组织治理单元以县域为主要单位，宗法关系构成主体间联结的主要纽带，当然，在宗法关系下，涵盖了政治权力支配关系、经济功能、社会伦理秩序等维度，它们共同依托于宗法关系，形成中国古代社会最基础的治理联结关系。近代转型以来，特别是中华人民共和国成立以来，我们通过一系列的社会改造和政治运动，在基层社会打造了一种基于计划经济的单位体制，基层治理中的各类主体，包括党委、政府、群众组织、群众等，都被纳入"单位"这一主要的治理单元。当然，这"一个高墙围合下的封闭空间"[①]，一方面延续了中国古代社会的院落形态；另一方面，也是更为关键的，它是激励治理主体完成政治动员、经济生产、社会生活的重要载体，是一种高效的动员机制。主体

---

① ［澳］薄大伟：《单位的前世今生：中国城市的社会空间与治理》，柴彦威等译，东南大学出版社，2014年，第128页。

构成及其联结关系正是围绕不同阶段的政治任务（经济任务包含在政治任务体系中）而展开的治理过程。

改革开放之后，在由传统向现代转型的自主探索与实践过程中，基层社会治理中的主体及其联结关系再次面临巨大的挑战。这一挑战首先是将计划经济条件下基层社会中各类主体的聚合关系打破，经济功能最先分离出来，交还给市场，即社会主义市场经济的蓬勃发展。基层社会成员的经济需求和资源配置越来越依托于市场主体，而不再是传统的政治及类政治主体。与基层社会成员转向市场相伴随，党组织、政府、群众组织等各类主体不得不回应市场的挑战。其中，政府主动融入市场经济发展的浪潮，并在党委领导下转向基层的规划治理路径。

这一转向带来的结果就是：第一，基层社会中公共产品的供给不足、治理匮乏；第二，基层社会演变为围绕市场的资源配置过程来运行；第三，市场并不能完全或有效提供公共服务和公共产品的供给；第四，公权力具有经济功能，但不局限于经济属性。因此，面对"去组织化"的基层组织现状，党委领导下的政府等各类主体，开始尝试重新介入基层社会治理，从而保证基本公共物品的有效供给。当然，这一再组织化的过程并不是回到计划体制，即各类主体聚合于"单位"这一基本治理单元，而是依托市场对于资源要素的配置，发挥政府的经济功能，在区划治理的配合下，高效供给公共物品，即党委领导下以政府为负责主体，社会协同、公众参与的精细化管理模式。这一主体功能的调适及其关系联结的新模式，不同于传统社会，也不同于计划体制，它有着独特的生成背景，也面临着若干困难和挑战，而这正是构成社区"组织再造"的生成与发展问题。

在"组织再造"的过程中，基层治理主体角色与功能定位需要根据再组织化进程中所面对的问题与挑战，作出必要的调适和更新。这种"组织再造"的过程不同于西方的政府再造，也不同于当下流行的公共服务建设和新公共行政运动。当然，它包含了服务型政府建设的要求，但主要是为了回应再组织化在面对治理挑战和公众需求层面的困境。它是中国基层社会治理在新时代所独有的一种治理变革。

实现"组织再造"需要明确两个逻辑起点：首先，"组织再造"的过程同之前的动员体制、去组织化和再组织化之间的区别和联系。"组织再造"同之前的各类联结形式明显存在差异，包括主体关系、协商机制、能力建设、需求回应、上下关系等，但与此同时，"组织再造"也并不是割裂与之前的联系，它绝不等同于抛弃政治领导和行政主体的重要作用，也不等同于全面转向各类非行政主体的主导作用。相反，它是在承认各类主体的基础上展开对于主体构成及其联结关系的再造过程，是在已有的组织结构中围绕过程和结果做出的改革与创新。这是不同于政府再造对于公共行政的批判，是公共服务、新公共行政、公共管理对于政府再造的反思。其次，"组织再造"指向多主体之间关系的界定，这种关系界定意味着不同治理主体在参与基层治理的过程中，彼此间边界的确证及与此相伴随的角色—功能划分。市场化改革完成了对于计划体制条件下动员体制的改革，使得基层治理主体具备相应的治理空间，但是这种空间很快被纳入行政的竞争关系之中，基层治理空间中的具体需求并不能得到充分释放，甚至造成失序和公共物品供给不足；再组织化虽然较好地解决了失序问题和必要供给，但它并没有提供多主体的制度化合作机制，与之相对，其他非行政类主体更多被动"卷入"基层治理过程，治理中所面对的各类问题和挑战激发了行政的持续扩张，这一矛盾意味着"组织再造"的必要性。

综上所述，社区"组织再造"可以被视为一个结构—功能的系统研究，具体分解为以下三重关系结构：第一，社区"组织再造"的治理结构框架是什么？第二，社区"组织再造"中的各主体如何通过功能调适来实现治理目标，他们的行动策略和动力何在？第三，社区"组织再造"的有效性和局限性怎样？要回应上述问题，需要回到社区"组织再造"的内部实践，讨论和验证治理要素的构成如何有效达成治理目标。上海市M区近年来在城市社区"组织再造"改革中进行的探索和创新为研究者提供了一幅理解中国治理过程的生动图景。而理解中国治理过程，特别是理解"组织再造"对于社会建设和治理体系发展的意义，进而推动中国治理走向世界参与，是基层治理理论研究和实践的发展方向。

二、研究意义

本书对城市社区"组织再造"中的主体及其功能调适进行的研究，兼具理论与实践两方面的意义。

（一）理论意义

首先，本书试图跳出长期占据基层社区研究主流的国家—社会关系范式，转而以"组织再造"视角重新思考城市社区治理研究，厘清城市社区治理中"组织再造"的基本逻辑。就基层社会而言，如今面临的最大问题就是改革开放之前与之后的社会控制模式发生了重要改变，在单位制转向社区制的过程当中出现了一定程度的基层"组织/权力真空"问题。换言之，社会的"去组织化"是新时代社区治理面临的重要课题。因此，对社会进行"组织再造"并再组织化是非常必要和迫切的。可以看到，"组织再造"尤其是基层"组织再造"是一个十分宏大的理论议题，这不是一个用国家—社会关系就能一言蔽之的议题，它涉及国家构建、党政体制、技术治理等多个"理论部件"。

其次，本书将"组织再造"这一宏观的理论议题化约为各个主体（政党、政府、社会、居民等）的社会角色、功能与互动关系，并以此为框架将当前城市社区"组织再造"的治理经验理论化。从文献梳理来看，近年来学术界关于城市社区治理研究的论述汗牛充栋。综合分析看，主要聚焦于社区自治、社区建设、城市化（城镇化）、治理能力和基层民主等领域。这类研究大都是结构性的，较少聚焦城市社区治理中的主体关系及其治理结构。应当说在新时代，多元治理与多主体协同治理是社会治理的主要特征。以此为观照，在城市社区中如何协调城市社区治理中政党、政府、社会组织和公众等主体之间的关系也显得尤为必要。事实上，在基层社区治理之中结构与主体同等重要，两者之间的互动与相互形塑（mutual-shaping）共同决定了基层的治理生态。

最后，本书将社区看作一个"场域"，通过纳入所有治理主体来突破基层社会治理研究文献中单一主体的研究视角。以往社区治理主要是以党政机关为核心、准行政组织如居委会等为抓手，因此社会治理的绩效主要取决于党政机关。然而进入新时代，多主体治理已经成为现实，因此治理绩效的实现就必须依赖于基于各个主体功能调适的治理适应性（adaptability）。在这个背景下，单一主体的研究视角已经无法对这一现实进行深入挖掘。事实上"组织再造"和基层治理本身一样都是一个动态的过程，对这个过程进行研究必然会涉及"全主体"，因此忽略或有选择性地强调某一个或几个主体都是不合适的。

（二）实践意义

社区或社区治理的研究本身就有高度实践性，它无论如何都无法被当作一个纯粹的理论研究。而基层"组织再造"本身也是一个实践议题。当前，社区"组织再造"逐渐成为"社区如何治理"的一种实践方案。本书将实践与现实关怀放在首位，在每一个治理主体的研究部分，都以调研所得的现实案例为基础，坚持做到以现实审视、修正理论，而不是相反。

首先，有助于明确社区治理中各主体的角色定位及行为规范。当前，社区治理中多个主体（政党、政府、市场、社会、居民等）、多层结构（政党、政府—社会—公众、社区—社会组织—公众）都活跃在社区这个"小社会"中，复杂的经济、政治、社会关系交织在一起。由于组织目标和行为方式的差异，不同的治理主体叠加在一起反而产生了很多矛盾，甚至出现了很多不和谐因素。究其实质，正是由于主体间的定位不清晰和行为不规范导致的。因此，本书希望能够理顺城市社会治理中的主体的角色定位与行为规范，明确不同治理主体的权责利，有效规范治理主体的行为选择，引导它们根据内外因素的变化进行相应的调适，进而最大化、最优化地发挥它们的功能。

其次，有助于明晰社区治理中的组织结构，进而提升基层治理效能。随着城镇化的快速推进，城市社区在现代社会治理中的作用越来越突出。基层社会的"去组织化"现象，对原有的社会结构和社会秩序造成了冲击和瓦解，与此同时，城市流动人口的快速增加和生产、生活节奏的快速变化，城市社会的各种不稳定因素也在此起彼伏地发生着。城市社区的"组织再造"既是社会治理的必然要求，也是维护社会稳定和巩固社会基础的重要手段。通过社区的"组织再造"，协调基层党组织、政府部门、社会组织、公众等多元主体，推动基层组织结构有序化，基层治理高效化。

最后，有助于推动城市基层社会治理现代化的创新和实践。当前基层社区治理实践的经验丰富，各地根据不同的区位和资源优势，打造出多种治理模式。本书的研究试图从治理主体的角度切入，通过分析上海市 M 区基层社区治理中以各个主体为核心的案例，汲取各个主体功能调适的有益经验和方向，并试图将其理论化，推动中国基层社会治理经验的形成，进而推动中国治理走向世界参与。

第二节　研究综述

社区是城市社会治理的基础单元，随着单位制的解体与街居制的转型，多主体、多领域、多层结构叠加交织的社区"小社会"引起了学术界的极大关注和重要关切。"社区如何治理"成为伴随基层社会"去组织化"现象出现的重要命题，这既是一个实践命题，更是一个理论命题，因为其本质是对全新的国家与社会关系的适应性变革，是应对基层社会治理结构和形态转型之策，更是观察中国基层政治与社会发展的重要视窗。近年来，学术界关于城市社区治理研究的论述汗牛充栋，这也侧面反映出该议题的重要性和必要性。综合分析看，现有研究主要聚焦于社区自治、社区建设、城市化（城镇化）、治理能力、基层民主等领域，为我们进一步推进社区治理研究奠定了基础。

为了更好地探明城市社区治理研究变迁与阶段特征，本书的研究评述采用定量和定性相结合的方式梳理以往研究：一方面，采用 CiteSpace 可视化软件对2020年以前发表在中国知网上，且以"城市社区"和"治理"为主题的 CSSCI 来源期刊论文进行定量分析，共527篇，从计量学角度勾勒出该领域研究的概况和历史变迁；另一方面，结合可视化分析结果与该领域相关著作、文献等资料做进一步的文献梳理，尝试从定性分析角度更细致准确地总结出城市社区治理的特征与发展。

一、城市社区治理的研究概况

基于定量分析的归纳和可视化优势，城市社区治理研究的概况主要从年代、期刊、学校和学科四个分析单元来勾勒出该领域研究的主要分布情况。

一是城市社区治理研究的年代分布情况。由图0.1可知，我国城市社区治理最早的研究始于2003年，随后大体呈现逐年上升的趋势，并在2019年达到历史最高峰。根据论文的增长情况又可以分成两个阶段：一是2003—2012年的平缓发展期，并在2008年达到该阶段的最高峰，这一阶段总体而言发展比较平缓，除了2008年外，其余年份的论文篇数均在16篇以内；第二阶段是2013—2019年的急剧增长期，并在2019年达到历史最高峰，该阶段的论文发表量呈现急剧上升的趋势。

二是城市社区治理研究的期刊分布情况。由图0.2可知，城市社区治理发文最多的10个期刊的论文发文量均在6篇以上，其中发文量最多为《社会主义研究》，发表20篇。

三是城市社区治理研究的学校分布情况。由图0.3可知，城市社区治理发文最多的10所学校均发表10篇以上，其中发文量最多为华中师范大

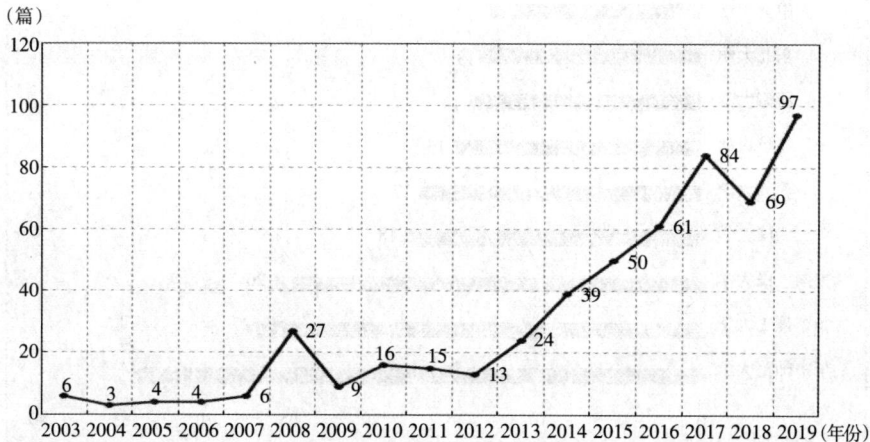

图0.1　年代分布

学，发文34篇，其次为华东理工大学和中国人民大学。这3所学校与其后的学校机构都在基层社会治理领域有很强的学术实力和公认的社会影响力。

四是城市社区治理研究的学科分布情况。由图0.4可知，城市社区治理涉及最多的10个学科均发表4篇以上，其中发文量最多的两个学科分别为社会学相关学科和公共管理。

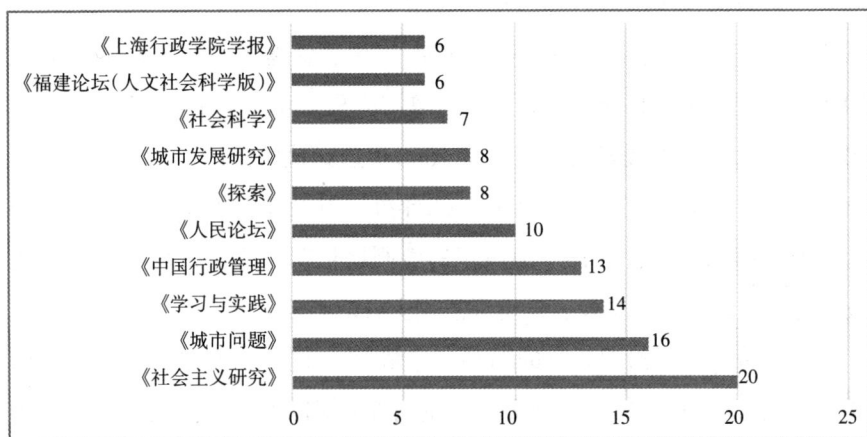

图0.2　期刊分布

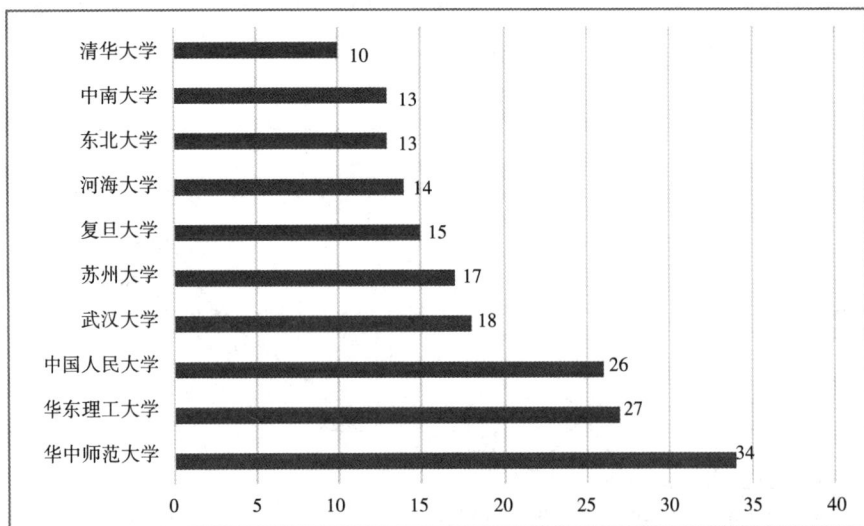

图0.3　学校分布

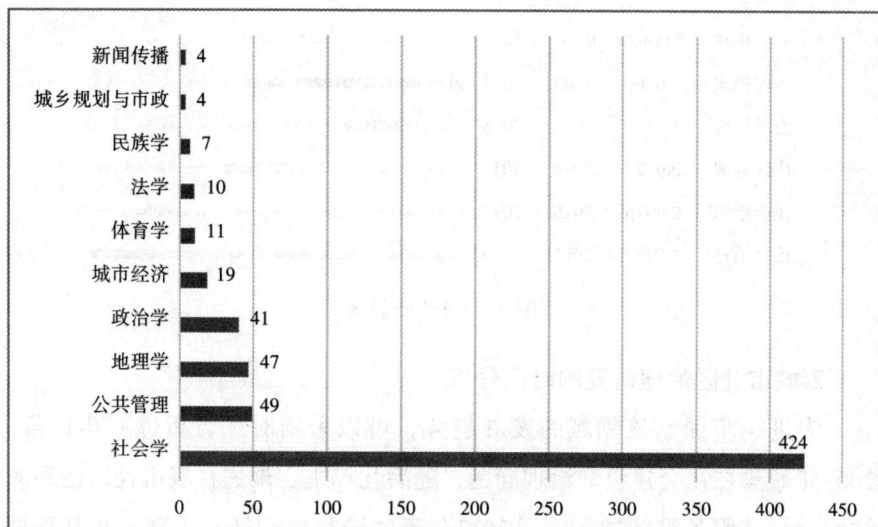

图0.4 学科分布

综上，我国城市社区治理呈现出逐年上升的趋势，尤其是2012年后出现了急剧增长期；《社会主义研究》为发文最多的期刊；华中师范大学为发文最多的学校；社会学和公共管理为该领域研究涉及最多的学科。这一概况只能粗略勾勒出城市社区研究的轨迹，为研究者进一步论述和判断趋势提供一些线索。

二、研究脉络：从结构分析到关系重塑

（一）城市社区治理研究变迁的定量分析

1.城市社区治理研究的前沿演进

为初步探索该领域的前沿演进，采用CiteSpaceⅢ软件中的突变检测（Detect Bursts）功能探索关键词的突变点，图0.5直观地显示了我国城市社区治理领域研究前沿的演进过程。其中凸显时间最长的为治理模式，从2003年持续到2012年，而凸显年份最新的为社会治理，从2017年延续至2019年。

Keywords	Strength	Begin	End	2003—2019
治理模式	3.8166	2003	2012	
治理结构	3.8419	2005	2008	
社区管理	2.9177	2008	2013	
社会组织	2.9975	2016	2017	
社会治理	4.0772	2017	2019	

图0.5　5个凸显词

2.城市社区治理研究的时区分析

为进一步探索该领域的发展趋势，可以采用时区分析进一步探索。2003年聚焦在社会建设和治理问题，随后几年主要聚焦在城市社区治理的结构、社区服务等问题；到了2013年后主要聚焦在社会治理，尤其是城市社区治理中的社区自治等问题，这与图0.5的结果大体一致。

综上，城市社区治理的发展趋势则在2012年左右呈现两段发展趋势，其中2012年以前的研究主题相对集中，主要围绕城市社区的治理模式和治理结构展开，但2012年之后的研究主题则相对丰富，如社区自治、社会治理、社会组织等。这一阶段的划分大体与何绍辉基于国家关于城市社区治理政策文件而将城市社会治理划分为三阶段一致，即社区管理阶段（1949—1990年）、城市社会建设阶段（1991—2011年）、城市社区治理（2012年至今）。[①]

（二）城市社区治理研究变迁的定性分析

1.从结构分析到关系重塑的研究转向

城市社区治理研究变迁的定量分析清晰地显示了研究主题的前沿演进与转向，即从治理结构到治理模式和社会治理的转变，而大量阅读和梳理具体文献的结果也可以得出上述结论。总的来说，关于城市社区治理的研究大多在国家与社会关系的分析范式下展开，但国家与社会关系的分析范式是一个宏观视野，其内部也有理论分析视角的分野。对社区治理的研究

[①] 何绍辉：《政策演进与城市社区治理70年（1949—2019）》，《求索》2019年第3期。

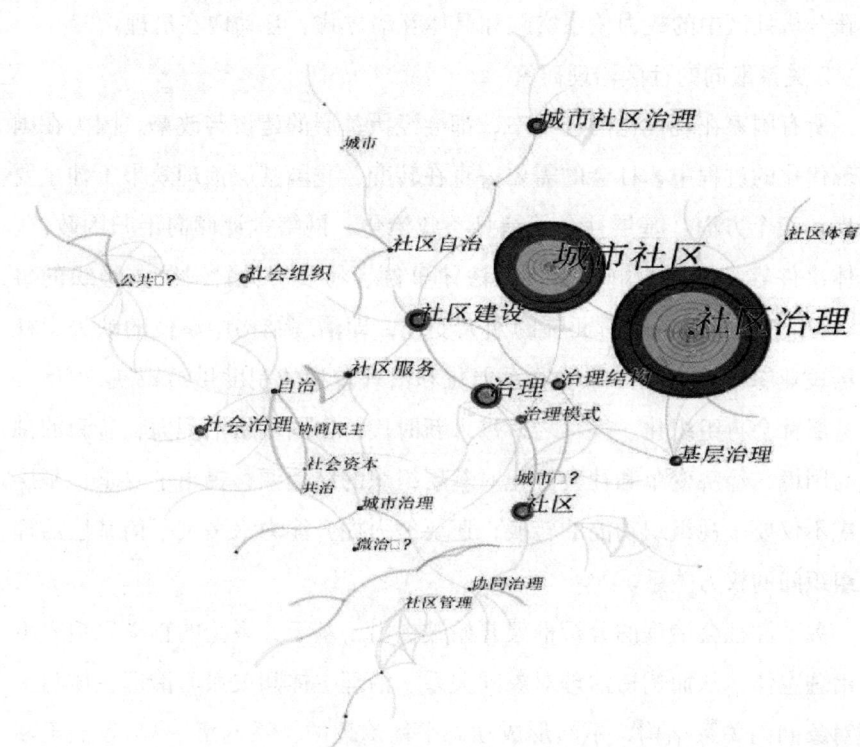

图0.6　高频关键词词频

还很难完全抛开国家与社会关系的分析范式，但需要对其进行再定义与再理解。

　　在国家与社会关系的分析范式下，聚焦于结构主义的研究者认为，社区是一个结构性分析单元，社区治理结构决定了治理主体的行为构成。所有治理主体可以二元化类型化为国家与社会这两个独立整体，主体间关系也是在类型化治理结构中的权利分化和权利边界确立的基础上互动，这一视角也因而具有强烈的价值倾向性。

　　由于难以回应社区中动态的主体互动实践过程及容易陷入强弱对立判断的思维等问题，后来的社区治理研究开始更多地强调关系取向社区发展观，即构建多元治理主体的互动与共治机制。关系取向的社区治理研究一般有两条进路：一是将社区视为要素流动和关系网络构成的场域，对其进行关系性建构，并在此基础上反思国家与社会关系；二是通过微观的治理实践分析社区中的权力关系实践和具体互动方式、互动内在机理。

　　2.关系取向的社区治理研究

　　所有国家在现代化的进程中，都会经历基层的建设与改革。因为在国家现代化的过程中，社会的需要一直在转变，我国基层治理效果不佳主要表现在四个方面：基层社会情绪日益政治化、网络批评倾向于归因政治、个体事件容易发展为群体事件、法律事件容易发展为针对公共组织的事件。[1]而基层社区治理所面临的四大变化，即治理结构中单位的缺失、社区居民业缘淡化、社区居民联系弱化和治理转型的制度供给短缺，[2]均要求基层社会再组织化。换言之，进入新时代，中国基层治理面临着新的挑战与困境，经济变革和社会分化对基层组织的结构调整提出了要求，基层组织不仅要正视组织功能的转换，还要努力提升能力水平及平衡基层治理中组织间的权力关系。

　　关系性社会治理的分析框架开始被提出，基于关系论的哲学思想来审视治理主体，从而构造治理对象间关系、治理主体间关系、治理主体与治理对象间的关系结构，不断形成动态平衡治理的关系网络。[3]学者们不断就治理主体间关系进行论述，一方面基于整体性系统性视角讨论社区治理议题，如主体间关系的问题、成因与重构，[4]社区治理的"关系式动员"路径；[5]另一方面致力于各主体参与社区治理过程及两两主体间的关系性思考，如社会组织为主体视角的参与模式[6]、基层党组织与社会组织的关

---

① 张静：《中国基层社会治理为何失效？》，《文化纵横》2016年第5期。

② 郝宇青：《基层社区治理能够实现"组织再造"》，《解放日报》2017年10月24日。

③ 杨超：《迈向关系性社会治理：一个元框架的构建》，《华东理工大学学报（社会科学版）》2019年第1期。

④ 唐江平：《社区治理主体间关系：问题、成因与重构》，《社会工作（学术版）》2011年第6期。

⑤ 周延东：《社区治理的"关系式动员"研究》，《中国特色社会主义研究》2010年第1期。

⑥ 尹广文、李树武：《多元分化与关系重构：社会组织参与城市基层社区治理的模式研究》，《理论导刊》2015年第10期。

系研究①、政府与社会组织间关系②等议题。

显然，原有的基层组织建设模式已经不能适应社会结构的变化与发展，不管是为了解决原模式下积累的社会矛盾，还是着眼于长远的政治稳定与社会整合，都迫切需要进行一场脱胎换骨的基层"组织再造"。"组织再造"的过程是通过基层治理主体间联结关系的重塑来实现的。当然，这种关系性的确立并不是随心所欲的，它需要充分考量之前的管理经验和治理成果，特别是在既有政治原则和治理实践基础上，充分回应治理需求。于是，我们可以看到，研究者们就如何构建科学合理的主体间联结关系，提出了多种方案，包括协同治理模型③、整合治理模型④、三圈网络治理模型⑤、7S系统模型⑥，等等。其实，这一系列的主体关系模型，都在尝试回答如何处理主体关系问题，从而寻找到最合适的治理方式。比如，有学者从"政府治理能力"与"社会发育程度"关系入手，划分四种治理形态；⑦有学者从"政府与社会的合作程度"与"跨界事务协商的平等性"关系切入，划分四类治理方式⑧。

---

① 刘蕾、邱鑫波：《社会组织党建：嵌入式发展与组织力提升》，《北京行政学院学报》2019年第6期。

② 王向民：《分类治理与体制扩容：当前中国的社会组织治理》，《华东师范大学学报（哲学社会科学版）》2014年第5期。

③ 郁建兴：《当代中国社会建设中的协同治理——一个分析框架》，《学术月刊》2012年第8期。

④ 杨宏山：《整合治理：中国地方治理的一种理论模型》，《新视野》2015年第3期。

⑤ 娄成武：《基于"三圈网络治理"模型的公共服务体系复杂性分析》，《行政论坛》2014年第3期。

⑥ 巩建华：《麦肯锡7S系统模型：一种可资借鉴的公共治理方法》，《湖北社会科学》2009年第8期。

⑦ 郁建兴：《当代中国社会建设中的协同治理——一个分析框架》，《学术月刊》2012年第8期。

⑧ 杨宏山：《整合治理：中国地方治理的一种理论模型》，《新视野》2015年第3期。

三、研究热点：治理创新与模式转型

（一）城市社区治理研究热点的定量分析

城市社区治理的研究热点的定量分析可以采用CiteSpaceⅢ可视化软件来显示，主要通过关键词的词频分析和高频关键词的聚类分析两个维度。

1.城市社区治理的关键词词频分析

去除诸如"城市社区"和"治理"等与检索词直接相关的关键词外，排在前10位的关键词为（见表0.1）：社区建设（29）、基层治理（18）、社会治理（16）、社区自治（16）、治理结构（15）、社会组织（13）、社区服务（13）、治理模式（10）、协同治理（9）、社区体育（8），这初步表明城市社区治理研究主要涉及城市社区治理结构、模式的探索等。关键词的知识图谱（见图0.6）也直观印证了该结果（圆圈越大表明该关键词出现频次越多）。

表0.1　高频关键词词频（TOP30）

序号	关键词	频次	序号	关键词	频次	序号	关键词	频次
1	社区治理	185	11	社会组织	13	21	协商民主	7
2	城市社区	132	12	社区服务	13	22	社区管理	7
3	治理	35	13	自治	11	23	居民自治	6
4	社区建设	29	14	城市基层社区	10	24	公共服务	6
5	城市社区治理	27	15	治理模式	10	25	社区冲突	6
6	社区	27	16	协同治理	9	26	社区参与	5
7	基层治理	18	17	社区体育	8	27	新型城镇化	5
8	社会治理	16	18	城市治理	8	28	公共治理	5
9	社区自治	16	19	社会资本	8	29	社会建设	5
10	治理结构	15	20	公共社区	7	30	治理创新	5

2.城市社区治理的关键词聚类分析

为探明热点领域，采用CiteSpaceⅢ软件对当前领域研究中的高频关键词进行聚类分析，以期能够呈现城市社区治理研究的全貌。结果显示，模板值（modularity，Q值）为0.83、平均轮廓值（silhouette，S值）为0.69，依据标准，①当Q值在0~1之间，S值大于0.3，即表明聚类分析出来的结果显著。可见，聚类分析结果显著，图0.7直观显示了城市社区治理研究的热点领域，我们选取前七大类进行详述，即城市社区建设和治理结构等问题，社会组织、社会再组织化与参与等问题，社区治理创新及基层党建引领，城市社区社会管理创新问题，城市治理、公共治理中的协同治理问题，中国城市社区问题及应对，社区治理现代化问题。具体如下：

种类#0为最大类，由18篇文献构成，S值为0.90，包括"治理""社区建设""基层治理"和"治理结构"等关键词，主要探讨城市社区建设和治理结构等问题。

种类#1为第二类，由15篇文献构成，S值为0.97，包括"社会组织""公共空间""制度""居民参与"再组织化等关键词，主要探讨社会组织、社会再组织化与参与等问题。

种类#2为第三类，由14篇文献构成，S值为0.96，包括"社区管理""治理创新"和"基层党建"等关键词，主要探讨社区治理创新及基层党建引领。

种类#3为第四类，由13篇文献构成，S值为1.00，包括"社区治理""城市社区"和"社会管理创新"等关键词，主要探讨城市社区社会管理创新问题。

种类#4为第五类，由13篇文献构成，S值为1.00，包括"协同治理""城市治理""协商民主""社区参与"和"公共治理"等关键词，主要探讨城市治理、公共治理中的协同治理问题，如协商民主、社区参与。

种类#5为第六类，由13篇文献构成，S值为0.98，包括"社区冲突""问题""中国城市社区""冲突化解"和"冲突治理"等关键词，主要探讨中国城市社区问题及应对。

种类#6为第七类，由12篇文献构成，S值为0.93，包括"社会治理"

---

① 陈悦、陈超美、胡志刚等：《引文空间分析原理与应用——CiteSpace实用指南》，科学出版社，2014年，第80—113页。

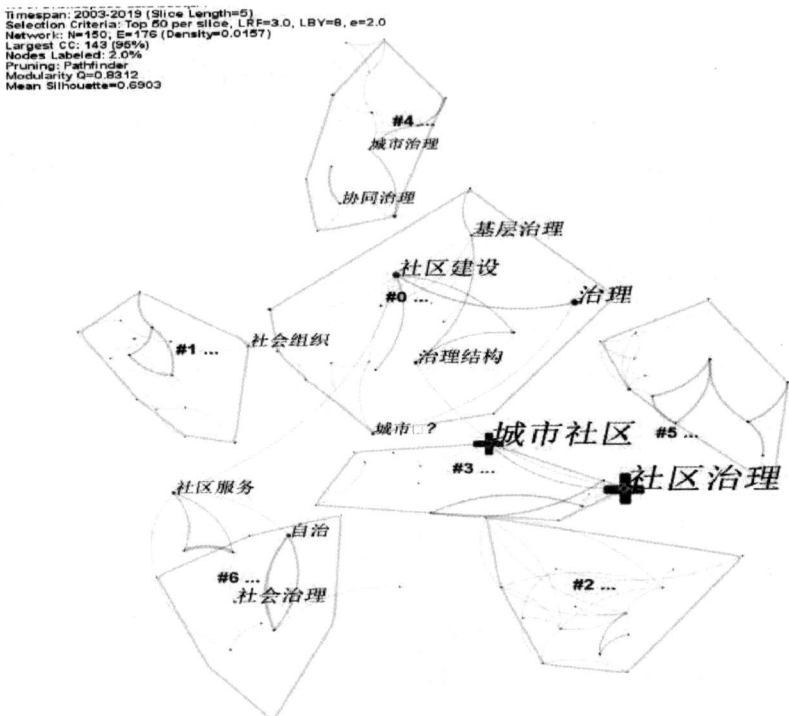

图 0.7　热点领域图谱

"社区服务""自治""共治"和"治理现代化"等关键词，主要探讨社区
治理现代化问题。

（二）城市社区治理研究热点的文献综述

根据城市社区治理词频分析和聚类分析的指引，结合相关议题文献的
归纳梳理，可以将城市社区治理研究热点分为三个层面：

1.社区建设与治理结构

中国的"社区"概念虽然是为解决单位制解体和街居制转型而引入
的，是国家进行政治整合与社会控制的基本治理单元。学者们致力于社区
建设的路径设计是多维的。朱健刚指出，要明确政府与社会的权力界限，
鼓励群众自治组织与民间公益组织发展，建立政府与社会的合作治理机

制。①陈鹏提出，社区要去行政化，关键在于重建和再造居委会"行政性"与"社会性"双重属性之间的平衡，进而实现政府治理与社会自我调节、居民自治良性互动。②

学术界已达成的共识是，多元共治的社区治理结构是打造共建共治共享治理格局的抓手，③要鼓励社区非营利组织、社区公众和政府一起参与到社区公共事务的管理之中，形成网状社区治理结构。④构建城市社区治理共同体，需要重塑政府、市场、组织与居民构成的治理结构，需要强调"一核多元"之差序性结构在中国城市社区治理的现实性，并基于此划分不同主体在城市社区治理中的责任与角色，理顺它们之间的边界及其互动关系。⑤

在社区治理结构中，最为关键的是多元主体的角色与主体间关系。首先，就政党主体而言，中国的国家建设是由政党去引领从而形成权力的制约、资源的动员和体系的整合。⑥中国社会实现长期持续稳定发展的重要前提是变化了的党、国家与社会如何形成合理的关系结构。⑦其次，就政府主体而言，政府主导型社区自治通过对城市基层社会进行再组织和再整合，在城市基层社会中获得了良好的治理局面。⑧政府应承担社区建设的

① 朱健刚：《论基层治理中政社分离的趋势、挑战与方向》，《中国行政管理》2010年第4期。

② 陈鹏：《社区去行政化：主要模式及其运作逻辑——基于全国的经验观察与分析》，《学习与实践》2018年第2期。

③ 方亚琴、夏建中：《社区治理中的社会资本培育》，《中国社会科学》2019年第7期。

④ 冯玲、李志远：《中国城市社区治理结构变迁的过程分析——基于资源配置视角》，《人文杂志》2003年第1期。

⑤ 李永娜、袁校卫：《新时代城市社区治理共同体的建构逻辑与实现路径》，《云南社会科学》2020年第1期。

⑥ 陈周旺：《政党"组织化驱动"与国家建设》，《南京大学学报（哲学·人文科学·社会科学）》2019年第5期。

⑦ 林尚立：《社区自治中的政党：对党、国家与社会关系的微观考察》，刘春荣、耿曙、陈周旺主编：《中国城市基层治理研究读本》，复旦大学出版社，2018年，第90页。

⑧ 卢学晖：《中国城市社区自治：政府主导的基层社会整合模式》，《社会主义研究》2015年第3期。

指导者、社区公共服务的供给者、社区公民社会的培育者、社区自治组织的监督者四种角色。①推进公共服务变革，要缩小政府行动范围，但同时强化政府的制度能力。②再次，就社会组织主体而言，社会组织需要致力于集结与汇合社会力量，强化自身在组织间关系网络中的影响力和组织力，通过服务能力的建制性增长，真正发挥社会协同作用。政府和社会组织都应该充分认识和理解购买服务与合作治理的区别及其相互关系，在政社合作上采取正确和有效策略，以最优方式实现社会组织对公共治理的进入。③最后，就公众主体而言，公众参与是民主制度的一个重要维度，要"倡导在正式生活和公共生活中积极的、普遍的参与……重新打造一个互相沟通、互相依赖的社群"④。

2.治理创新与治理模式

关注城市社区的建设和发展，这是当代城市管理者崭新又非常重要的命题。⑤但社区治理本体—社区类型多样，社区治理的三大主体——政府、居民（尤其是业主阶层）、社区组织都难以适应新阶段社区治理的需要，可以从涵养治理资源、重构治理结构、建设参与机制、建立组织保障四个方面进行社区治理创新。⑥学者们还从不同视角探析了城市社区治理创新体制问题。蔡小慎、潘加军从制度经济学理论来审视我国城市社区管理体制，发现其存在着运行成本高、委托人和代理人职能分工不清晰、制度供给与需求不均衡等一系列问题。⑦刘见君通过国内外城市社区管理的模式

---

① 王永红：《城市社区治理中政府的角色定位及其职能》，《城市问题》2011年第12期。

② 王旭、顾昕：《政府能力建设与公共服务的治理变革》，《学术月刊》2006年第4期。

③ 敬乂嘉：《从购买服务到合作治理——政社合作的形态与发展》，《中国行政管理》2014年第7期。

④ 陈尧：《西方参与式民主：理论逻辑与限度》，《政治学研究》2014年第3期。

⑤ 蓝志勇、李东泉：《社区发展是社会管理创新与和谐城市建设的重要基础》，《中国行政管理》2011年第10期。

⑥ 严志兰、邓伟志：《中国城市社区治理面临的挑战与路径创新探析》，《上海行政学院学报》2014年第4期。

⑦ 蔡小慎、潘加军：《制度经济学视角下的城市社区管理体制创新探析》，《求实》2005年第3期。

的比较研究总结出我国创新社区管理体制的经验与启示。①汪波在国内社区管理体制改革的实践模式的基础上，提出"行政、统筹、自治之三元复合体制"。②

在治理模式方面，田毅鹏、苗延义认为，基层多元共治是基层党组织领导的组织"吸纳"与组织"生产"的产物，能够推动基层社会联结共建、激发社会活力。③师林、孔德永在对天津基层治理经验总结认为，"战区制、主官上、权下放"模式是能够把基层治理的制度优势转化为治理效能的有效方式，创新基层治理体制机制，构建基层社会治理新格局。④曹海军、鲍操认为，基层党组织在社会治理中具有政治引领、组织引领、能力引领、机制引领作用，通过构建社区管理体制、政府购买服务和民主协商的方式，共同打造社区共同体。⑤

在治理模式中，党建引领社会治理已成为重要的治理实践。城市基层党建和社会治理价值追求一致、工作对象重合、工作方式互补、工作内容交叉，具有高度耦合性。⑥张冬冬认为，要以党建引领带动社区治理的实践，基本形成"一核多元"的社区治理体系，要通过社区党组织构建区域化大党建平台、加强基层组织建设等，实现党建引领社区治理的中国逻辑。⑦曹海军、刘少博认为，"党建＋城市社区治理创新"成为满足人民日

<hr>

① 刘见君：《国内外城市社区管理的模式、经验与启示》，《江淮论坛》2003年第5期。

② 汪波：《城市社区管理体制创新探索——行政、统筹、自治之三元复合体制》，《新视野》2010年第2期。

③ 田毅鹏、苗延义：《"吸纳"与"生产"：基层多元共治的实践逻辑》，《南通大学学报（社会科学版）》2020年第1期。

④ 师林、孔德永：《制度—效能：基层党建引领社区治理的创新实践——以天津市"战区制、主官上、权下放"模式为例》，《中共天津市委党校学报》2020年第1期。

⑤ 曹海军、鲍操：《社区治理共同体建设——新时代社区治理制度化的理论逻辑与实现路径》，《理论探讨》2020年第1期。

⑥ 孙涛：《新时代城市基层党建引领社会治理创新路径探析》，《新疆大学学报（哲学·人文社会科学版）》2018年第4期。

⑦ 张冬冬：《党建引领社区治理创新的理论和实践逻辑》，《毛泽东邓小平理论研究》2019年第11期。

益增长的美好生活需要、化解新时代社会主要矛盾的第一推动力。①张勇杰提出了多层次整合分析视角对北京市基层党建的新模式进行分析，通过党建引领整合区级党建网络、街道党建网络、社区党建网络及片区（网格）党建四级体系，并引导社会力量参与，实现基层共治。②陈毅等在上海社区调研发现，目前存在居民参与度低和政党介入度高的社区，居民参与度和政党介入度都高的社区，居民参与度高和政党介入度不高的社区，并从政党的治理理念、治理能力、关系重塑和治理资源四个要素来分析党建如何引领社区治理。③孙肖远以南京市鼓楼区社区治理实践为例，认为可以通过构建社区党建扁平化领导体制有效整合社区党建资源，提高社区党建工作效能。④宋黔晖认为，党建引领社会治理，基层党组织应以社区居民需求为导向，不大包大揽，坚持民主协商，突出党员"积极行动者"的角色，从而建设社区生活共同体。⑤唐兴军认为，可以通过组织嵌入与结构耦合来加强社会组织党建，从而实现社会组织治理现代化建设的功能驱动与政治引领。⑥

3.协同治理与民主自治

"协同治理"模式能够协调各主要行动者的多元化利益诉求，形成一种以实现共同利益为目的的协同关系结构且现已广泛运用于公共管理实

① 曹海军、刘少博：《新时代"党建+城市社区治理创新"：趋势、形态与动力》，《社会科学》2020年第3期。

② 张勇杰：《多层次整合：基层社会治理中党组织的行动逻辑探析——以北京市党建引领"街乡吹哨、部门报到"改革为例》，《社会主义研究》2019年第6期。

③ 陈毅、阚淑锦：《党建引领社区治理：三种类型的分析及其优化——基于上海市的调查》，《探索》2019年第6期。

④ 孙肖远：《社区复合治理与社区党建领导体制创新——以南京市鼓楼区社区治理实践为例》，《理论导刊》2012年第6期。

⑤ 宋黔晖：《基层党建引领社区治理创新的路径》，《中国党政干部论坛》2019年第2期。

⑥ 唐兴军：《从嵌入耦合到驱动引领：社会组织党建的逻辑与路向》，《江西师范大学学报（哲学社会科学版）》2020年第1期。

践。①陈世香、黄冬季通过对武汉市南湖街社区的个案研究，指出协同治理是我国城市社区公共文化服务供给机制创新可供选择的模式，也是创新基层社会治理体制的备择治理结构。②颜玉凡认为，通过构建以文化建设价值增值为目标的协同治理系统全过程创新机制、居民主动性参与和协同治理创新的互动提升机制，还可以实现社区文化自信建设与"文化善治"的良性循环。③

回顾中国城市居民社区参与的历程可见，在社会民主化和城市现代化的推进下，社区参与、居民自治成为20世纪90年代以后中国社区建设的新主题、新动力。④李友梅早期的研究揭示了中国城市基层社区中公民社会的微观基础，以及这种微观基础与"社区共治"和社区"治理结构"的微妙联系。⑤林尚立认为，基层群众治理不仅需要逐渐减弱国家权力对社会的直接控制与干预，还需要政府在社会主义市场经济条件下对社会进行新的、有效的动员和整合。⑥这实际上是以自上而下的途径推动基层民主的建设过程，这种依托于政府强制力的手段必将会让位于以社会经济发展为基石的自下而上的方式。⑦也有学者认为，基层治理民主化的关键在于需要形成有效的制度形式，并使民主管理具有实质性内容而不是流于形式。⑧

---

① 金太军、鹿斌：《社区中的政治：协商民主的逻辑与事实》，《马克思主义与现实》2019年第2期。

② 陈世香、黄冬季：《协同治理：我国城市社区公共文化服务供给机制创新的个案研究》，《南通大学学报（社会科学版）》2018年第5期。

③ 颜玉凡：《文化自信与社区文化协同治理创新》，《学习与探索》2019年第2期。

④ 叶南客：《中国城市居民社区参与的历程与体制创新》，《江海学刊》2001年第5期。

⑤ 李友梅：《社区治理：公民社会的微观基础》，《社会》2007年第2期。

⑥ 林尚立：《基层群众自治：中国民主政治建设的实践》，《政治学研究》1999年第4期。

⑦ 林尚立、马伊里：《社区组织与居委会建设：上海浦东新区研究报告》，上海大学出版社，2000年，第76页。

⑧ 郭圣莉：《社区发展中的城市基层群众自治组织及其制度再造——改革开放以来上海市居委会发展研究》，《复旦政治学评论》2003年第1期。

四、研究述评与前瞻

（一）城市社区治理的研究特点

结合研究概况中年代分析的两个增长阶段和研究趋势分析结果发现，城市社区治理在2012年前后不仅出现了研究数量上的变化（2012年以前研究增长比较平缓，2012年之后研究呈上升的趋势），而且出现了研究主题上的变化（2012年以前研究主要围绕治理模式和治理结构，2012年之后研究主题比较丰富，包括社区自治、社会治理和社会组织等），依据文献定量统计和定性分析梳理的结果，我国城市社区治理的研究变迁呈现如下特征：

1.国家政策与实践诉求的双向引导

城市社区治理在研究数量与研究主题的变迁均受到了国家政策与实践需求的双向引导作用。

其一，在2003—2012年的平缓发展期，该阶段在研究数量上发展比较平缓，年均发表论文为10篇，但2008年达到该阶段的最高峰，年发表27篇；在研究主题上集中于社区建设、治理模式、治理结构和社区服务等，这与以往研究高度一致，[①]正如何绍辉认为2012年以前属于城市社区的建设阶段，[②]国家出台了相关政策来推进城市社区建设、社会服务工作等：如于2000年中共中央办公厅、国务院办公厅转发了《民政部关于在全国推进城市社区建设的意见》，2004年党的十六届四中全会明确提出"加强社区建设与管理"，2006年国务院印发的《关于加强和改进社区服务工作的意见》中首次提出"加强社区服务体系建设"，2010年国务院又印发了《关于加强和改进城市社区居民委员会建设工作的意见》等。与此同时，民政部确定北京市西城区、上海市卢湾区、杭州市下城区等11个城

---

① 张平、吴子靖、赵萌：《中国城市社区治理研究的发展态势与评价——基于（1998—2017年）2049篇CSSCI的文献计量分析》，《治理研究》2019年第1期。

② 何绍辉：《政策演进与城市社区治理70年（1949—2019）》，《求索》2019年第3期。

区为我国首批社区建设实验区。[①]这些国家政策的出台和社区实验区建设的实践需求不仅保证了该领域研究的数量,还把研究的主题锁定于社区建设、治理模式、治理结构和社区服务等方面。

其二,在2013—2019年的急剧增长期,该阶段在研究数量上呈直线上升的趋势,并出现2017年和2019年两个高峰;在研究主题上比较丰富,包括社区自治、社会治理、社会组织等,这也与以往研究高度一致,[②]和以往研究者得出的结论一致,2012年以后属于城市社区的治理阶段,[③]国家出台了相关政策来推进城市社区治理,尤其是社区自治和社区服务体系建设等:2012年党的十八大报告首次提出"社区治理",并明确提出"在城乡社区治理、基层公共服务和公益事业中实行群众自我管理、自我服务、自我教育、自我监督"[④];2013年党的十八届三中全会提出"完善和发展中国特色社会主义制度,推进国家治理体系和治理能力现代化是全面深化改革的总目标";2016年民政部、中央组织部等16部门联合印发《城乡社区服务体系建设规划(2016—2020年)》和2017年国务院颁发了《关于加强和完善城乡社区治理的意见》,这些政策的颁发极大激发了理论和实践工作者的研究热情,甚至有研究者把2017年称为社区治理元年,这也促使2017年成为该领域的小高峰。与此同时,2011年以来,民政部先后批复了114个全国社区治理和服务创新实验区。[⑤]这些实验区不断探索社区治理和服务新路径,一些优秀案例被编入蓝皮书《中国城市社区治理报告2018》[⑥]中,可见该阶段的研究数量和研究主题也受到国家政策和

---

① 邹左功:《全国首批社区建设实验区确定》,《中国全科医学》2000年第1期。

② 张平、吴子靖、赵萌:《中国城市社区治理研究的发展态势与评价——基于(1998—2017年)2049篇CSSCI的文献计量分析》,《治理研究》2019年第1期。

③ 何绍辉:《政策演进与城市社区治理70年(1949—2019)》,《求索》2019年第3期。

④ 胡锦涛:《坚定不移沿着中国特色社会主义道路前进 为全面建成小康社会而奋斗——在中国共产党第十八次全国代表大会上的报告》,人民出版社,2012年。

⑤ 孔娜娜:《"新治理":新时代城市社区治理的趋势与挑战——以2011—2018年全国社区治理和服务创新实验区为分析对象》,《社会主义研究》2019年第4期。

⑥ 张雷、宋珊萍、张平、周立:《中国城市社区治理报告2018》,中国社会出版社,2018年。

实践诉求的双向引导。

2.国外研究和国内诉求的交互影响

我国城市社区治理两阶段的研究均是在借鉴国外理论和实践研究成果的基础上结合国内诉求不断探索具有中国特色的社区治理之路。以下选取我国城市社区治理的研究热点——治理模式、社区服务两个方面展开。

第一，在治理模式方面。通过对凸显词的分析，"治理模式"是我国城市社区研究中最重要的热点领域，其凸显时间从2003年一直持续到2012年，吸引了众多理论和实践工作者的兴趣。治理模式一般包括行政型、合作型和自治型三种，理论研究者基于比较视角，通过分析美国、英国及日本城市社区治理模式，旨在探索符合国内发展诉求的社会治理模式，如强调"政府与社区相对分离""鼓励第三方组织参与"和"强调居民自治能力"；①全国各地的社区基于国外优秀经验，不断探索与创新符合国内现实的新治理模式，如全国社区治理和服务创新实验区实现"包揽型"模式向"嵌入性"模式的转变；②构建集"政治、服务（行政）、社会"三种功能于一体的"复合体"，③使得城市社区治理社会化建设取得显著成效。

第二，在社区建设服务方面。国家高度强调社区服务体系建设，《城乡社区服务体系建设规划（2016—2020年）》的发布也使得社区服务体系构建成为该领域的热点之一。国外研究者认为以往依赖集权式、层级制政府机构供给标准服务已经过时，提出了新治理模式，即强调第三方组织与政府协同解决社区服务问题，④全国社区基于新治理模式不断创新社区服

---

① 边防、吕斌：《基于比较视角的美国、英国及日本城市社区治理模式研究》，《国际城市规划》2018年第4期。

② 唐鸣、李梦兰：《城市社区治理社会化的要素嵌入与整体性建构——基于"第三批全国社区治理和服务创新实验区"的案例分析》，《社会主义研究》2019年第4期。

③ 吴晓林：《治权统合、服务下沉与选择性参与：改革开放四十年城市社区治理的"复合结构"》，《中国行政管理》2019年第7期。

④ ［美］莱斯特·M.萨拉蒙：《政府工具——新治理指南》，肖娜译，北京大学出版社，2016年，第3、序言1、7—8页。

务体系，如全国社区治理和服务创新实验区通过嵌入式社工服务、自主式互助服务、互联网+智慧服务、众筹式资源汇集等来创新服务组织、服务资源和服务方式，[①]首都社区通过居委会主体性、选举制度、社区工作者职业定位、发展空间、权益保障、依法依规等方面的顶层设计来保障社区治理体系等。[②]综上，我国城市社区治理受到国外研究和国内诉求的交互影响。

(二) 不足与前瞻

社区治理在国家治理体系中的基础性地位和意义不言而喻，学术界和实务界投入了巨大的热情和精力致力于此，这不仅因为它关涉政治整合、社会稳定与善治，更在于它最为贴近人们对美好生活的追求，只是社会治理对于社区生活来说一直是深远而未尽的命题，好似人类对美好生活的追索始终步履匆匆。基于对现有文献的研究和把握，笔者认为有以下不足还有待深耕、值得展望：

一是应有更综合化的"结构—关系"研究视角。前面在文献综述时已经提及，城市基层治理的研究脉络有着清晰的结构分析到关系重塑的研究转向。但仔细审视就会发现，不管是结构分析视角还是关系重塑取向，都不能避免遗漏之处，一些研究要么走进宏大叙事中与实践分离，要么陷入细微案例中与整体错位。事实上，完全不用非此即彼的去对立分殊，就像中国的基层社会治理方案不可能走向西方国家与社会分离式路径一样，结构分析与关系分析可以通过彼此融合来达到结构上的共生、过程上的互动，共建共治共享的社区治理共同体也必然是多元主体达成共治性治理的齐头并进。

二是应开展基层社会治理的整体性研究。目前学界研究多局限于多主体中两方或三方间关系，缺少系统性阐述多主体互动过程的整体性研究，尤其是往往将基层社会治理的行为主体定义为政治主体和行政主体，一定

---

① 孔娜娜：《"新治理"：新时代城市社区治理的趋势与挑战——以 2011—2018 年全国社区治理和服务创新实验区为分析对象》，《社会主义研究》2019 年第 4 期。

② 谈小燕、营立成：《首都城市社区治理 70 年》，《前线》2019 年第 12 期。

程度上忽视了公众的自治意愿及公众的组织化载体。要知道，社会治理的难度也在随着社会复杂度的增加而增加，随着人们对于美好生活的需求变化而变化。社区治理是国家治理的一个子系统，其中的主体及其关系也是动态变化的，除了外界带来的影响，其内部任何一方的变化也会引起整体性变化。这样的整体性研究能够关照所有主体的角色、功能、边界、互动机制与合力构成。

三是政策文本对社区治理有明确的言说，也在不断地规范完善，但学界在政策指向的辨识与动态更新方面仍论证不足，滞后于政策的期望和实践的探索，要做到这些，需要研究者扎实地深蹲田野，不仅是在社区和社会组织中，更是在政府机构和党群部门中。

第三节　核心概念与理论基础

一、核心概念

（一）社区与治理

德国社会学家滕尼斯（Ferdinand Tönnies）在其著作《共同体与社会》中首次采用"社区"这一概念，[①]认为可以将其作为人与人之间的关系及社会存在方式的载体。同时，他认为随着社会经济的发展和城市化的加深，原本主要存在于乡村的、人际关系较为密切的"社区"出现了转型，人际关系与社会存在方式发生了变化。此后，国外学者基于不同的角度对"社区"这一概念进行了多种界定，美国社会学家R.E.帕克（R. E. Park）等从功能主义的角度认为"社区""既是人的汇集又是组织制度的汇集"；[②]古达尔（Goodall）从人文地理学的视角出发，定义"社区"为"能

---

① ［德］斐迪南·滕尼斯：《共同体与社会》，林荣远译，商务印书馆，1999年，第42页。

② ［美］R.E.帕克等：《城市社会学》，宋俊岭等译，华夏出版社，1987年，第110页。

够覆盖社会群体日常生活的最小空间范围"；①美国学者I.T.桑德斯（I.T. Sanders）基于社会体系综合理论，认为社区是"一个互动体系，一个行动场所，一个行动的场域"②。

1933年，以费孝通为代表的一批留美学者首次将"Community"翻译为"社区"，并将"社区"这一概念引入中国。伴随着中国社会的不断发展，"社区"这一舶来品也逐渐具有了中国特色。娄成武等认为"社区实际上是一个区域性社会"；③郑杭生认为"社区"首先是一个特定的活动场域，进而，生活在这一场域中的群体通过共同文化建立人际互动关系；④奚从清和沈庚方将"社区"定义为"聚居在一定区域内的群体所组成的生活共同体"⑤。

《民政部关于在全国推进城市社区建设的意见》将"社区"定义为"聚居在一定地域范围内的人们所组成的社会生活共同体"，本书中的"社区"即采用这一概念。

从词源上说，"治理"（governance）和"政府"（government）都来源于希腊词汇κυβερνάω，引申为驾驶、引导、操纵等意。但是，"治理"作为一个专业术语直到20世纪90年代才被学者们重新理解和阐释。1989年，世界银行首次将"governance"作为"治理"概念的表达，运用"治理危机"（crisis in governance）概念来归结非洲发展进程中存在的问题。随即，治理这一概念逐渐进入政治学、社会学等学科视野当中，并被广泛用于社会、政治、经济等各个方面。

治理理论的主要创始人之一、美国政治学者詹姆斯·N.罗西瑙（J.N. Rosenau）在其著作中将治理定义为"一系列活动领域里或隐或显的规则，

---

① 吴新叶：《社区管理学》，北京大学出版社，2008年，第17页。
② 夏学銮：《社区管理概论》，中共中央党校出版社，2005年，第14页。
③ 娄成武、孙萍：《社区管理学》，高等教育出版社，2006年，第4页。
④ 郑杭生：《社会学概论新编》，中国人民大学出版社，2001年，第364页。
⑤ 奚从清、沈庚方：《社会学原理》，浙江大学出版社，1996年，第209页。

它们更依赖于主体间重要性的程度，而不仅是正式颁布的宪法和宪章"①。J.库伊曼（J. Kooiman）和M.范·弗利埃特（M. Van Vliet）认为："治理所要创造的结构和秩序，不能由外部因素强行赋予或设计；而是应基于多元的、统治者与互相关联的行为者间的互动过程来实现治理功能与作用的发挥。"②又如，贝维尔（Bevir）和马克（Mark）指出："一切治理的过程，不论是由政府、市场或网络来执行，针对的是家庭、部落、正式组织、非正式组织或区域；经由法律、规范、权力或语言实行的。"③也就是说，治理是一个过程，是基于共同的目标或规则而实施的行为，主体多元性和过程非强制性是其显著特征。格里·斯托克（Gerry Stoker）对治理内容作了进一步的丰富和拓展，他分别从治理主体的多元性、治理责任的模糊性、主体间权力的依赖性、治理网络的自主性和治理工具的现代性五个方面进行了概括。④罗伯特·罗茨（R. Rhodes）则列举了治理的六种用法，分别是作为最小国家的治理、作为公司治理的治理、作为新公共管理的治理、作为善治的管理、作为社会—控制系统的治理、作为自组织网络的治理。⑤

综上，从这些定义中可以看出，治理作为一个被广泛使用的术语，它具备四个方面的特征：一是过程性，治理是一个过程，而非一整套既定的规则；二是非强制性，治理过程的核心不是控制，而是协调；三是主体的多元性，治理主体既包括政府等官方组织，也包括非政府组织、个人等社会性组织；四是动态性，治理不是一种正式的制度，而是一种持续的相互

---

① ［美］詹姆斯·罗西瑙：《没有政府的治理》，张胜军、刘小林等译，江西人民出版社，2001年，第5—9页。

② J. Kooiman, *Modern Governance: New Government-Society Interactions*, London: Sage Press, 1993.

③ Bevir, Mark, Governance: *A very Short Introduction*, Oxford, UK: Oxford University Press, 2013.

④ ［英］格里·斯托里：《作为理论的治理：五个论点》，华夏风编译，《国际社会科学杂志（中文版）》2019年第3期。

⑤ ［英］罗伯特·罗茨：《新的治理》，木易编译，《马克思主义与现实》1999年第5期。

作用和互动。

（二）社会治理与社区治理

治理是一个非常广泛的概念，它可以指组织机构的所有行为。同样地，这种广泛性意味着，治理一词通常被用来指与某类组织相联系的、一个特定层次的治理。国家治理、政府治理和社会治理的分类正是基于这种特定层次而言的一组概念。社会治理是相对于国家治理和政府治理而言的，从运行意义上，"社会治理"实际上指的是"治理社会"，换句话说，即特定治理主体对社会进行有效治理的过程。[①]与此同时，如何有效将国家治理和政府治理融入社会治理中，从而实现共同治理向相互治理的转变，是社会治理理论一直致力于的探索和尝试。美国政治学者奥斯特罗姆认为："社会治理通过借助既不同于国家也不同于市场的制度安排，可以对某些公共资源系统成功地实现适度的开发与调适，弥补国家和市场在调控和协调过程中的某些不足，成为国家和市场手段的补充。"[②]具体而言，在我国，社会治理是指在中国共产党领导下，由政府组织主导，吸纳社会组织和公众等多方面治理主体参与，通过平等合作、协商、沟通等方式，对社会生活进行引导和规范，最终实现公共利益最大化的过程。

而社区治理则是社会治理结构中的关键着力点之一。社区作为当前社会的基本组织单元，作为人民群众日常生活最重要的具体场域，社区治理所产生的治理效能直接影响人民群众的日常生活，治理能力和治理水平的科学性与可行性也将直接影响党政组织的公信力。学界对于社区治理的具体内涵有着多重维度的解读。吴志华等人将奥斯特罗姆对社会治理概念的定义引入社区治理之中，认为社区治理是借助独立于市场之外的制度从而致力于对社区公共资源的适度开发和调试。[③]唐亚林、陈先书认为，社区

---

① 王浦劬：《国家治理、政府治理和社会治理的基本含义及其相互关系辨析》，《社会学评论》2014年第3期。

② ［美］埃莉诺·奥斯特罗姆：《公共事物的治理之道》，余逊达、陈旭东译，上海三联书店，2000年，第10页。

③ 吴志华、翟桂萍、汪丹：《大都市社区治理研究：以上海为例》，复旦大学出版社，2008年，第157页。

治理是以社区为载体,在一定区域范围内政府与社区组织、社区公民共同管理社区公共事务的全部活动。[1]张堃和何云峰认为社区治理以街道为地域范围,在政府部门和街道办事处的集中指导下,社区内的自治型组织和居民一起积极地参与到社区建设和管理活动的过程。[2]

(三)去组织化、再组织化与组织再造

组织再造是与社会"去组织化"相伴随而来的一个重要命题,因此理解社会的"去组织化"现象是认识"组织再造"的前提条件。"去组织化"现象是在转型期中国社会出现的一个必然产物。改革开放以来,随着市场经济的深化,就城市而言,第一,在社会管理体制改革特别是住房制度改革的推进过程中,原先的单位办社会的模式逐渐退出历史舞台,单位制走向瓦解,社区类型也逐渐变得多元化。第二,基层社区居民业缘关系的淡化加大了居民之间的疏离度,原有的"熟人社会"转变为"陌生人社会",社会分化使得基层社区民众难以组织化。第三,信息化、网络化和物联化的发展进一步加剧了公众的个体化生活状态。而虚拟空间中的社群凝聚力无法替代现实社会中的纽带功能,公众对社区的认同感也不高。[3]综上,社会"去组织化"集中表现为社会的原子化、社会联系减弱、社区认同感不高、社会规范失灵等。

正是由于社会"去组织化"现象的出现,再组织化社会及公众就显得尤为必要。在某种意义上而言,现代社会或者说工业社会所依托的就是社会的组织化过程。有学者指出:"任何社会都是一个有组织的社会,这差不多属于常识。"[4]转型期的中国社会不仅仅要面临"去组织化"现象的不断深化,更要着力于自发性与政策引导相结合的再组织化(reorganization)的过程,即对社会持续进行组织化改造,强化组织功能和结构,重建社会

---

① 唐亚林、陈先书:《社区自治:城市社会基层民主的复归与张扬》,《学术界》2003年第6期。

② 张堃、何云峰:《社区管理概论》,上海三联书店,2006年,第15页。

③ 郝宇青:《基层社区治理能否实现"组织再造"》,《解放日报》2017年10月24日。

④ 周雪光:《组织社会学十讲》,社会科学文献出版社,2003年,第6页。

的规则和秩序，增强社会凝聚力和认同感。正如美国管理学者彼得·F.德鲁克（Peter F. Drucker）的观点，在"组织的社会"中，组织不仅仅作为一种"社会整合器"，同时也是一种"新的、跟以前都不同的"社会"启动器"。①也就是说，社会的再组织化是转型社会中的一个长期持续的动态演进过程。因此，在面临再组织化进程中的困境与矛盾之时，就需要通过"组织再造"来完善再组织化的社会转型路径。一般认为，"组织再造"主要包括两个方面：一是通过对已有的自组织进行结构整合或功能拓展，从而实现组织的综合性收益；二是通过建立新的自组织平台，激活和重构已有的社会资源。就社区公共空间的塑造而言，"组织再造"体现为三个层次，即拓展趣缘性公共空间积淀社区文化与集体记忆、提升互助性公共空间实现公益精神延续和塑造协商性公共空间培育公共精神与协商民主能力。②就"组织再造"的途径而言，主要有整合党政组织、规范基层组织、发展社会组织三种途径，并通过新兴互联网手段把这三种基层组织的力量有机整合起来。③

综上所述，本书认为，基层"组织再造"是在新技术、新背景、新需求的背景下，面对社会分化及其带来的"去组织化"问题，各类参与主体重新定义自身的角色—功能，通过关系调适和功能优化，有效实现各类主体之间的合作治理，即一种中国治理情境中的整体性治理模式的生成过程。

（四）"组织再造"的主体与功能

主体是相对于客体而言的一个概念。从哲学上说，主体指的是另一个外在于其自身并与其有关系的实体。在中国现有的基层治理单元中，治理主体主要有四类：党委、政府、社会和公众，他们的中枢角色与功能体现

---

① ［美］彼得·德鲁克：《后资本主义社会》，傅振焜译，东方出版社，2009年，第29—40页。

② 赵欣：《社区公共空间塑造：再组织化的三维向度》，《中国社会科学报》2015年6月19日。

③ 刘开君、卢芳霞：《再组织化与基层社会治理创新》，《治理研究》2019年第5期。

在"党委领导、政府负责、社会协同、公众参与"结构中，既有多元性，又有独立功能。不同治理主体所承载的价值、制度与行为要素既存在一定程度的契合性，也存在一定程度的差异性。多元治理主体可以发挥各自的优势、提供优质的公共产品和服务，从而促进公共利益和社会价值的最大化。①也就是说，每个主体都有各自明确的治理目标、职责功能和方式手段，并且各主体间通过达成合力来形成整体性社会治理的发展态势。

具体而言，党的领导作为基层治理的领导核心，居于关键地位。在缺少治理基础的中国传统及近代社会，需要通过强有力的政党以政治动员的形式，整合基层社会，确立治理结构，完成治理基础。同时，在解构传统的近代转型过程中，面对中国基层社会结构的松散、治理能力孱弱、公共物品供给严重不足，也使得强有力的执政党的介入和整合成为必要。政府是基层治理"组织再造"中的具体执行者和责任者。针对基层治理和"组织再造"中的具体公共事务，政府厘清权力行使的边界，健全完善制度化建设，确立人民性原则下的政府边界和科学合理的行政责任体系。以社会组织为代表的社会力量是基层治理和"组织再造"的协同参与者。伴随着中国特色社会主义市场经济体制的发展，经济条件、思想观念等方面的变化，社会力量积极参与到基层治理中来，在公共产品和服务的供给方面与政府形成了一种二元竞争与合作的格局。社会组织为代表的社会力量在实质意义上成为政府职能的延伸，承接部分社会公共职能。公众参与是基层组织治理的重要合法性来源。基于现代政治合法性的原则，社会及其成员赋权政府进行日常行政管理，因此公民与政府存在委托—代理关系，这使得公民参与成为规范基层治理和"组织再造"过程的重要外部约束。

二、理论基础

（一）结构功能主义理论

结构功能主义（structural functionalism）是现代西方社会学领域的一

---

① 王臻荣：《治理结构的演变：政府、市场与民间组织的主体间关系分析》，《中国行政管理》2014年第11期。

个重要理论。其核心要义认为，社会是具有一定结构或组织化形式的系统；构成社会的各个组成部分，以其有序的方式相互关联，并对社会整体发挥相应的功能；社会整体以平衡的状态存在着，其组成部分虽然会发生变化，但经过自我调节整合，仍会趋于新的平衡。①

结构功能主义溯源于孔德（A. Comte）与斯宾塞（H. Spencer）。孔德认为社会是一个由各种要素通过一种和谐关系组成的整体，而人类社会的进步是由人类自身所固有的"人性"或是"感性"驱动的。②斯宾塞在孔德的理论基础之上进一步归纳了宏观社会结构存在的差异性和复杂性问题，并引入了功能需求的概念。③

结构功能主义理论的集大成者为美国社会学家帕森斯（Talcott Parsons），他建构起一整套以结构功能分析为特征的社会理论，使得结构功能主义成为一个系统化的理论流派。帕森斯认为，"行动系统"由社会系统、行为有机体系统、人格系统和文化系统四方面组成，社会系统是其中的子系统之一。社会系统为了保证其运行和维持，必须满足四种功能，即"AGIL图式"，其中，"适应"功能（adaptation），即社会系统在系统内配置从其外部环境中获得的充足资源；"目标实现"功能（goal attainment），即通过制定系统的目标和主次关系并调动资源来实现目标；"整合"功能（integration），即协调系统各部分以发挥系统整体作用，包括采取控制手段、协调系统各要素等；"潜在模式维护"功能（latency），即维系社会系统的共同价值观念和制度化，包括维持符号、观念、意识形态、行动成员情绪等。基于这四大功能，社会系统中囊括了执行四种功能的经济系统、政治系统、社会共同体系统和文化模式托管系统，四种子系统相互联系又相互独立，共同构成了整体的、均衡的、自我调节的、相互支持的社会

---

① 刘润忠：《试析结构功能主义及其社会理论》，《天津社会科学》2005年第5期。

② A. Comte, *System of Positive Polity*, London: Longmans Green, 1975, pp.241–242.

③ H. Spencer, *The Principles of Sociology*, Volume 1, New York: D. Appleton and Company, 1925, p. 505.

系统。①

帕森斯认为，社会结构的实质就是秩序生成的稳定的社会互动结构，基于此，他提出了"位置—角色"概念。简单来说，"位置"是指行为主体在社会系统中所处的结构性方位，"角色"则指社会对所处位置的行为期待。②他认为，一系列具有不同位置—角色规定性的行为主体之间的关系表现形式构成了社会互动，角色要在社会结构中发挥相匹配的功能，其前提条件在于行为主体准确预设角色的行为期待；与此同时，角色行为的规范化、制度化是社会结构稳定或均衡秩序的核心议题。此外，社会系统的四个子系统发挥功能的关键在于社会要拥有整合所有成员的公共价值，亦即由一系列价值模式组成的、并被社会广泛认同的规范体系，它通过规范行动者的行动准则或内化为行动者的人格结构而形成一种社会性共识，从而约束行动者的行为，引导行动者的价值取向。③

基于帕森斯的理论基础，美国社会学家默顿（R. Merton）进一步发展了结构功能主义理论，提出了"显功能与潜功能""正功能与负功能"的概念：显功能（manifest function）是指那些有意造成并可认识到的作用后果，潜功能（latent function）是指那些并非有意造成和未被认识到的作用后果；功能有正、负之别，有助于某系统或群体的整合与内聚的是正功能，也就是积极功能，而对某系统或群体具有拆解与销蚀作用的则是负功能，即消极功能。④此外，默顿还提出了"功能选择"的概念，即针对某一系统，如果系统中某项功能被其他同样可以满足系统需要的功能所取缔，就代表着，在系统的维持和延存过程中，功能并非一成不变，而是可以选择的。

（二）马克思的社会结构理论

社会治理体系本质上是一种结构性的制度构建。因此，梳理社会结构

---

① T. Parsons, *The Social System*, New York: Free Press, 1951.

② T. Parsons, *The Social System*, New York: Free Press, 1951, pp.5-6.

③ 刘润忠：《试析结构功能主义及其社会理论》，《天津社会科学》2005年第5期。

④ 刘润忠：《试析结构功能主义及其社会理论》，《天津社会科学》2005年第5期。

领域的研究脉络将有助于更好地解构社会治理体系。1859年，马克思在其文章中提出，结构理论是指导自己"研究工作的总的结果"，"在一切社会形式中都有一种一定的生产决定其他一切生产的地位和影响"。①"我们可以在所有的结构理论中找到马克思的概念，尤其是其中的两个关键概念——系统再生产和系统矛盾，不可或缺地进入那些发展了结构或结构主义理论思想中。"②应当说，马克思的社会结构理论为社会治理体系建设提供了丰富的思想资源。

马克思着眼于社会基本结构，归纳了社会结构存在和发展的基本要素，进而阐述了社会功能结构的内在特征与内部联系。需要关注的是，马克思强调在社会基本结构的框架中分析社会关系的变化和发展，并以此为基础总结了社会结构的产生和运动规律。马克思认为："人们在自己生活的社会生产中发生一定的、必然的、不以他们的意志为转移的关系，即同他们的物质生产力的一定发展阶段相适合的生产关系。这些生产关系的总和构成社会的经济结构，即有法律的和政治的上层建筑竖立其上并有一定的社会意识形式与之相适应的现实基础。"③总的来说，马克思的社会结构理论认为社会结构具备以下三种特性。

一是社会结构的整体性。马克思一直强调，在将社会视为一个整体的基础上分析社会结构及其组成要素间的关联，继而阐释社会发展变化的规律和脉络。换句话说，社会是一个由各要素基于一定的关联性而组成的一个有机整体，马克思社会结构理论中具备最高优先级的就是整体性概念。马克思认为："任何机体的各个被划分的方面都处于由机体的本性所决定的必然的联系之中"，结构是任何机体的"整个的内部联系"，是有机整体的各个部分或要素之间的必然联系。④总而言之，只有从整体的视角出发，

①《马克思恩格斯文集》（第八卷），人民出版社，2009年，第31页。

②［美］乔纳森·H. 特纳：《社会学理论的结构》，邱泽奇译，华夏出版社，2001年，第146页。

③《马克思恩格斯文集》（第二卷），人民出版社，2009年，第591页。

④《马克思恩格斯全集》（第1卷），人民出版社，1995年，第225页。

才能考虑它的结构问题，进而探究其组成要素及各要素间的关系如何。从另一方面看，只有厘清整体结构及其各组成要素的关系，才可以形成对整体的逻辑认知。这种社会结构的整体性具有两个本质特征：相对稳定性和总体协调性。社会结构在形成之时所确立的运行系统，会保障社会系统运行的稳定性；而社会结构所囊括的各种子结构所形成的协调的立体时空结合体也将维持着社会系统的稳定运行。

二是社会结构的系统性。马克思反对把社会体系的各个环节割裂开来看待。他指出："每一个社会中的生产关系都形成一个统一的整体。"[1]例如，马克思认为将经济关系按照出现的时间顺序机械排列而仅仅视为前后相继的关系的认知是狭隘的。可以说，马克思的社会结构理论中内嵌着一种鲜明的系统论思维，这种系统论体现着一种社会结构的内在统一性和社会结构及其过程的协调性，而要素是系统中的要素，要素的本质特性只有在系统中才能存在。另外，社会结构系统内部的各要素构成了由表层结构和深层结构结合而成的社会结构系统的内在结构，表层结构主要是指社会的政治上层建筑和思想上层建筑（也称社会意识形态），深层结构则主要是指社会的生产关系。[2]

三是社会结构的动态性。历史唯物主义的一个基本观点是，运动是绝对的，静止是相对的。马克思认为，社会结构的维系和存在基于内部各要素之间的相互作用及其与外部因素的能量交换。从这个角度看，社会结构也是处于不断的运动状态中的，这种运动状态即反映了社会结构的动态性。只有系统内部各要素之间的功能相互适应、相互促进和相互耦合，社会整体结构才能保持动态稳定。这种动态性主要体现在：由于其内外部联系的相互作用，一切社会结构系统总是处于平衡与非平衡、无序与有序的相互转化中，任何社会结构系统都要经历一个发生、维系、消亡的变化过程。总的来说，社会结构系统是一个不断分化和整合的过程。但是，社会

---

[1] 《马克思恩格斯文集》（第一卷），人民出版社，2009年，第603页。

[2] 李华钰、严强、步惜渔主编：《社会历史理论》，南京大学出版社，1994年，第342页。

结构系统也具备一定的稳定性和协同性，稳定性表现为系统各要素的组成方式具有稳定性；协同性指的是系统间要素对要素的协作能力，体现结构整体在运行过程中的协调合作性质，进而形成一种协同效应，推动了事物共同向前发展，从而使个体获益的同时，结构整体也得到了巩固和提升。

（三）整体性治理理论

随着新公共管理的逐渐式微和网络信息技术的发展，特别是数字时代的来临，整体性治理理论开始逐渐进入人们的视野之中。[①]整体性治理指以公民需求为治理导向，以信息技术为治理手段，以协调、整合、责任为治理机制，对治理层级、功能、公私部门关系及信息系统等碎片化问题进行有机协调与整合，不断从分散走向集中、从部分走向整体、从破碎走向整合，为公民提供无缝隙且非分离的整体型服务的政府治理图式。[②]总的来说，整体性治理这一概念的含义可以从三方面理解：第一，整体性治理是一种以热点社会问题为导向的治理理念；第二，它体现了一种合作的精神；第三，它倡导分工协同。因此，整体性治理旨在整合政府与其他社会主体间的功能发挥，更为高效地解决社会问题。

1.以公民需求和问题解决为治理导向

传统的官僚制和新公共管理往往旨在解决政府的问题，追求政府部门的特殊利益，而整体性治理则是面向公民的需求和问题解决，追求公共利益最大化。换言之，整体性治理的出现表明了治理理念的转变，即从政府本位转变为公民本位。此外，整体性治理在追求实现公共利益、为公民提供整体性服务的同时，还特别强调满足公民需求的公平性。针对政府层面，整体性治理主张坚持问题导向，即政府运转要把公共问题的解决作为出发点和落脚点，以预防和解决公共问题为工作重心。为实现对公共问题高效优质的解决、促进公共价值最大程度地实现、保障公共利益，整体性治理从政策、顾客、组织、机构四个层面提出了治理目标。具体而言，在

---

① 竺乾威：《从新公共管理到整体性治理》，《中国行政管理》2008年第10期。

② 史云贵、周荃：《整体性治理：梳理、反思与趋势》，《天津行政学院学报》2014年第4期。

政策目标层面保证政策的连续性；在顾客目标层面鼓励公民参与并提出看法；在组织目标层面避免重复，减少冲突，分担风险；在结构目标层面平衡资源或投资。①另外，整体性治理主张建设预防型政府，对各种公共问题做好提前研判和应急预案，防范公共问题的产生和蔓延，以控制公共问题爆发导致的风险和损失，降低政府的治理成本。

2.协调、整合和信任机制②

从协调的角度来看，协调机制需要处理行动者与整体合作网络以及行动者间的利益关系，例如信息共享、价值协同等。因此，整体性治理既不是以权威和行政命令为协调手段的科层制，也不是以合同制和契约关系为约束手段的市场组织，而是更多地表现为一种网络状的结构。通过整合和优化这一网络结构，整体性治理通过技术手段联结网络，结合公私合作与网络管理，在公共服务供给中为公民提供更多元化的选择。从整合的角度来看，整体性治理力图整合政府机构或政府部门的各类功能，将政府内部横向的部门与纵向的层级结合起来，打破以往的单一管理机制，并试图构造一个三维立体的整体性治理整合模型。这种整合包含三个层面：治理功能、治理层级和公私部门，③以及在政策、规章、服务和监督四大治理行为的整合，大部门式治理、重新政府化等。此外，网络中各主体间的信任是整体性治理的价值内核，整体性治理所依托的网络结构是一个多元组织主体互相支撑的结构，组织间没有隶属关系，整体性治理格局的生成主要依赖信任机制的构建。所以说，整体性治理正是通过协调、整合和信任机制来形成多元主体间的政策目的共识，促进政策执行手段的相互配套和衔接，从而实现合作目标的治理过程。

---

① 张玉磊：《整体性治理理论概述：一种新的公共治理范式》，《中共杭州市委党校学报》2015年第5期。

② 胡象明、唐波勇：《整体性治理：公共管理的新范式》，《华中师范大学学报（人文社会科学版）》2010年第1期。

③ Perri, Diana Leat, Kimberly Seltzer, Derry Stoker, *Towards Holistic Governance: the New Reform Agenda*, New York: Palgrave, 2002.

3.注重信息技术手段的运用

整体性治理强调要引导科层组织、私人组织和社会公众的思想文化转型，在确立相互信任的理念和完善的制度保障外，还需要强化信息技术手段的使用。"数字时代治理的核心是一种整体和协同的决策方式，以及电子行政的广泛运作。"[1]通过现代信息技术的运用来实现政府的信息化改革与决策机制的优化，它还可以打破传统科层体制下的部门壁垒和政社隔阂，简化行政层级与业务流程，推动扁平化、专业化政府结构的形成。信息技术手段在治理中的广泛应用，不仅密切了治理主体间的协商和沟通，也促进治理流程更加流畅，在一定程度上解决了由原有治理范式引发的零散化和碎片化现象，引导着公共治理的整合化、透明化和规范化趋势。

（四）网络治理理论

从词源上看，最早提出了网络治理的概念美国学者斯蒂芬·戈德史密斯和威廉·埃格斯。"网络治理通过公私部门合作，非营利组织、营利组织等多主体广泛参与提供公共服务。"[2]这一定义准确诠释了网络治理模式的公共服务性。国内有学者认为，网络治理是指"为了实现与增进公共利益，政府部门和非政府部门（私营部门、第三部门或公民个人）等众多公共行动主体彼此合作，在相互依存的环境中分享公共权利，共同管理公共事务的过程"[3]。总体而言，网络治理的内涵主要涵盖主体、手段、结构和目标四个方面。具体来说，一是治理主体的多元化，政府、市场和社会是宏观层面的三个主要构成，涵盖政府、企业、非政府组织、公民等多种社会主体也参与其中；二是治理手段的多样化，区别于传统的强制性命令，网络治理主要采取行政、市场和社会手段的综合运用；三是治理结构的网络化，和传统自上而下的单一状结构不同，网络治理更强调主体之间

---

① Patrick Dunleavy, *Digital Era Governance: IT Corporations, the State, and E-government*, London: Oxford University Press, 2006.

② Steven, Goldsmith & William D. Eggers, *Governing by Network: The New Shape of the Public Sector*, New York: Brookings Institution Press, 2004.

③ 陈振明：《公共管理学——一种不同于传统行政学的研究途径》，中国人民大学出版社，2003年。

以一种平等合作的方式组成服务网络，从而实现公共利益的最大化；四是治理目标的明确化，网络治理旨在提高公共服务的质量和效率，促进社会价值的实现，尽可能满足公众的需求。[①]

从背景上看，网络治理是一个组织演化和社会发展的产物，它是在网络经济兴起、以知识经济为代表的新经济力量崛起的背景下，依托网络技术和现代信息技术形成的一种新的治理模式。[②]在这个意义上说，网络作为一种新的治理形式，把网络与市场、社会、科层组织等并列，视为一种独立的协调机制和手段，从而实现扁平化的治理。网络治理的产生有其历史必然性。

首先，传统的科层治理结构反应相对滞后，不适应快速变化的社会环境；其次，传统科层制治理结构下，它所提供的选择渠道比较狭窄，不能满足个性化的需求等；最后，传统的科层制治理结构中的行为往往具有一定的被动性与消极性，往往在外界的刺激和改变下才会采取相应的行动。然而，网络组织的出现改变了这一状况。在现代信息技术的作用下，由于信息的即时性和公开性、信息的透明度增强、信息流动的速度和对称性也在相应地提高，这使得治理主体能够及时进行信息交换、反馈和共享，从而实现公共利益的进步。

从内在机理上看，在网络组织形态中，社会网络由个体与群体相互关联而组成，继而成为网络治理的基本单元。而这种社会网络通过关系性嵌入和结构性嵌入两种方式影响着社会活动。在社会关系网络中，群体之间的共同合作是相互联系的，它们通过双边关系与三方关系联系在一起，并形成以系统为特征的相关结构。此外，组建网络组织的重要基础是非正式组织可以充分发挥其作用，通过非政治组织的关系或联系，社会资本可以嵌入网络组织中并在其中流动，链接和定位，从而发挥作用。

从作用机制上看，网络治理是一种复合型的中心治理形式，具有自我

---

① 刘波、王力立、姚引良：《整体性治理与网络治理的比较研究》，《经济社会体制比较》2011年第5期。

② 任志安：《网络治理理论及其新进展》，《中大管理研究》2008年第2期。

组织、自我治理的特征，从表现形式看是对政府干预的抵制，能够自主制定政策并构建适合的环境。换句话说，网络治理意味着治理主体间能够按照相互达成的博弈规则和信任等机制进行资源交换、妥协和互动。①具体而言，主要有四种作用形式：首先，网络治理表现为对治理主体互动关系的调整；其次，网络治理表现为对资源配置形态的调整；再次，网络治理表现为对规则的渐进修正与调适；最后，网络治理关注价值规范认知层面的整合问题。总之，在个体层次上，网络治理主要侧重于主体关系的事务管理，在总体层次上，网络治理主要侧重于网络关系的结构管理。

第四节　分析框架与研究内容

一、分析框架：适用性及其调整

基层社会治理或者说内含其中的城市社区治理是一个多元主体、多种要素共同构成的系统，兼具整体性和层次性，以结构功能主义的视角去分析城市社区问题就是基于系统观点的方法论体系。换言之，社区治理可被视为一个整体系统，社区治理结构是这个整体系统的内部构造，而构成治理结构的各主体所发挥的功能，即运行机制，决定了整体系统的功能性诉求。

西里尔·E.布莱尔指出："从结构功能主义的角度来理解，现代化的正常进程是先有社会的分化，然后通过整合来补偿由于分化而造成的秩序的脱节和混乱，逐步形成良性的循环，使社会获得现代化的能力。"②在城市社区治理议题中，"组织再造"是为了应对社会分化及"去组织化"现象带来的治理难题，要实现"组织再造"需要各个主体的功能得到发挥并形成主体间合力，才能使社区以"整体性"发展态势而存在，这种"整体性"立足"整体—部分""部分—部分"达成的主体间联结关系。

---

① 张康之、程倩：《网络治理理论及其实践》，《新视野》2010年第6期。
② ［美］西里尔·E.布莱尔：《比较现代化》，杨豫译，上海译文出版社，1996年，第25页。

有学者在考察结构功能主义、结构主义和后结构主义理论走向后认为，结构概念的重要演变趋势之一在于，从实体性结构到关系性结构。①而这两者的主要差异在于，实体性结构由于边界是封闭的，因此关系只能是互动式的，而关系性结构中的关系可以相互转化、相互渗透、相互创造。②因而，在结构功能主义的视角下，我们认为，社区多元治理主体通过其功能调适来达成整体性治理，关键在于治理情境—治理主体—发展方向的厘清，并且围绕着三个要素，形成四类主体的关系模式。

首先，治理情境的变化体现在市场化改革所带来的多样化公共需求的产生，问题是再组织化可以在一定时间内回应多样的公共需求，却并不能持续。基于此，构建持续、有效回应公共需求的主体关系显得必要和迫切。其次，基层社会治理的直接主体包括党委、政府、社会和公众，各类间接主体并不具备完整的公共性，那么，这四类治理主体在既有的治理实践中，面对治理情境的变化，如何进行回应，继而解决问题，这是主体关系确认的主要依据。最后，基层组织治理的未来发展趋向是什么。很显然，它包含着各类主体的平等合作，需要将多主体纳入治理过程，承担相应的角色—功能，而不是建立在"卷入"、强制、职能延伸等关系基础上。

在这一逻辑链条上，基层治理主体如何确立自身的角色功能，进而进入治理过程？第一，党委这一主体需要着眼于民族国家目标和相应的有关基层社会发展的基本原则问题，它并不需要直接介入具体的基层治理事务。但是这种"退出"并不是即时完成的，它需要与再组织化相衔接，也是存在重新"介入"的机制，以确保社会秩序的基础保证。那么，党委驱动就是基层组织治理的主要角色—功能。第二，政府这一主体承载着全部的公共性，它既不能包办代替，也不能"撒手不管"，或者通过简单地引入竞争关系加以回应。政府需要在公共性基础上进行基层治理的分类介

---

① 周怡：《社会结构：由"形构"到"解构"——结构功能主义、结构主义和后结构主义理论之走向》，《社会学研究》2000年第3期。

② 杨超：《迈向关系性社会治理：一个元框架的构建》，《华东理工大学学报（社会科学版）》2019年第1期。

入。一类如域间公共事务，政府需要参与公共物品的供给；一类如域内公共事务，政府需要将此类事务交由更为熟悉基层情况和个性化需求的其他主体，着眼于制度规范和政策保障，而不是越俎代庖。因此，政府通过平衡公共性与自主性完成责任建设。第三，社会这一主体主要承担着非行政类公共事务的处理责任，它需要处理与党委、政府的边界关系，也需要处理与公众的组织关系。对于域内公共事务，公众参与和公共产品供给，必须依托组织形式，可以是社会成员自主成立的组织，也可以是社会成员选择的同类组织进行匹配供给。因此，社会参与基层组织治理就是完成党委、政府与公众的协同，行政类与非行政类的协同。第四，公众这一主体作为公共物品的直接受益者和公共需求的主要提出者，参与是其存在方式，并且，这一参与需要同合法性建设与公共事务治理联系在一起。一方面，公民参与构成现代基层治理的依据，另一方面，这种参与又是一种公共物品供给和公共决策的具体过程。换言之，参与并不是抽象的、形式的，而是具体的、实际的。

四类主体在治理情境—治理主体—发展方向的逻辑链条上，趋于认同—共益的治理模式。不过，需要说明的是，"组织再造"是对于再组织化问题的回应，并且，不同主体间联结关系的确立并不是一蹴而就的。治理主体间认同—共益的联结模式，需要充分考虑再组织化对于市场化的回应，在此基础上，如何将再组织化推向基于认同的利益共同体建设，它需要承认并保留各种合理的治理要素构成，并创造条件推动其转型，甚至在很多时候，还不得不依赖再组织化所提供的秩序保证和公共物品有效供给。不过，回应治理情境—治理主体—发展方向的逻辑链条对于再组织化的挑战，基于"组织再造"的治理主体间关系的重塑，既是国家发展的目标诉求，也是回应基层社会需求的要求，并且二者是相互统一的，这决定了它仍是一种必要的尝试和探索。

二、研究内容：思路与主题

基于上述分析框架，本书的总体思路是将社区"组织再造"视为一个结构—功能的系统研究，基于城市社区治理体制的历史变迁和社会背景，通过现实政治实践为蓝本，具体阐述社区"组织再造"中的各主体如何通过功能调适来实现治理目标，他们的行动策略和动力何在，"组织再造"的有效性和局限性怎样，旨在以此理解中国城市社区"组织再造"的过程，特别是理解"组织再造"对于治理体制发展和技术创新的意义，进而推动从中国治理走向世界参与。结语处也阐明了为了更好地推动中国经验的形成、完成从中国治理向世界参与的发展，我们至少需要回应三个方面的问题，即中国基于"组织再造"的社区治理方案，如何区别于其他国家？基层"组织再造"如何结合中国的治理语境？实践中的基层"组织再造"为世界提供了什么样的治理智慧？这三个问题既是对这一主题的思考，也是推动这一主题思考的重要动力。

本书正文一共分为七章。

第一章主要聚焦于新中国成立以来我国城市基层治理的制度变迁，描述和分析社区"组织再造"的社会背景，从历时性的角度扼要概括了不同阶段性治理模式的具体特征、内在动因与存在挑战。新中国成立后，中国共产党构建的新型社会管理体制逐渐建立了一个高度整齐划一的"组织化社会"，通过单位制和街居制构成的新型社会管理体制在巩固新生的人民政权、促进社会整合和维护社会稳定等方面发挥了不可替代的作用，它的诞生有其历史必然性和现实合理性。但改革开放后基层社会治理出现了不可逆转的"去组织化"现象，为适应单位制解体和街居制变革而产生的社区制，正是"去组织化"带来的产物，同时基层社会采用的科层制管理也给城市社区治理提出了越来越多的挑战。

第二章主要阐述了现实形态中的社区"组织再造"的社会背景、实践展开与主体构成。基于这样一种考虑，即城市社区治理不能局限于简单的再组织化过程，仅仅依赖组织形式的重构与扩张，而是必须向前一步完成"组织再造"的改革。该章介绍了上海市 M 区"组织再造"的政治实践，试图描绘和演绎一种中国治理情境中的整体性治理模式的生成过程。社区"组织再造"的社会背景可以学理化地分解为外部环境和要素组成两个层面，它们推动着基层社区治理从再组织化走向"组织再造"。在治理过程中，M区社区"组织再造"的创新性实践围绕健全党建引领机制、深化网格管理机制、激活多元参与机制、打造队伍建设机制加以展开。而正是中国现有的基层治理单元中党委、政府、社会和公众这四个主体构成了"组织再造"的治理结构，每个主体都有各自明确的治理目标、职责功能和方式手段，并且各主体间通过达成合力来形成整体性社会治理的发展态势。

第三章到第六章分别论述了四大主体在社区"组织再造"中面临的现实挑战，以及如何开展功能调适进而更好地担负其在基层社会治理中的角色，每个主体都选择了M区的具体实例来详细阐述功能调适的具体过程与效能。

第三章基于社区"组织再造"中基层党组织自身面临的治理主体的结构性错位、治理需求多样化的适应、服务能力的匹配和信息化治理技术的不畅等问题，认为社区要实现"组织再造"，关键在于对基层党组织领导社会治理的功能进行科学合理的定位与调适，即基于建设治理型党组织的治理目标，打造政治领导、服务引领和关系统合三大功能为主的功能架构。也因此，M区"党建领航 红色物业"改革通过横向协同、纵向浸入和内外整合三大关系维度的行动路径，在承认各类主体功能地位的基础上展开对于主体间关系的再造过程，取得了良好的社会效益和政治效益。

第四章认为在基层党组织完善其政治领导、服务引领和关系统合功能之后，如何厘清或重建基层政府机构的责任及其相应的保障体制就成了构建基层党委—基层政府/街居组织—社区公众良性互动关系、再造基层组织，以及促进基层治理效能的重中之重。基层政府存在如下问题：以执行代替服务导致功能转换失灵，基层政府组织的"超载"问题，党建引领下基层党政关系模糊化问题。M区基于建设责任型基层政府治理的目标，构建了一种集行政指导、秩序渗透和需求回应三大功能为一体的架构。于是，我们在XH街道网格中心的案例分析中看到，在既有网格中心基础上成立的城运中心，能够真正帮助基层政府更好地履行行政指导、秩序渗透功能，并在此基础上提升了对于民众需求的回应能力。这在很大程度上重新定义了新时代基层政府的"有为"标准。

第五章梳理了社会组织在社区"组织再造"中面临的"社会性""自主性"和"专业性"不足的现实挑战，认为社会组织作为社会服务的提供者和党政主体的合作者，不应该只做一个简单的职能延伸者，它需要致力于集结与汇合社会力量，强化自身在组织间关系网络中的影响力和组织力，通过服务能力的建制性增长，真正发挥社会协同作用。案例部分通过对 M 区 HP 公益与 XB 家维两个社区社会组织介入式与参与式模式的对比研究，分析了社会组织与社区借助发挥社会服务、社会黏性、网络节点三大功能实现了双向"调适"和双向"选择"。

第六章根据社区"组织再造"中公众面临的"后单位制"时代的个体化生存、互联网时代的生活方式变迁，以及市场经济条件下的利益分化三大现实挑战的判断，致力于解决如下议题：如何在新的现实条件下推动居民积极参与到社区公共事务和社区治理中来，并实现有序参与和有效参与，认为在具体的社区治理实践中，公众应当参与党组织决策、对政府进行监督规范、与社会组织互助合作，即通过这种与其他多元主体间的关系重构，保证公众在自主性、独立性和有序性的基础上，全过程或全要素参与社区公共事务，与其他主体进行平等的合作治理。M 区依靠和发动社区居民建设"七彩银都"的个案即例证。

第七章作为总结章节，基于前述章节关于社区"组织再造"的分析，探讨社区"组织再造"的有效性问题。关于有效性，需要考虑三个层面的问题：第一是主体间合力的形成，包括其运行条件、运行机制和理想类型的建构，在边界界定与法治框架这一基础条件下，基层社会治理过程中四类主体如何产生互动以形成合力，在于动力机制、信任机制、协调机制、参与机制这四者，它们构成"组织再造"与治理更新的重要运行机制问题，替代—支配型、资源—依赖型、认同—共益型这三种理想类型划分则是对于治理实践的抽象。第二是主体间合力形成基础上的整体性社会治理的发展态势，通过中心结构整合、参与合作行动、公众满意评估三个维度的努力，在结构、过程和功能层面上将整体性治理应用于基层社会治理。第三，信息技术作为中介介入社区治理过程有着平台整合、效率提升、智能决策的作用，也不可避免地出现了信息发展鸿沟、信息能力差异和人为干预技术过程的局限性。总之，基层"组织再造"的过程，既不是简单应用信息技术的过程，也不是完全依赖信息技术应用的过程。

第五节　研究方法与资料来源

一、个案选择

M区位于上海市腹部，区域面积近372.56平方公里，与8区接壤，地理形状好似一把"钥匙"。现有9个镇、4个街道、1个市级工业区，共有118个村民委员会和449个居民委员会。至2019年末，全区常住人口为254.93万人，其中外来常住人口为125.14万人。根据2019年上海市M区《国民经济和社会发展统计公报》显示，初步核算，2019年，全区生产总值完成2520.82亿元，全年实现财政总收入783.23亿元，全年居民人均可支配收入71820元。查阅历年上海市政府信息公开统计数据也可以看出，M区总体经济规模一直稳居全市第二。

也正因为M区经济结构向好、营商环境优越、资源配置能力强，随着快速的经济发展和城市化进程，社区体量和人口集聚效应急剧增大，公共服务资源、社区居民需求、治理能力现代化等发展过程中的短板问题给社区治理提出了巨大挑战。由是观之，M区集中展现了当前我国基层社会治理中所面临的现实难题和矛盾冲突，而这为研究者提供了重要的实践基地和观察窗口。

选取M区社区"组织再造"的地方实验作为研究案例是基于我国基层社会治理改革的政策背景和现实问题，其"组织再造"的必要性和可能性如下所述。

从M区社区"组织再造"的必要性来说，一方面，基于国家治理体系和治理能力现代化框架下构建基层社会治理新格局的建设要求，上海作为国际化大都市和改革开放的"排头兵"，担负着基层社会治理的制度创新和机制创新的"火车头"使命。从《关于进一步创新社会治理 加强基层建设的意见》和六个配套文件的出台至今，上海一直致力于基层社会治理改革的探索，这是特大城市繁重的治理任务对相匹配的治理能力和水平的迫切要求。另一方面，M区跨越式发展中复合基层社会治理的碎片化困局与各种矛盾冲突的张力使得"组织再造"势在必行。就M区的现实难题来说，一是发展与后进的矛盾，凭借创新招商模式和财力分配机制，M区高端商务区、科技创新园区林立，但与此同时，动迁安置小区、城中村、老城市社区等各种社区混杂构成，公建配套滞后、物业管理服务质量较差，群租、"居改非"和入室盗窃等案件频发。二是建设与服务的矛盾，商圈楼宇与园区的大量迅猛的开发在改变城市面貌的同时，造成了公共服务资源的匮乏与分配冲突，M区各个街镇辖区面积较大，公共服务和行政管理（执法）半径过大，原有的基层服务管理力量较为薄弱，不能满足居民群众的多元需求。三是法治与自治的矛盾，区域环境综合整治需要强有力的党政组织和干部的作为，但参与不足与无效、无序参与造成的治理被动局面频频发生。

从M区社区"组织再造"的可能性来说，上海在改革开放和社会主义现代化建设中一直领风气之先，城市发展和治理质量也走在全国前列，历史积淀的城市品格和地理区域条件塑造了上海"螺蛳壳里做道场"的扁平化、精细化治理模式，繁重的治理任务和快速变迁的治理环境也提供给基层组织和执政者不断提升自身治理能力和水平的发展平台。实践证明，"组织再造"改革在应对基层社会治理困境的实践中展现了强大的化解能力和生命力，因而带着强烈的问题意识以M区社区"组织再造"来管窥我国基层社会整体性治理的发展态势与目标不失为一个明智的选择。

二、研究方法

（一）实证调查与文本研究相结合

本书是基于地方治理实践的事实来开展理论阐释的，故而既离不开专著论文、研究报告等文献资料，也离不开田野调查的实证性资料，并且要对照两者以最终呈现事实真相和理论脉络，从田野调研中收获的体验可以帮助辨析公开文本中的信息真伪，文献资料则可以助益理解现实情境中的事由。本书的文献资料主要来源于两方面：一是与研究主题相关的学术著作、期刊文章，对其进行查阅、梳理、归纳和演绎；二是对所选案例的文件、档案、简报、新闻报道、工作总结等文档资料进行收集、整理、辨析和提炼。本书的实证调查主要来自两方面：一是进行了历时一年的社区蹲点，包括参与社区日常工作、议事会议、接待居民等；二是多次走访区委组织部、区地区工作办公室（原区社会建设办公室）、区民政局、各街道、各党建服务中心、社会组织等机构，通过参与会议、开小型座谈会、深度访谈等形式了解情况。

（二）比较研究与案例分析相结合

比较研究与案例分析互相补足能够最大化地发挥各自的优势。本书的比较研究基于纵横向维度：纵向对比即考察新中国成立至今城市基层社区治理的发展历程与转型节点，以确定演进逻辑和分析线索。横向对比具体包括两点：一是对比国内外城市社区治理的研究成果和"再造"流程；二是对比系列城市社区治理中不同街道、不同社区、不同组织的实践经验与绩效，选取典型案例进行分析和深描。另外，本书需要建立系统性的案例资料体系，对若干具有典型性案例的生成、属性、关系、策略等内容进行分类、归纳、提炼，通过案例内分析与案例间比较来获取和深挖有效经验与举措，以形成能够反映事实真相的普遍性、规律性命题。

第一章　新时代城市社区"组织再造"的社会背景

从历时性的角度看，新中国成立以来，我国城市基层治理制度的变迁大致可以分为三个阶段：第一阶段为从新中国成立至1978年改革开放。这一时期，整个社会建构起了一套较为完整的"把人民组织起来的体系"，并呈现出鲜明的"整齐划一"的特点。第二阶段为从改革开放至2012年党的十八大。这一时期，在改革开放的进程中，传统意义上高度集中的计划经济体制走向瓦解，在城市领域集中表现为单位制的解体，社会主义市场经济体制逐步确立，整个社会呈现出"去组织化"的特点。第三阶段始于党的十八大，并将持续一段长期的发展过程。在这一时期，由于"去组织化"带来的组织认同感和凝聚力减弱、社会规则和社会秩序的混乱等问题，给基层社会治理带来很大挑战，在某种程度上影响社会的和谐稳定。因此，有必要对社会进行再组织化。这种社会的再组织化过程也是创新社会治理的过程，并使社会治理体制逐步走向体系化和制度化。这有利于打破利益固化的藩篱，抑制社会的贫富两极分化，对社会进行重新整合，促进社会公平正义，从而迈向一种共建共治共享的新型社会治理格局。

第一节　新中国成立后中国共产党构建的新型社会管理体制

一、新型社会管理体制建立的历史因素

在漫长的传统社会中，由于小农经济的自给自足性，加上民众长期被排除在政治活动之外，人们的集体意识和国家意识非常淡薄，对民族和国

家的认同感也不强，民族的凝聚力和向心力更无从谈起。马克思曾经用"一袋马铃薯"来形象地比喻这种缺乏联系的组织形态。革命先行者孙中山也曾指出，中国虽四万万之众，实等于一盘散沙，毫无组织性可言。换句话说，社会民众之间如果像"一袋马铃薯"那样，既散落又没有组织，这是一种"自在的阶级"而不是"自为的阶级"，也不可能有效地动员起来抵御外敌侵略。应该说，正是社会中的无组织因素和无组织力量使得基层社会形成一种自组织的状态，从而对社会结构的适应性和稳定性产生重大影响。因此，从这个意义上说，必须改变社会的"无秩序"状态，通过政治类主体的强制性力量，来自上而下地推进社会的组织化进程，使民众由一种"自为"的状态向一种"自觉"的状态转变。在一定程度上而言，这就是一个组织起来的过程。

在20世纪初期，国民党曾经在上海等大城市进行了建立城市基层组织的尝试，但是收效甚微。直到保甲制的产生才有了官方性质的城市基层组织的雏形。保甲制是在日伪统治时期建立的，是一种集行政、警政、特务于一体的控制系统。①1945年日本投降后，国民党继续推行保甲制，作为一种战时控制手段，保甲制的实质功能与特务系统无异。从形式上看，保甲的直接领导机关是区公所，区公所是一种形式上的"自治机关"，上承市民政局领导，对下控制若干保办公处和甲长，不是一级政权，却起基层政权的作用。②

中国共产党在领导革命斗争中即意识到了把民众"组织起来"的重要性，这也是中国革命取得成功的主要原因之一。毛泽东在1943年发表的《组织起来》一文中鲜明指出，陕甘宁边区生产取得的巨大成绩"都是实行把群众力量组织起来的结果"。"组织起来"对于新中国成立后收拾满目疮痍、一穷二白的烂摊子同样具有重要作用。毛泽东认为，全国的人民同胞、各社会团体都应该进一步凝聚和组织起来，克服旧中国散漫无组织的

① 张济顺：《论上海里弄》，《上海研究论丛》1993年第9期。
② 范静思主编：《上海民政志》，上海社会科学院出版社，2000年，第39页。

状态，为战胜国内外敌人奠定基础。①而组织起来有两大好处：一是有利于提高生产率，恢复和发展国民经济，加速完成工业化；二是有利于控制和管理，贯彻中央的决定和完成党和国家下达的任务，最终建立一个革命化的新社会。②这种"组织起来"的想法对解放区和新中国成立后的政权建设产生了重大影响。

中国共产党在接管城市后的政权建设中，非常重视政权建设和群众组织的结合，也就是说，在城市建设中同步建立各种形式的群众组织，如工会和妇联等，它们都是基于原有组织的基础上取缔、改造或重建的。在城市建设方面，1954年左右，全国范围内基本有"警政合一"、街道办事处、街公所和街政府的四种主要管理模式。可以看到，在这四种模式中，街道办事处最终脱颖而出成为城市建设和管理的唯一模式。也正是基于这种"组织起来"的社会治理理念，一个高度整齐划一的"组织化社会"逐步建立起来。

二、新型社会管理体制的两大支柱：单位制和街居制

就城市而言，在基层社会治理和基层政权改造中，通过一种"组织化区隔"的治理技术和策略，③对"单位人"和"非单位人"进行两大系统的管理，分别实行针对性的管理办法。对"单位人"来说，新生政权延续"革命"传统，革命时期"公家"对"公家人"的"包干"由一种单位制度沿袭下来，以"单位制"整合各类党政机关、企事业单位和其他行政组织。单位是国家社会中的基本单元，既承担相应的政治功能，又承担经济和文化等功能。也可以说，单位是国家和政府之外，对社会进行整合和管理的重要基本单元。通过单位这样一个"社会浓缩器"，社会和个体全部

---

① 《毛泽东选集》（第三卷），人民出版社，1991年，第928—936页。
② 何云峰：《新中国成立初期毛泽东的社会治理思想》，《湖南科技大学学报（社会科学版）》2018年第5期。
③ 郭为桂：《"组织起来"：中国近代化进程中的基层治理变迁》，《党史研究与教学》2015年第6期。

得以整合进国家。"单位"与"国家"形成某种程度上的依附和庇护的关系。① 因此，单位制是基于中国的特殊历史条件和社会环境形成的一套制度安排。

单位制有三个主要特征：一是各式各样的单位组织构成单位制的基本细胞，不同的生产单位形成不同的单位组织；二是单位组织在整个单位制中的结构地位是由其所具有的行政级别决定的，政府通过行政系统的运行过程和机制将不同的单位组织连接成一个整体，单位组织也因此成为政府管理社会的手段；三是单位成员完全依赖于单位组织，单位组织是单位内每一个成员参与社会政治生活的唯一渠道。具体表现为："生产与生活高度统一""单位办社会"的全能格局形成和以超大型国企为依托的"典型单位制"，它们几乎将全部社会成员都吸纳到单位及其附属体系之中。

从其组成形式上来看，单位组织主要可以分为两大类：一是事业单位组织，二是企业单位组织。虽然它们的活动目的和任务有所区别，但它们都具有单位制的典型特征：二者的单位组织运行都被纳入了国家的预算方案和行政工作计划中，它们都有高度相同的组织原则和运行规则，和政府机关的行政级别高度同构。高度"行政化"是单位组织普遍共有的基本特性，也正因为其"行政化"的特点，国家行政机关可以非常方便地进行控制和管理，这也作为一种特殊的组织形式在新中国成立初期得以固化下来。

与此同时，对"非单位人"来说，通过"革命"的方式，改造保甲制等旧的组织体系，建立街居制这一新的组织体系，是当时采取的主要措施。而《城市街道办事处组织条例》和《城市居民委员会组织条例》的颁布标志着"街道—居委会"作为一种推陈出新的组织体系逐步建立起来。作为一种类行政组织，街居体制对自由职业者、流动摊贩和失业人员等"非单位人"实施管理。无论是街道办事处还是居民委员会，他们都不是

---

① 范逢春、谭淋丹：《城市基层治理70年：从组织化、失组织化到再组织化》，《上海行政学院学报》2019年第5期。

政府行政机构的一部分，前者是政府的派出机构，不属于正式的政府层级；后者的定位则是一种群众性的自治组织。虽然有一段时间，受国家政治环境的影响，居委会的性质带有很强的群众革命性的组织色彩，①但党的十一届三中全会以后逐渐恢复了其群众自治的性质。需要注意的是，和单位组织一样，街道办事处和居委会在实践操作过程中全方位体现出"行政化"的因素。这可以从以下三方面来理解：首先，居委会的设置由相应级别的政府行政机关掌握；其次，居委会的工作内容接受政府行政机关的指导，而街道办事处往往也把居委会当作自己下一层级的执行单位；最后，居委会的经费和预算受行政机关的影响较大。

综上所述，新中国成立初期，城市社会大体形成了"单位制—街居制"的社会管理模式，以至于最终形成了整个国家高度集中的计划管理体制。有学者指出了单位体制的极大作用，认为其把国家、政府、社会和民众都组织在一个巨大严密的行政组织网络中，国家通过单位对社会进行直接管理，民众居住、就业、教育、医疗等方方面面都通过单位与国家建立组织关系，民众所归属单位的差异是社会权利和社会生活差异的来源。②这种整齐划一的管理体制呈现出鲜明的"管控"色彩，这种社会的结构形态也称之为"总体性社会"，亦即社会的政治、经济、文化等功能高度集中，以单位的形式把这些资源都凝聚起来了，国家的动员能力空前凸显，但国家的应急反应能力滞后和体制结构的凝滞在这一环境下也暴露无遗。③

三、新型社会管理体制的功能及其后果

应该说，新中国成立以后，这种新型的社会管理体制在巩固新生的人

① 潘小娟：《中国基层社会重构——社区治理研究》，中国法制出版社，2004年，第38页。

② 路风：《中国单位体制的起源和形成》，《中国社会学》（第二卷），上海人民出版社，2003年，第128页。

③ 孙立平、王汉生、王思斌、林彬、杨善华：《改革以来中国社会结构的变迁》，《中国社会科学》1994年第2期。

民政权、促进社会整合和维护社会稳定等方面发挥了不可替代的作用，它的诞生有其历史必然性和现实合理性。为了应对社会的"认同性危机"，"单位制—街居制"的社会组织模式，迎合了高度集中的计划经济模式，使国家快速从"一穷二白"的状态下摆脱出来。

这种社会管理体制的功能和作用主要体现在三个方面：一是政治动员。作为具有相应行政级别的"单位"，其政治动员能力是非常突出的。例如，单位的主体是由干部和工人这两大具有政治身份的人群组成，单位的运转通过相应的党组织来主导，党和政府可以直接通过上级指示和行政命令等进行自上而下的全员动员，速度快、效率高，从而能够快速推行国家的各项方针政策。二是经济发展。在高度集中的计划经济体制下，资源几乎全部控制在国家手里。国家对资源的控制和调配又是通过一个个单位来进行的，而单位又隶属于不同的关系网络，上级单位对下级单位具有控制和支配权，上级单位同时又受到同级党和政府的领导。因此，通过上级单位对下级单位下达工作任务，统一调拨和分配各种资源，党和政府可以直接对特定生产领域进行干预，如大力发展重工业以快速积累国家建设资源，由此国家战略意图得以贯彻实施。三是社会控制。在生产力水平低下的情况下，社会资源供不应求，如何保证资源分配顺利进行的同时，努力维护社会稳定，这是一个极为关键的问题。单位制下的劳保福利、住房分配、医疗保障和子女入学就业等资源分配，实现了社会的高度组织化。在单位制之外，街居制的建立进一步把国家触角延伸到国家和社会的方方面面，整个社会高度集中且统一。由是观之，通过这样一种"管控型"的行政强制性社会管理体制，全国上下几乎都纳入了单项控制的行政权力的控制范围。

无论是单位制还是街居制，政府行政机关始终在中间居于主导地位，这种地位是由其行政级别决定的。行政机关通过"不断复制自己"，在塑造单位组织和街道办事处、居委会的过程中，把一套严密的组织体系贯彻到组织内部，从而使他们按照行政机关的原则和方式来管理自己。从这个意义而言，单位组织和街道办事处等都成为政府行政机关的"内设机构"

或"附属物",自主性的空间几乎没有。这里的单向控制指的是上级对下级拥有绝对控制的权力,按照行政级别的高低进行逐级科层式管理,控制方向的不可逆性和控制力度的不可抗性是其典型特点。进一步来说,在资源分配中,高一层级的组织还可以从相对低层级的组织中进行资源抽取,从而进行一种逆向的资源再分配。其背后的运作机理是以行政权力为支撑的,由于权力具有权威性和强制性的特征,处于系统内部的组织和个体都会受到这种行政权力的支配,成为系统中的"行政细胞"。[1]正是因为有行政权力的保证及其强制性,单位制和街居制的新型社会管理模式才能发挥其效用,从而为社会平稳持续运行提供基础和保证。

任何事物都是两面的。高度集中的计划经济体制下的"管控型""全能型"和"大包大揽式"社会管理体制对于组织生产、恢复国民经济、稳定社会秩序和促进社会整合等方面起到重要作用,但也带来了制度后果,即社会层面的总体型社会和个体层面的依赖型人格。[2]所谓总体型社会,即一种结构化程度很低的社会。总体型社会的特点有三个方面,国家的动员能力强、社会缓冲带的缺失和生活的政治色彩浓厚。民众被裹挟进政治浪潮的大环境中,自主性和独立性也在消减。正是由于单位制对个人的严格控制,单位成员对单位逐渐形成一种高度依赖的人格。单位的资源控制对个体的影响集中在经济、政治和社会三个大的方面。单位除了是一切生活待遇和福利待遇的来源,还是个人社会地位和身份合法性的鉴定者,没有单位的证明,工作上的提干、入党、进修等都无从谈起,甚至不能随意离开居住地。单位的自给自足也造成了单位成员个体之间的封闭,形成了个体对单位的依附,个体丧失了主观能动性和创造力。因此,随着生产力和社会的发展,单位制的弊端日益暴露,单位制的松动和解体自然是不可避免的。

---

① [英]安东尼·吉登斯:《民族–国家与暴力》,胡宗泽等译,生活·读书·新知三联书店,1998年。

② 李江皓:《试论"减员增效、下岗分流"在国企改革中的重要作用》,《理论与改革》,1998年第5期。

第二节 改革开放后城市社区的"去组织化"现象

一、城市社区"去组织化"现象的社会环境因素

党的十一届三中全会的召开标志着中国进入了改革开放新时期，随着党和国家工作重心的转移，商品经济和市场经济逐渐兴起和发挥作用，而原先在计划经济体制下单位制的僵化、凝滞的弊端越来越不适应新形势的变化。随之而来的必然是"全能型""管控型"的社会管理体制的松动，诸多关于管理改革、体制调适的议题不断出现在社会管理领域中。因此，改革开放以来特别是党的十四大之后，基层社会治理出现了不可逆转的"去组织化"现象。

从动力上来看，社会主义市场经济体制的逐步确立和所有制结构的变革出现了社会结构的分化问题，原先单位的管理范围和功能效用都面临着巨大的冲击和挑战。如果说曾经的单位制使得国家和社会得以统一，那么，改革开放以后，国家和社会开始从统一走向分离。①社会的"去组织化"进程开始启动。当时的社会有这样一种口号："到体制外去"，这反映出一种冲破计划经济体制的束缚的呼声。1992年，党的十四大明确提出了"建立社会主义市场经济体制"的重要论述，标志着传统计划经济体制逐步走向转型。在这种情况下，国家与社会的关系已经"由高度一体化向良性分化转变"，②随着社会结构的松动和开放，传统单位的覆盖面逐步缩小，单位社会也日益走向萎缩。与此同时，市场化改革进一步冲击了单位制的现实功能。计划经济下的"铁饭碗"不再具有昔日的风光，"下海"

---

① 陈嘉明：《国家与社会关系的重塑及市民社会的发育》，《马克思主义与现实》，1995年第1期。

② 牛涛：《从"强国家弱社会"到"强国家强社会"》，《湖北行政学院学报》2008年第4期。

经商成为一种新的社会现象。[①]"体制外"的变革也波及并影响了传统的"体制内"优势。这些问题首先表现在经济领域，社会开始摆脱国家的无限度控制和支配，进而延伸到政治领域中，社会开始作为一种新的力量参与到国家政治事务中去。

户籍制度的变迁在推动城市化发展的同时，引发了城市人口结构的变迁，这给社会管理带来了新的难题。随着大量原先处于单位组织中的人口游离到单位之外，以及大量人口从农村涌入城市，计划经济体制下传统城市社会管理的微观基础和动员模式遭遇新的挑战。传统意义上的人口身份区分和组织归并管理不再像以前一样发挥作用了，继单位组织和街居制的组织体系被破坏之后，充分依赖于行政权力推动社会管理的运作模式基础开始松动瓦解，再也无法高效运行。

事实上，利益问题是一切社会问题的核心。社会结构的变化还体现在社会的利益结构变化上。所谓利益结构指的是指在不同利益主体之间形成的利益关系的总和。而社会的利益结构包括利益单元、利益观念和利益组合三个核心要素。利益单元的变化主要指的是社会利益单元从国家和集体开始缩小到社会的最小单元，即家庭和个人。换言之，就是利益单元的个体化。[②]利益观念的变化指的是由于市场经济的推动，社会个体出现利益意识的觉醒和对利益的追求，公有制模式下的自给自足的生活方式发生了变化。利益组织方式的变化指的是每个社会成员的利益关系不再被限定于在某一特定的组织中，出现了很多"跨界利益群体"，其群体成员来自不同的组织和单位。需要指出的是，城市社会利益结构的变化首先是利益观念的变化，而观念又是行动的先导。城市社会利益结构的变迁导致了传统体制中的利益综合功能失调，也给传统体制的运作模式提出了难题。

① 郝宇青：《从分化到整合：改革开放40年社会变迁的动力及其转换》，《江西师范大学学报（哲学社会科学版）》2018年第5期。

② 李景鹏：《中国政治发展的理论研究纲要》，黑龙江人民出版社，2000年，第144页。

二、城市社区"去组织化"现象的社会体制因素

改革开放以来，随着经济体制改革和社会结构转型，就单位制而言，由于我国的所有制结构发生了变化，计划经济体制下单一的公有制结构逐步向以公有制为主体、多种所有制共同发展的格局转变。引发这一现象的主要原因在于，随着改革的深入推进，特别是市场化改革的推动，国家行政指令对社会资源的调配不仅效率低，而且缓慢迟钝，职工的生活也不再局限在单位中，单位作为一种行政化的资源分配机构面临着体制内外诸多因素的挑战。随着社会主义市场经济体制的确立，国有企业、集体企业和政府行政事业单位也发生了全面的变革。市场意识和竞争意识在社会民众中觉醒，传统人事制度走向式微，现代企业制度开始兴起，集中表现为"政企分开、政社分开和事社分离"，计划经济随着时代的洪流逐步退出国家政治生活的中心，民众的社会生活也随着市场经济的发展变得日益丰富。

就街居制而言，由于街道的工作对象、工作任务不断增多并繁杂，加之严重的"扩编"问题，行政化倾向愈发加剧。在社会转型的大趋势下，原有的街居制管理模式越来越无法适应新形势的需要，主要体现为以下三个方面：

首先是职能超载。社会结构变化带来了新的社会分工，出现了很多新的领域，加重了街居制的负担。单位制的解体使得原来由单位承担的功能被剥离出来，如资源分配和政治动员，这些职能回归到政府和社会，街居制变成了代替单位和社会组织存在的接收主体。此外，老龄人口、社会流动人员等无单位归属人员也回到街道和居委会的管辖范围，进一步加大了街居制的压力。重要的是，随着城市管理体制的改革，城市管理重心进一步下移，很多之前原本属于政府的职能被下放到街道和居委会层面。概括来说就是承接了原本没有的职能，同时又增加了很多新职能，造成街道居委会的不堪重负和效能低下。

其次是职权有限。"漏斗效应"将大量不属于街道的事务"漏"到街

道层面，而街道又没有相应的地位和权力来做好这些事务，而且既没有完全的行政管理权，也没有独立的行政执法权，只能充当"传声筒"和"带话人"角色。正是由于这一看起来很"尴尬"的角色定位，造成了很多事务"看得见，摸得着，管不了"的局面。街道尚且如此，居委会的角色更不用说。居委会的经费由街道全额下拨，没有独立的财务支配权，造成了事实上的街道与居委会的"上下级"关系。

最后是角色尴尬。街居制在发展演变的过程中，俨然成了政府的"脚"，很多精力都放在执行和处理上级政府下派的指标和任务。居委会的自治功能几乎完全被搁置，整日忙于应付各种检查，在实际作用发挥上变成了政府部门工作的执行层和操作层。在这种情况下，居民的主体意识和身份意识必然无法彰显，居委会也很难得到居民的认同和信赖。因此，2018年12月修订的《城市居民委员会组织法》里对居民委员会功能的定性就是对当时现实状况的回应，即居民委员会是一种基层群众性自治组织，是居民自我管理、自我教育、自我服务的重要渠道。这是国家政策层对居委会现状所做的调适和补充。

三、社区制社会治理模式的产生及其演变

"社区"（Community）这一概念首先是由德国社会学家滕尼斯运用到社会学领域中的，主要指的是一种社会共同体，共同体下的人们具有共同的价值取向，彼此关系密切，守望相助并富有人情味。①此后，社区的概念不断得到拓展。作为一种居民生活的社会共同体，社区主要包括四个要素：分别是地域、人口、组织结构和文化。②这四个要素相互依赖，有机统一，共同构成社区形成的必要条件。在不同的历史背景下，社区的功能模式和表现形态也不尽相同。社区的组织形式主要分为城市社区、农村社区和集镇社区三种。本书主要指的是城市社区，包括商品房居住区、售后

---

① ［德］斐迪南·滕尼斯：《共同体与社会》，林荣远译，商务印书馆，1999年，第42页。

② 窦泽秀：《社区行政》，山东人民出版社，2003年，第19—20页。

公房居住区、单位职工居住区等多种居住形态。

20世纪80年代，民政部在相关文件中引入"社区"这一概念，尝试在城市中开展社区服务，推进社会福利工作改革，并将之区别于国家的社会福利改革，这标志着我国社区建设的开始。2000年，《中共中央办公厅、国务院办公厅关于转发民政部〈关于在全国推进城市社区建设的意见〉的通知》下发，强调了社区建设是我国城市经济和社会发展到一定阶段的必然要求，要构建新的社区组织体系，改革城市基层管理体制。

社区制是对单位制、街居制的超越和重构，换句话说，社区制模式的产生和发展，意味着街居制的基层管理体制重新得到某种程度上的恢复和再造，逐步又形成了"上海模式""沈阳模式""江汉模式"等。但是，围绕社区制的很多理论和实践问题一直处于变动状态，例如，围绕社区制理论的行政化倾向和自治化倾向如何研判、围绕社区制实践的行政型模式、自治型模式、混合型模式三者之间如何取舍、围绕社区制相关的政府、市场、社会、政党四方之间的关系如何平衡协调等，都需要进一步摸索和改进。①

随着改革开放的推进，城市基层的"去组织化"现象一直在发生。一方面，国有企业改制和劳动合同制的实施产生了大量下岗工人和再就业人员；另一方面，城市化的快速发展和社会急剧转型，各种社会矛盾和冲突不断加剧，首当其冲的就是处于一线的城市基层管理，由于社区制在理论和实践上本身的不成熟，使得它越来越难以应付这种"去组织化"带来的挑战。而这种城市社区制管理模式存在的问题主要有两方面：一是定位不清、职责不明。管理模式落后，具体的管理实践中行政化色彩浓厚，服务群众的能力和意识不足，市级政府、区级政府、街道、居委会彼此之间的关系依然还有很多模糊的地方，条块关系也没有理顺，部门之间壁垒林立。二是居民的参与感不强、组织平台不完善。社区在功能和服务上不能

---

① 何海兵：《我国城市基层社会管理体制的变迁：从单位制、街居制到社区制》，《管理世界》2003年第6期。

完全满足居民的需要，居民参与社区治理的内生动力有待激发，社区的认同感和归属感依然还很脆弱，社会各方参与基层治理的机制不健全，社会组织培育发展不均衡。

应当说，社区制的城市治理模式是现实社会发展的需要，由于其本身存在的不适应性和变动性，造成了这一时期社会管理的主要任务是回应各种社会矛盾问题，带有较强的被动性。[1]因此，分析梳理改革开放以来的这种"去组织化"现象，对于社区制的功能完善和进一步提高社会治理水平来说很有必要。

第三节　社区的"去组织化"：新时代城市社区治理的挑战

"去组织化"是指在市场经济改革与城镇化推进过程中，单位制逐步走向解体所带来的一系列社会现象。与过去基层社会的"组织化"特征不同，"去组织化"主要体现在：党和国家力量不再主导基层社会的资源供给与分配，市场和社会逐渐成为资源供给的主体；社区居民对单位的依附性削弱，大量具有"弱联系"特征的居民自组织开始出现；"陌生人"社会特征显现，居民之间的联系弱化，不断走向"原子化"。[2]社区"去组织化"现象的产生，虽然是改革开放背景下社会结构深层次转变的必然结果，也极易形成社会治理的"真空地带"，使得在单位制和街居制下形成的稳定秩序被打破。为适应单位制解体和街居制变革而产生的社区制，正是"去组织化"带来的产物，同时基层社会的科层制管理也给城市社区治理提出越来越多的挑战。

社区采用科层制管理在绩效考核和量化管理上能够发挥作用，但同时也带来一些新的问题，主要表现为：一是督查考核的形式主义严重。基层

---

① 朱涛：《新中国70年社会治理变迁与基本经验》，《北京工业大学学报（社会科学版）》2019年第4期。

② 颜德如：《中国共产党百年来对基层治理的探索：基于组织化的视角》，《理论探讨》2022年第4期。

工作人员往往陷于各种考核和检查中，疲于奔命应付上面的考察，没有太多的时间和精力去了解群众，贴近群众、真正为群众办实事。二是缺乏对社区的归属感。官僚科层制管理使得社区工作的完成似乎只是一种既定的工作任务，既不是自发的积极参与，也没有足够的热情。^①它反映到社会治理领域中，就是社会治理的模式和机制需要进一步调试。从社区治理的宏观环境和微观主体的要素上看，具体表现为城市社区治理结构中单位的缺失、城市社区居民业缘关系的淡化、城市社区治理转型的制度供给不足以及网络的便利化削弱了社区居民的联系。^②

一、城市社区治理结构中单位的缺失

在单位制社会下，每一个单位都高度组织化，每一个人也都是"单位人"。在单位制度走向消解的过程中，从纵向结构上看，国家通过单位直接支配个人的状况一去不复返，从横向结构上看，跨单位和单位联合的现象也在减少。因单位的"去社会化"，整个社会结构也在发生着复杂的转换和变革，单位组织也由一种"全能型单位"向一种"利益型单位"转变。在社会资源从根本上不再依赖单位配给之后，单位的组织能力日渐式微，单位组织长期承载的意识形态因素、经济因素、政治因素和文化要素也在逐渐消解。在单位之外，社会的多元力量正在形成和发展，很多都不在单位的管理范围中，既对原有单位体制形成冲击，同时在建构新的社会组织。而社会中间纽带的缺失又使得国家与民众之间没有必要的缓冲带，在单位制消解的背景下，之前被暂时掩盖的社会问题和矛盾冲突会不可避免地再次产生。

改革开放以后，市场在资源配置中越来越起到决定性作用，但这并不意味着原有单位制解体所造成的"真空"地带能够得到有效弥补。在社区治理当中，行政手段和市场手段都不是万能的。尤其是市场化改革所引

---

① 杨爱平、余雁鸿：《选择性应付：社区居委会行动逻辑的组织分析——以 C 市 Z 社区为例》，《社会学研究》2012 年第 4 期。

② 郝宇青：《基层社区治理能否实现"组织再造"》，《解放日报》2017 年 10 月 24 日。

发的"去组织化"现象，使得公众越来越期待社会治理的有序性和有效性。例如，国企改革带来的大量下岗职工再就业问题、退休职工的社会福利问题、进城务工人员享有社会服务问题等等，①都无一例外地指向了单位制社会瓦解之后进行秩序重建的治理要求。

而当下以社区制为基本单位的基层社会治理模式决定了社区既要承继传统单位制的部分功能，又要成为社会多元共治的有效载体。因此，如何依托社区建构起政府、市场和社会的治理合力，克服"一放就乱"的市场调节弊端，寻求治理"有序"和治理"有效"之间的平衡点，促进社区再组织化，就成为新时代党和政府最为关心和需要解决的问题。另外，社区再组织化的限度问题也值得关注。由于我国基层社会过去长期处于"单位制"的模式下运转，如何克服再组织化推进过程中极容易形成的行政权力过度干预社区事务问题，或者居民自治组织的过度行政化趋向，这是基层治理必须面对的课题。

二、城市社区居民业缘关系的淡化

在单位制模式下的城市居民，因具有相似的社会背景和工作经历而具有较强的业缘关系；"单位办社会"下的人口住房、居住制度非常稳定，人口社会流动性弱，又进一步造就了稳定的地缘关系。因此，依托地缘关系和业缘关系的紧密结合，城市中形成了无数个像传统乡土社会那样的"单位熟人社会"②，造就了居民之间紧密的情感联系、高度的心理信任、强烈的集体意识和强大的社会认同。"单位熟人社会"和"农村熟人社会"一样具有很多共同的特征，如彼此相互了解熟悉、相互信任，人际关系的稳定性和柔软性使得社会的管理成本大大降低。在社会学领域中往往把这

---

① 徐永祥：《社会的再组织化：现阶段社会管理与社会服务的重要课题》，《教学与研究》2008年第1期。

② 芦恒、蔡重阳：《"单位人"再组织化：城市社区重建的治理创新》，《新视野》2015年第6期。

种信任称为"社会资本"①。在正式的法律和制度之外，人情、信任等纽带正是社会管理中无形的资本。因此，单位制下的基层社会基于业缘关系形成了一套低成本且自治有效的运行规则，形成了稳定的社会秩序，提高了社会治理的效率。

但是，市场化改革改变了就业、住房、医疗、教育等社会资源的供给方式，社会流动性的增强使得单位熟人社会成为历史记忆。基于市场经济构建起来的陌生人社会淡化了城市居民的业缘关系，过去赖以遵守的运行规则支离破碎，固有的情感联系、心理信任、集体意识和社会认同都受到剧烈的冲击，无形中增加了社会治理的成本和社会整合的难度。因此，面对城市社区居民业缘关系淡化、人际关系冷漠化的问题，全国多地都正在进行改革尝试，通过"趣缘"关系②、组织睦邻活动③等方式，探索打造新"熟人社区"，将居民重新组织起来，创造了一种新的社区治理模式。

三、城市社区治理转型的制度供给不足

从理论层面看，国家治理现代化视域下的社会治理转型迫切需要相应的制度支撑。从实践层面看，基层社区治理走过了三十多年的探索历程，到目前还没有形成一套全国范围内统一的模式和规范，虽然一些地区开始了效果不错的地域性政策实验，但对于辽远广阔又形态各异的全国基层社会而言，存在如何实现政策普适性的问题。基层社会治理也是一个动态过程，必须根据新形势、新变化、新条件不断进行政策调适，所以又存在如何实现政策长效性的问题。换言之，城市社区治理转型需要存量充足的制度设计和制度补给，若非如此，社区治理的效果及转型顺利与否必然大打折扣，当前基层社会治理中的"运动式"治理方式就是因此而来。

---

① 陈捷、卢春龙：《共通性社会资本与特定性社会资本——社会资本与中国的城市基层治理》，《社会学研究》2009年第6期。

② 中共郑州市惠济区委组织部：《河南郑州惠济区：党建项目"微服务"撬动社区治理"大提升"》，中国共产党新闻网，2022年7月7日。

③ 黄旭新、陈思昊、陈婷婷：《"近邻"党建构建和睦熟人社区》，《惠州日报》2024年6月21日。

诺斯认为，制度旨在约束追求最大化利益的个人行为，它是一系列被制定出来的规则和行为的道德伦理规范。[①]制度既包括法律法规等正式制度，也包括道德规范、文化传统、习俗惯例等非正式制度。制度供给就是制度的生产与运作。就社会关系而言，制度提供了秩序和规范，并有效减少了可变性和不稳定性，也大大减少了片面追求私利的过程。[②]因此，制度供给应当是一个原则性与灵活性并存、稳定性与动态性兼具，又具有丰富层次性的体系。当然，充足的制度供给还必须满足有效性的内在前提，否则对基层治理转型就毫无意义。换言之，当前社区治理转型中的制度供给存在的问题，既体现在制度供给量的层面，也体现在制度供给质的层面，主要是后者。[③]制度的有效供给，包含多种要素的组合，它既要是有效的，也必须是合乎规范的，既要符合工具性和情境性的要求，同时又要在合法性上合乎相应的逻辑。更重要的是，制度的有效供给还要谨防制度供给过剩，要知道，制度供给过剩的危害不亚于制度供给不足，因为供给过剩就等于没有，制度也就毫无权威性可言。

有学者指出，社会治理的有效性是正式制度和非正式制度的相加和重叠，法律等正式制度要和社会规范和道德观念等非正式制度相协调一致。[④]社区治理概莫能外。正式制度设计是城市社区治理能够保持安定有序状态的根本保障，而非正式制度能够激发社区民众的参与热情和创新精神。任何正式制度的制定和运行，离不开一定的非正式制度，正式的制度和非正式的制度需要平衡使用，两者之间并不是互斥的。因此，在制定正式的制度时，必须将其放在一定的社会历史文化环境中加以考察和审视，

---

① ［美］道格拉斯·诺斯：《经济史中的结构与变迁》，陈郁、罗华平等译，上海人民出版社，1994年，第225—226页。

② ［美］詹姆斯·马奇、约翰·奥尔森：《新制度主义详述》，允和译，《国外理论动态》2010年第7期。

③ 易承志：《国家治理体系现代化 制度供给的理论基础与实践路径》，《南京师大学报（社会科学版）》2017年第1期。

④ 景维民、张慧君：《制度转型与国家治理模式重构：进程、问题与前景》，《天津社会科学》2009年第1期。

必须考虑到非正式制度所带来的叠加效应。换言之，如果正式的制度只考虑到一般的认知，而没有充分照顾到某事某地的独特性的话，正式的制度将缺乏转化为居民共识的条件、资源与空间，最终沦为"空中楼阁"，而导致公信力的"自损"，削弱了社会治理的触底性与有效性。

四、网络的便利化削弱了社区居民的联系

信息通信技术（ICT）的发展带来了新的社会变革，不仅改变了人们的生产方式，而且改变了人们的生活方式和交往方式。特别是随着移动互联网时代的兴起，其主要标志虚拟现实（VR）和增强现实（AR）的诞生，使得社区居民之间的线下联系进一步弱化，各种新式的"宅"经济、"宅"文化兴起。对于社区治理来说，移动互联网同样带来了新的治理问题，集中表现为个体在社区治理空间场域的"不在场"，同时他们又以一个新的、虚拟的身份出现在另一个空间场域中。正如有学者指出的那样，移动互联网为人们创造了新的"现场"与建立在这一基础上的"在场"。无论是心理性层面，抑或身体性层面，透过VR/AR等技术手段，移动互联网都会带来更强的"在场感"。和现实生活中的"在场"不同，虚拟社会中的虚拟"在场"在体验上和功能上都有很大差别。[1]也就是说，技术的发展和新媒介的使用，不仅会影响个人生活节奏的变化，同时也会促进人们生活空间的功能发生变化，传统意义上的生活空间功能正在发生异化。

从现实空间到虚拟空间，反映的是社区治理的在线化和碎片化。移动互联网时代，公民生活的场景不再局限于线下，而是越来越多地走向线上。与传统工业社会相比，城市化使得物质社会的联系更加便利和自如。在信息时代，公民生活的场景也具有越来越多的可能性，通过依托一定的移动电子终端，如手机和平板电脑等，每一次点击都有可能意味着一次参

---

[1] 彭兰：《移动互联网时代的"现场"与"在场"》，《湖南师范大学社会科学学报》2017年第3期。

与，公共生活的进入和公共议题的讨论变得更加自由和即时。除此之外，移动互联网时代下，公民社交互动的范围摆脱了原有的地域限制和手段限制，甚至超出了国家的限制。可以说，这种方式的变革正是顺应了原子化个体和碎片化时间的趋势，只要对公共话题感兴趣，他们随时随地就可以参与到讨论中来，也可以随时进行协商合作。应当说，在移动互联网时代，公民参与公共生活的深度和广度得以大大拓展，"公民"本身也具有了越来越丰富的内涵。①但是，需要指出的是，公民之间这种虚拟的、在线的联系是不牢固和不稳定的，脱离现实的共同生活场景，也没有一种行之有效的规范约束。

从社会资本的视角来看，布尔迪厄认为："社会资本是资源的集合体，无论这些资源是实际的还是潜在的，这些资源是与对某种持久的网络的占有密不可分。"②进一步来说，社会资本不是自然形成的，而是一种有意识或无意识的投资策略的产物。移动互联网便利化带来的人们之间联系的弱化，迫切需要社区治理走向一种新的场景和模式，我们称之为"在线治理"或"数字治理"等。也就是说，城市社区治理需要直面移动互联网时代带来的变革挑战，即组织变革、模式变革和公众变革。基于城市社区治理拥有多元主体的现实状况，线上线下的互动串联会使得主体间参与协商的场景不断发生切换，因而协商治理的模式机制也迫切需要转型。

---

① 闵学勤、王友俊：《移动互联网时代的在线协商治理——以社区微信群为例》，《江苏行政学院学报》2017年第5期。

② 包亚明：《布尔迪厄访谈录——文化资本与社会炼金术》，上海人民出版社，1997年，第202页。

第二章 M区社区"组织再造"的实践展开与主体构成

进入新时代，社会发展大势、体制变迁需要和基层治理现实都亟待社区治理主题的转换，亦即城市社区治理不能局限于简单的再组织化过程，仅仅依赖组织形式的重构与扩张，而是必须向前一步完成"组织再造"的改革，从而释放不同主体的治理动能，有效回应公共产品的供给和公共需求的满足，推进基层组织治理体系和治理能力现代化。M区处于建成生态宜居现代化主城区的重要窗口期，其基本治理单元——社区，具有住区类型多样、人员构成复杂、社会资源多元、服务配置不足等多重特征，因此M区社区"组织再造"的改革路途上红利、机遇、挑战、压力并存，虽然"组织再造"的任务并不轻松，"组织再造"的绩效还有待论证，但其"组织再造"的政治实践演绎了一种中国治理情境中的整体性治理模式的生成过程。

第一节 M区社区"组织再造"的社会背景

2014年3月5日，习近平在参加十二届全国人大二次会议上海代表团审议政府工作报告时指出："加强和创新社会治理，关键在体制创新，核心是人，只有人与人和谐相处，社会才会安定有序。"[1]而加强和创新社会治理，其重心在于基层城乡社区，在于城市常态化管理过程中狠抓城市管

---

① 中共中央文献研究室编：《习近平关于全面深化改革论述摘编》，中央文献出版社，2014年，第101—102页。

理顽症治理。2014年底，中共上海市委、上海市人民政府颁布了《关于进一步创新社会治理 加强基层建设的意见》（以下称市委"1+6"文件），文件确立了基层社会治理创新方向和制度体系，明确指出：街道、乡镇和居村是基层社会治理的主阵地。创新社会治理，加强以街道、乡镇和居村为重点的基层建设是关系上海发展的一项基础性、全局性重要工作。文件要求，经过3至5年努力，进一步完善基层社会治理体系，进一步提高基层社会治理能力，使基层社会在深刻变革中既充满活力又和谐有序，为城市治理体系和治理能力现代化奠定坚实基础，为上海顺利实现"四个中心"和社会主义现代化国际大都市建设目标提供坚实保障。

在市委"1+6"文件要求的体系架构和"努力走出一条符合超大城市特点和规律的社会治理新路子"的重要指示精神下，M区取得了基层治理的一定成效。但是，随着城市化进程的快速推进和经济社会结构深度转型，M区的社会治理工作出现了许多新情况、新变化，社会治理创新和公共服务供给功能亟待优化提升，人民对美好生活的需要对社会治理主体的凝聚整合提出了更高的要求，基层"组织再造"成为应有之义。那么，哪些因素推动着基层社区治理从再组织化走向"组织再造"，是什么原因使得单纯的再组织化举措并不能很好地应对基层治理过程？

这里，M区社区"组织再造"的社会背景可以学理化地分解为外部环境和要素组成两个层面。首先，在外部环境上，由于传统组织形式的解体等因素，基层治理过程在市场化改革的冲击下面临着公共产品供给的不足和秩序"衰败"问题，当前再组织化的过程主要通过强化组织形式的方式来完成秩序重建和公共物品供给，但始终面临参与不足、积极性不高，并且陷入组织扩张与公共事务不确定性增加的困境。这与外部环境的变化有着紧密关联，即风险社会的到来、不确定性的增加，使得传统的单纯依托组织形式的治理过程越发乏力，组织扩张与不确定性增加同步上扬，治理的挫败感不断增强。其次，在要素构成上，它包括基层组织治理目标的动态变化，这不仅包括宏观目标在基层空间的细化，也包括对于基层公共需求的及时、有效回应；基层组织治理事务的复杂化，与外部环境的风险相对应，内部治理事务出现了复杂化趋势，它涉及不同主体关系、不同问题域，很难通过某一个或某几个行政部门就能有效解决；基层组织治理能力的科学化要求，这要求确立现代意义上的科学评价体系，从而对基层组织治理绩效加以评价。那么，之前那种被动吸纳的参与过程将越来越不可取，党委、政府主体外的其他治理主体必须从制度、机制到行动、绩效等各个层面参与到基层治理过程中来。

正是这一系列的挑战和发展要求，使得基层组织主体的功能指向与主体间关系不能局限于简单的再组织化过程。因为这并不能构成长远的发展趋向，至少它在回应不确定性增长方面是比较乏力的，并且不同主体并没有充分释放自身的治理动能，组织形式的重构与扩张更多地扮演是未来"组织再造"的过渡阶段，它为后续"组织再造"的发展提供了基础的秩序和必要的公共产品供给。

一、治理环境的风险化

基层组织面对的外部治理环境伴随着现代化的快速推进，正在面临剧烈的变化，这种变化突出地表现为风险的增加。社会风险的不断激增主要产生于两个方面的结果：

第一，风险社会是现代性发展的产物。按照贝克的理解，"工业社会是一个半现代社会，它内在的反现代成分并非陈旧的或传统的东西，倒不如说是工业时代自身的结构和产物"，"工业社会通过其体制而使自身变得不稳定。连续性成了非连续性的'原因'"，"人们从工业时代的确定性和生活模式中解放了出来……由此所产生的震动构成了风险社会的另一面"。①由此可见，工业社会在脱离传统社会的过程中，通过现代建构，除了缔造秩序和稳定性之外，也会同时滋生出不稳定性和非连续性，这一系列的制度性构成要素扮演了风险社会的主要动因，它推动现代社会向反思性现代化递进。这是制度主义风险社会的理论逻辑，在中国的基层"组织

---

① ［德］贝克：《风险社会》，何博闻译，译林出版社，2004年，第9页。

再造"过程中，也面临这种作为产物的不稳定性。

第二，"中国式风险社会"的形成，它"加剧了人们的风险感知和社会焦虑"，①并在不同人群之间按照不同的方式转移和分配，使得社会的矛盾和冲突加剧，个体的危机和焦虑更为强烈，对于基层组织的治理需求更为具体、多样。叠加传统消解所带来的不安全感增加，社会风险积累迅速。基层组织在治理过程中，任何形式的治理形态和参与模式经常面临不同群体的挑战与质疑。换言之，传统与现代"断裂"及现代生成的不确定性，使得群体分化加剧，基层组织无法做到有效回应。

正因为如此，再组织化过程中的基层组织治理，只能有效缓解传统消解所带来的秩序"衰败"和公共产品供给不足，并不能有效回应外部环境的风险挑战。唯一的应对方式就是不断扩张的组织形态，以保证基本的社会制度和公共产品供给，但社会成员的参与能力和有效需求、不同群体之间的利益分化和协商机制、政府与社会之间的合作方式等，并不能得到充分重视。面对这样的再组织化过程，一方面，社会成员的有效需求并不能得到充分满足，对于不能有效满足的公共需求也不能充分理解；另一方面，基层组织的行政压力不断趋于增长，直到面对风险积累的边界，转而诉诸禁止性政策，以确保最基本的秩序条件。这时，就不得不寻求打破这种组织扩张的困境，"组织再造"及其主体的功能调试与关系重塑即是对此问题的回应。

二、治理目标的动态性

治理目标的动态性是指基层组织在治理过程中的任务导向，它包含两个必要的组成部分：第一是上一级行政组织任务目标的分解及其基层空间范围内的实现；第二是基于基层的地域性目标任务，特别是对于社会成员需求的回应以及相应的公共物品和公共服务的有效供给。不管是在计划体制时代，还是在市场化改革时期，基层组织主要承担了上一级行政组织的

---

① 赵方杜等：《社会韧性与风险治理》，《华东理工大学学报》2018年第2期。

目标任务分解工作。在计划体制条件下，基层组织通过政治与社会动员的形式完成上级任务；而在市场化背景下，基层组织通过参与行政竞争来最大程度实现地方的经济社会发展。在这样一个过程中，基于地域的基层组织目标并没有得到充分重视，或者说，基层组织空间中的社会成员的需求——一种特殊化、地域性的需求，很难构成治理过程的任务导向。当然，这一目标的让步是有其阶段性的历史需要的，但伴随着社会的多样化和利益诉求的叠加，基层组织不得不转向为积极回应社会成员的公共需求，即使这种需求很多时候是相互矛盾的，甚至是很难得到有效满足的。

在再组织化的过程中，通过重构基层组织形式等方式，可以确保纵向组织目标的有效实现，并尽可能弥合纵向目标与横向需求的差异，但是，它显然无法适应横向层面动态性的需求变化。这就需要充分考量基层组织的任务导向。特别要说明的是，这里首先需要明晰纵向目标与横向需求的边界，一方面，横向需求的凝练构成纵向目标的基础，纵向目标并不反对横向需求的发展，即使是在特殊的历史阶段；另一方面，随着现代化的深入推进，纵向目标将越来越观照横向的个性化、具体化需求的满足，并且纵向行政体系的绩效评价标准也将逐渐转向基层。在这样的背景下，如何动态适应基层社会成员的需求变化，就成为基层组织改革的核心议题。单纯的再组织化更多地依赖于上一层级的目标分解，并通过行政科层制使基层落实工作，它并不能充分考量基层主体的需求变化，也不能有效弥合纵横两个层面的需求差异，甚至会使得这一需求的矛盾扩大化。为了有效解决这一问题，就必须通过"组织再造"的形式，确立纵向目标与横向需求之间的合理边界，并完成基层组织对于社会需求（个性化、多样化、具体化）的有效回应和满足，并在此基础上更为合理地实现纵向目标。

三、治理事务的复杂化

治理事务的复杂化，是指基层组织主体在问题建构过程中所面临的矛盾、冲突和不确定性的增加。这种矛盾、冲突和不确定性主要包含两个层面的内容。

第一，问题本身的矛盾与冲突。这种矛盾和冲突的问题处于基层组织的政策议程之中，使得政策运行过程举步维艰。之所以形成这样的局面，原因来自两个方面：一方面，传统与现代之间的"断裂"所带来的新旧问题叠加，很多政策问题既包含传统问题要素，也包含现代问题要素，两者相互抵触却又处于同一问题体系之中。那么，这就不可避免地会形成问题冲突。另一方面，现代与现代之后的冲突，因为现代化的进程对于后发国家而言，普遍地处于依次递进的过程，这使得同一个政策议题面临不同群体在现代性上的差异态度。正如前文所描述的外部环境风险叠加来源于现代性制造的不稳定性和非连续性，这在治理事务上就表现为问题的现代性与现代之后的矛盾。这两类矛盾和冲突造就了基层组织政策问题的内在张力，使得问题无法得到确认，更无法有效协调这种相互抵牾的问题要素构成。

第二，基层组织面对问题的模糊性与不确定性。这种不确定性有两个方面的构成：一方面，行政系统内部所存在的不确定性，即一系列的多重行政困境。比如，投票悖论、囚徒困境、集体行动的逻辑、政府理性人等，[①] 这一系列的多重行政困境经常性地造成公共事务的不确定性和人为控制因素的增加，进而使得公共事务的治理偏离公平和正义。另一方面，包括行政系统在内的基层组织系统所面对的政策问题的不确定性，这种不确定性经常表现为社会成员的态度分化、相互抵触、前后不一等，公共意志的凝练存在较大的困难。比如，在复杂决策过程中，如何将各类利益诉求和问题要素纳入决策模型之中，由于并不存在一种客观中立、科学准确的算法模型，那么，确定性的决策也就显得不切实际。至少在目前看来，复杂决策并不能做到对于公共事务问题的准确识别和客观界定，进而影响后续的公共事务治理过程。

---

① ［美］奥斯特罗姆：《公共事物的治理之道》，余逊达、陈旭东译，上海三联书店，2000年。

在"组织再造"的过程中，公共事务的治理惯性依赖于行政主体。而行政主体最大的特点是将复杂问题简单化，因为囿于行政体系的特点，它更为适合也偏向处理边界清晰、问题明确的公共事务，并不能有效处理复杂的政策问题，这就使得其他治理主体的利益关切经常处于被忽视的境地。因此，要解决这一问题，并不是要抛开行政主体，而是通过"组织再造"确立行政主体与其他各类治理主体的合作关系，共同应对基层公共事务复杂化的趋势，这包括合作机制的优化、不同主体的公共事务处理能力优化、决策技术的优化等方面的内容。

四、治理能力的科学化

治理能力的科学化，是指基层组织在治理过程中所具备的能力体系，包含两个方面的组成要素：第一是与治理事务和治理对象相适应的行政能力或类行政能力，第二是与社会发展相匹配的技术条件。

对于（类）行政能力而言，中国从计划体制到市场化改革，政府行政能力建设经历了一系列的改革和变化。与国外的公共行政、政府改造和公共管理相类似，市场化改革之后的中国政府，在行政能力建设上也经历了类似的过程。在第一阶段，即脱离计划体制阶段，行政能力着眼于专业能力建设；在后续市场化不断成熟阶段，行政能力开始强调效率和效果，引入类企业的管理技术和能力培训体系，以建立适应社会主义市场经济的政府公共行政能力体系。在再组织化的过程中，政府行政能力建设越来越强调绩效考核与公共服务的结合模式。一方面，通过一系列的绩效指标来推进政府能力科学化建设；另一方面，突出政府的公共属性，强调公共产品的有效供给和公平供给，这与服务型政府建设的目标是一致的。不过，在"组织再造"背景下的行政能力建设，更多地指向政府绩效考核和能力培训，并没有构建多主体的能力体系，特别是对于非政府主体参与治理过程的能力规定和能力培养，其结果就是得以强化的政府能力建设客观造成了其他主体的能力不足。因此，在"组织再造"的过程中，如何培育能力体系建设成为治理能力科学化的重要内容，政府能力建设包含于多主体治理能力体系之中。

对于能力技术而言，政府在新兴技术应用于治理能力建设中有着一定的优势，但是也不可避免地会出现短板。其优势主要表现在政府能够掌握充分的数据资源和信息渠道，具备最广泛的"用户群体"，而劣势则表现在政府由于行政科层制等体制原因出现了部门分立、地区分离等现象，这使得公共信息资源并不能有效转化为公共价值，对于"用户群体"的体验也就大打折扣，即公共需求的满足并不有效、充分。与此相反，相比于政府，其他治理主体如社会组织在信息资源的利用过程中具备专业、灵活的优势，能够有效弥补政府技术手段应用于能力建设的短板。"组织再造"过程虽然能够在一定程度上避免各类信息资源的切割和不统一，但并不必然能带来资源向价值的转换。因此，在基层"组织再造"的过程中，治理能力的建设需要充分吸纳不同治理主体的各自优势，使得现代技术手段转化为治理主体的能力要素，搭建与社会发展相匹配的技术能力体系。

第二节　M区社区"组织再造"的实践展开

M区认真贯彻落实中央精神和上海市委"1+6"等文件精神，围绕区域功能优化升级这一主线，立足自身阶段性发展的特征，按照"生态宜居的现代化主城区"的目标，在创新实践和不断拓展中积累了"组织再造"的成熟经验，带动了社区治理的机制创新，从而构建出适应新时代要求的基层社会治理的新格局，也为特大城市近郊的社会治理提供了许多可复制、可推广的经验。M区社区"组织再造"的创新性实践围绕以下四大工作机制展开：

一、健全党建引领机制

M区社区"组织再造"基于"党建—民生—治理"的一体融合思路，通过党建引领社会治理，不断健全党建引领机制，制定出台《关于以党建引领社会治理的工作意见》《加强城市基层党建的行动纲要》《社会治理

"十三五"规划》等纲领性文件。这些文件聚焦体制机制的深化完善，引导基层党组织把工作重心切实转移到基层党建、社会治理和民生服务上，打造"一核、三化、三圈"①党建引领社会治理格局。

（一）创新基层党建领导体制

创新基层党建领导体制主要通过自上而下的三级联动机制来健全组织体系、制度体系和责任体系。首先，区委层面成立城市基层党建和创新社会治理加强基层建设领导工作小组，在市委领导下做实一线指挥职责，负责总体谋划、宏观指导、督促检查，加强对党（工）委、居村等基层党组织的统筹领导。在操作层面设立了党建联席会议制度，搭建"总会+专门委员会+街镇分会"的组织架构，由1个区级总会、6个专门委员会和14个街镇分会组成。该会议实行轮值制，以"六联共建"②为主要抓手，旨在加强各条线、各街镇之间的合作交流，实现散落的区域人财物等各类资源的共建共联共享。

其次，在街道层面，实现党建"1+2"领导体制，即街道党工委把关定向、行政组织党组协调解决、社区党委整合资源，促进区域化党建、居民区党建、"两新"组织党建三者的"三建融合"。建立和完善街镇层面的区域化党建工作"三会制度"③，充分发挥各街镇区域化党建联席会议与专委会协同推进作用，形成全方位、宽领域、多层面的基层党建格局。积极推进街镇党建服务中心向党群服务中心的转变，充分发挥枢纽平台和承载中心功能，理顺其与社区党委、居民区党委、综合党委、街道党建办、镇党群办等之间的工作协同机制。

---

① "一核、三化、三圈"具体指："一核"就是要坚持党组织在基层社会治理中的领导核心地位，"三化"就是健全组织化、社会化、信息化运行机制，"三圈"就是在党建引领下的"共治圈""自治圈"以及为民服务的"服务圈"。

② "六联共建"，即区域党建联建、社会治理联抓、文明城区联创、公益服务联做、文化活动联办、干部人才联育。

③ "三会制度"，即区域化党建联席会议制度、社区代表会议和社区委员会制度、村居共治联席会议制度。

最后，在居村层面，全面推行"大党委制"①，完善"双报到""双报告"和"双结对"为主要内容的"三双机制"②，从组织架构上打破行政隶属壁垒，充实基层治理资源与力量，提升村居党组织领导、统筹社区治理工作的能力和水平。

（二）拓展基层党建引领功能

在纪念马克思诞辰200周年大会上，习近平强调："我们要坚持以人民为中心的发展思想，抓住人民最关心最直接最现实的利益问题，不断保障和改善民生，促进社会公平正义。"③M区在推进社区"组织再造"的过程中，以群众需求为导向，以满足人民对美好生活的需要为目标，通过构筑党建服务中心工作平台、邻里中心资源整合平台、"智慧党建"信息化平台拓展了基层党建引领功能。与此同时，"红色物业""美丽家园"等民生项目的推进，促进了精准化、精细化、专业化的公共服务的生成。

一方面形成拓展基层党建引领功能的平台化运作。党建服务中心工作平台旨在将政治领导功能与服务引领功能相结合，推进"区级—街镇—居村"三级党建服务中心建设，坚持"群众在哪里，服务就到哪里"的理念，将分中心建设与邻里中心建设相结合，居村实现站点全覆盖，商圈、园区、楼宇、网络等基层新兴领域广铺站点，创建了"红色庭院""红色客厅""红色长廊"等实体化阵地，有效激活了城市基层党建的末端细胞。根据《M区关于推进邻里中心建设的实施方案》，全区要建设百余个具有区域特色、功能多样、运转良好、群众好评的邻里中心，采取

---

① 居村"大党委制"：社区民警、驻区单位、物业公司、业委会、社会组织等党员负责人到居村"两委"兼任职务，定期召开工作例会，形成以居村党组织为中心，多方共同参与协商治理的工作格局。

② "三双机制"，即驻区单位党组织组织党员参与所在社区事务、开展结对共建、严格规范管理、定期总结报告；在职党员到居住地社区、党建服务中心报到，认领服务岗位、参与社区活动，并把参与活动情况向社区党组织和工作单位党组织报告。另外，"双结对"制度要突破原有的党委与党委之间结对，创新支部和支部之间结对，主动推进资源向基层流动。

③ 习近平：《在纪念马克思诞辰200周年大会上的讲话》，《人民日报》2018年5月5日。

党组织引导下多元主体参与的构架模式，实现党建引领下邻里中心建设的自治共治功能。"智慧党建"信息化平台则通过"一库一平台"建设和微信公众号等党建信息化平台来夯实"三基"（基层组织、基层工作、基本能力）建设。

另一方面形成拓展基层党建引领功能的项目化运作。M区基于区域发展中存在的资源分布不均、发展水平不一等问题，与辖区内的企业、园区、高校、科研院所共同探索出以"资源清单""需求清单"为基础、以"项目清单"为导向的"三张清单"制度，以此为纽带整合各方资源、促进资源精准对接。具体流程为，通过区级联席会议来统筹可共享的条、块资源，推进联席会议成员单位间的项目制合作共建，在历年的项目申报前期，对《区域党建成员单位需求意向表》和《区域党建共建项目申报表》进行汇总梳理与重点走访，保证"资源清单"和"需求清单"的互相匹配与统筹对接，最后在区级、专委会和街镇分会分别设立共建项目，"五违四必"整治、"两个美丽"建设等社会治理中心工作的卓有成效均受益于此。这些合作共建项目都是以党建资源为支撑，如今已经实现了从单纯物质支持、经济驱动向教育医疗领域、科技合作等更高层次拓展。

另外，关于健全党建引领机制，M区在社区"组织再造"中持续推进革新的"红色物业"做法和"团队党建"工作模式引起了社区实务领域和学术研究领域的关注。这两种创新实践寓"党建"于"治理"，从点到面全面强化党建引领作用，使基层党组织的社会性功能得以释放。"红色物业"主要指积极推动有条件小区的业委会和物业服务企业成立党的工作小组，全面提升居委会、业委会、物业服务企业的治理效能，这一部分会在后续章节作为案例详细讨论。"团队党建"工作模式指以"趣缘"为纽带，在社区各类兴趣类、公益类、服务类等群众活动团体中进行党的组织和工作的覆盖，形成"社区党总支—团队党支部—团队党小组"的组织结构。①

二、深化网格管理机制

2019年11月2日至3日，习近平在上海考察调研时提出"不断提高社会主义现代化国际大都市治理能力和治理水平"和"城市运行一网统管"，②根据上海城市运行"一网统管"机制的要求，区镇层面以网格化管理为基础，要在区和街镇网格指挥中心建设"管屏"。M区将全区划分为976个网格块，构建了"横向到边、纵向到底"的全覆盖城市网格化管理体系。由基层党组织领导班子成员、党小组组长和党员骨干担任网格长、网格员，聚合城市管理、房屋管理、公安民警、市场监管、综合巡管和专业律师等力量下沉至网格，打造一张实战"全科式"的社会治理网，充分发挥城市运行综合管理平台发现、受理、指挥、监督、评价作用，完善绩效考评机制，切实解决市民合理诉求，形成流程科学、职责明晰、运转高效、全程监管、分级追责的城市运行综合管理新体系。M区街镇层面的城市运行综合管理中心可谓原先网格化综合管理中心的升级版本、PLUS版本，以XH街道为例，XH街道城市运行综合管理中心以街面、居委、村委、楼宇四类网格为城市运行综合管理的架构基础，依托公安M区分局、区城市网格化综合管理中心等平台优势，按照"一网管全域，一屏观全城"的目标，探索网格、综治、应急、城管"三中心一中队"融合建设，下设HM城市运行综合管理分中心、AB城市运行综合管理分中心、HH城市运行综合管理分中心，内设指挥平台、办公室和值班室，汇集和实现城市网格化管理与执法、应急管理、社会治安综合治理等城市综合管理的相关职能，做到管理智能化、处置标准化、指挥可视化、分析精细化、决策精准化。总的来说，升级版本的城市运行综合管理中心主要围绕精细化、

① 周敏晖、郝宇青:《"团队党建":城市社区党建工作的新探索——以上海市江川路街道为例》,《当代世界社会主义问题》2019年第3期。

② 《提高社会主义现代化国际大都市治理能力和治理水平》,《中国青年报》2019年11月4日。

智能化、法治化三个治理特征来运行应用：

一是完善精细化网格管理。M区出台了《关于加强本区城市管理精细化工作的实施意见》，围绕"创建达标、巩固成果、完善机制、提升能级"的工作目标，全面启动网格管理标准化建设，对网格化管理进行优化升级，构建"服务""法治""自主"的网格化管理模式，进一步厘清网格化管理的职能定位、行政权配置、责任虚化、行政监督等问题，要求把精细化管理的理念、手段和要求贯彻落实到城市管理领域的各项工作，通过加强城市网格化管理体系建设和优化城市网格化管理工作机制，为人民群众提供精细的城市管理服务。2018年4月起，全区开展标准化网格申报验收工作，从工作氛围、数据比对、实地验收三个方面，分四个小组通过"一进、二问、三看、四比对"方式进行全方位的"大排摸""大督查""大调研"，对于发现的问题做到及时提醒、通报、复审复检，确保问题整改到位。通过标准化网格达标创建工作，全区已达标的网格边界清晰、责任明确、任务具体，网格间不留空白、无缝衔接，网格管理工作纳入各居村统筹协调，充分形成社区（村民）自治和网格共治衔接的格局，村居环境脏乱差、停车难、毁绿占绿、违法搭建、乱设摊等问题得到有效改观。同时，通过"网中有格、格中有点、点在格上"的布局，使"网格划分更精细""责任对应更明确""力量配备更精准"，网格化前端管理更加强化，基层治理基础更为牢固。

二是拓展智能化网格管理。适应新时代信息社会的社会治理离不开智能化手段的介入，这也是智慧城市建设的"规定动作"。M区借助大数据、人工智能、专业信息系统等现代科技手段，按照"数据汇集、系统集成、联勤联动、共享开放"的要求，打造具有权威指挥中心的合力型智能化城市运行管理平台系统，并实现了网格管理功能从原先单一的城市管理向民生服务、基层党建等多领域拓展。智能化网格管理主要包括两个智慧建设项目，一个是"智慧公安"项目，该项目的具体抓手是智能安防建设，如以"一标六实"警用地理信息系统为基础，绘制出M区三维标准地图，安装全覆盖型街面智能监控系统。另一个是"智慧小区"项目，该项目以社区"微卡口"建设为具体举措，M区已落实相关建设资金两亿余，超过半数小区已经安装完成投入使用。凭借这两个项目的持续推进，风险隐患"自助自救、互助互救、公助公救"梯次递进的全民安防处置模式已然形成，职责明晰、分工负责、信息协同、共建共治的多主体社会治理结构成功运行。

三是保障法治化网格管理。强化法治保障是针对社会治理瓶颈多、痼疾多、顽症多的治本之策，也是基层社会治理中化解社会矛盾、调节社会关系和规范社会行为的长效之策。深化网格管理机制必须在法治化轨道内运行，不断推动形成社会治理法治体系，进而实现全面依法治国。首先，完善基层社会治理的立法与落地生效工作，如居委会工作条例、物业管理规定、居（村）民自治章程等。其次，推进城市管理相关领域的综合行政执法责任制改革，完善城管、房管、市容绿化等执法管理队伍下沉基层保障机制。最后，深入推进法治社区建设，一方面整合优秀法律资源引入社区，如全市特大型社区之一的KCH社区，在区域环境综合整治中，区司法所和信访部门每天指派律师和行政工作人员现场办公，在社区邻里中心设立宣传站点。再如M区内占地千余亩的上海最大的建材综合市场在专业法律团队的指导下，成功探索出一套法治模式保障下的"大型市场整治模式"。另一方面在社区中全面推行"片律"服务，"片律"服务的内容包括审核"村规民约""社区公约"、制定社区车辆管理方案、给出社区居民矛盾纠纷的专业调解意见等，力求从源头入手破解基层治理法治化建设反复整治、反复回潮的怪圈。M区结合全市首个基础法治评估体系的各项建设活动，打造出一批诸如"五彩楼道""有事好商量""问商友"普法平台等典型项目和案例。

三、激活多元参与机制

社区"组织再造"的有效实现，最为重要的就是要把基层政治主体之外的社会力量吸纳进来，基层内生活力的生成才是检验基层治理效能和满意度的标尺。M区针对不同类型的社会主体，通过打造组织性、自治性、技术性参与平台与服务载体，不断探索形成共治资源和需求"精准"对接机制，完善社区多元主体参与共建共治的"有机团结"治理格局。

（一）组织性载体整合共治资源

多元参与机制的形成需要参与平台与服务载体来保障，M区社区"组织再造"打破体制、地域、条块的局限，通过社会组织服务中心、邻里服务中心、驻区单位等组织性载体来整合共治资源和社会力量，不断丰富基层参与的载体，形成开放性、规范化、常态化、多样化的运作模式。以社会组织服务中心和邻里服务中心为例。

M区区镇两级社会组织培育孵化平台将各类社会组织的资源加以整合，区级层面建立孵化园帮助社会组织成长壮大，街镇层面通过社会组织服务中心和市民文化广场管理协会等组织提供项目、资金、场地、信息、培训等多重服务，助力社会组织参与社区治理。与此同时，以"自治基金"为依托拓宽经费保障机制。如M区首家街镇层面的"JCH社区发展基金"，通过资源、需求与项目有效对接的运作机制满足社区公益生态的持续发展，再如YDY街道的"蔷薇关爱基金"和WJ镇的"家园自治金"。这些基金筹集方式本身就显现了多元主体的社会参与，包括驻区单位捐赠、党费拨款、财政性资金以及企业家或党员个人捐赠等。

邻里服务中心根据《M区关于推进邻里中心建设的实施方案》打造集聚政府与社会资源、培育互助力量、服务群众民生需求的枢纽型阵地，采取"共性+个性"的资源配置方式：前者统一配置医疗健康、生活服务、文体教育、公益互助设施项目；后者则由各邻里中心结合自身服务对象的需求，自主选择服务设施和项目。如M区JCH街道的邻里服务中心，按照就近服务和分片布点的思路，辖区内每个"15分钟生活服务圈"就配套有一个邻里服务中心，由街道定额配备的专职社区工作者负责统筹管理，由居委会党组织书记担任理事长，社区志愿者代表、社会组织代表、驻区单位代表、群众团体等组建理事会负责议事决策、引进服务项目、评议监督服务质量，充分发挥多元主体参与社区治理的自治共治功能。

（二）自治性载体凝聚决策共识

基于协商议事机制为内核的自治性载体是社区凝聚决策共识，居民参与社区公共事务的最直接最有效的平台，M区除了在街镇层面建立了社区代表会议和社区委员会制度来了解民意、民主协商公共事务外，在村居层面，也搭建了贴近居民日常生活的"周周会""群言会"等基层民主协商议事平台，这些平台强调公共议题的挖掘、拓展和共议机制建设，具体通过基于协商民主的议事平台、基于制衡权力的监督平台和化解基层冲突的矛盾调解平台来组织和动员各种社会力量参与基层治理。如ZHQ街道YDY社区成立六年来的"有事好商量"议事会，在多次社区治理的政治实践中不断发展成熟，促进了多元主体参与社区治理的利益表达与和谐稳定，该议事会的有序运转有赖于翔实规范的议事规则，包括公共事务规则议题公示规则，干系人健全规则，发言有规矩规则，尊重、理性原则，方案优先规则，主持人的中立规则，少数服从多数规则，公示、执行和反馈规则。再如PJ街道的"芦胜PVP模式"，"PVP"指党建引领（Party）、志愿者（Volunteer）和公众（Public），该模式的核心"法宝"在于将"三长"（党小组长、村民组长、群团骨干）队伍升级为"九长"（"三长"加志愿者组长、老年组长、妇女组长、环卫组长、道路保洁组长、河道保洁组长），实现基层党建引领下共治与自治的融洽。这一核心"法宝"能够奏效的原因在于以"九长"为主要力量的党群代表议事会。

（三）技术性载体打造共治新模式

当前的社会新形势决定了激活社区治理主体多元参与机制离不开技术性载体的运用，这里的技术性载体主要指微博、微信公众号等社交宣传平台，"线上表达、线下服务"的"互联网+民生"共治新模式为M区社区"组织再造"破解了基层治理资源紧缺、流程低效、动员匮乏等诸多难题，推动了社区治理理念与模式的革新。如ML镇的社区治理"YI"平台，该平台从最基本的信息发布功能开始，已经逐步实现集成了业主大会线上表决系统、信息发布、云物业管理、用户身份标签管理、考核管理、便民服务、志愿者管理、在线咨询和大调研9大模块33项功能的综合性社区服务信息平台，不仅能使居民及时了解小区信息，还能查询包括用工、计生、住房等14类共180项民生办事指南，帮助居民了解办事流程、办理条件和政策法规，同时也为居委实行"全岗通"提供技术支撑。更为重要的是，住宅小区业委会还借助"YI"平台形成了"收集意见、确定主题、制定方案、表决实施、组织协调"讨论事项"五步工作法"，各重大事项征询及业主大会投票均可在线上完成，真正实现了公开、透明、高效的民主议事机制。再如PJ街道号称民生版"大众点评"的"PJ智慧民生服务平台"，是一个将养老、残联、双拥优抚、卫生健康、计生、救助等跨部门、多条线整合的"覆盖式"信息化平台，通过打通数据孤岛壁垒、整合资源，可精准、方便地查询民生政策、机构设施，以及各类政府和第三方提供的服务，基本满足社区居民的多元化需求，实现了足不出户的"大众点评"点单服务模式。特别值得提及的是，在这一平台基础上，PJ街道养老工作取得了新突破，打造出"锦颐"养老服务品牌，推动形成机构养老、社区养老、居家养老专业智慧养老解决方案。

四、打造队伍建设机制

强有力的基层干部队伍是社区"组织再造"的决定性因素，他们的专业素养和治理能力是创新社会治理的先决条件。M区社区"组织再造"通过打造队伍建设机制来提升基层组织力和引领力，具体包括以下三点：

一是实施人才工程强根基。以提升基层组织力为目标，M区通过实施"班长工程""书记工作室""三长"群众骨干队伍建设等举措加强人才梯队建设、提升基层社区工作者的治理能力。"班长工程"指根据"一好五强"①的任职标准，选优建强基层党组织（尤其是居村党组织书记）带头人队伍，这支队伍的人员构成主要有两类：一类是多途径选派、下派一批做能、会做、愿做群众工作的"街镇机关、事业单位科级领导岗位经历"

---

① "一好五强"指思想政治素质好、社会治理能力强、执行政策能力强、群众工作能力强、法治意识强和基层党建能力强。

的干部担任居村"班长";另一类是对在岗但没有编制的优秀居村党组织书记通过规定程序实行"事业单位,事业待遇",全面提高薪酬待遇来"留人"。这两类"班长"的选拔能够打通干部管理通道,夯实基层建设的人才根基。M区各街镇成立了15家"书记工作室",近200名优秀"班长"作为"带教师傅"身份入驻工作室,培养后备人才梯队。如PJ镇"立人"书记工作室,以结对传帮带形式,通过打造"七位一体"①的培训体系,构建起新老书记"教学相长"的良性生态,打造居村年轻"班长"培育的"标准化车间"。"三长"队伍是基层社会治理的重要基石和骨干力量,M区还将"班长工程"延伸到"三长"队伍,推动他们更好地参与基层社会治理。如ML镇出台《ML镇关于加强"三长"队伍建设的实施意见(试行)》《ML镇村居"三长"职责(试行)》,将"三长"纳为社会治理工作主体,明确"三长"工作责任区,形成横向到边、纵向到底的分片包干服务网格。另外,人才工程还包括建立科级后备梯队、构建职业化社工体系等多种举措。

二是推进教育轮训强能力。教育培训是补齐基层社区工作人员治理能力短板的重要方式,M区针对居村干部队伍,建立了分层分类的"1+7+14"②全覆盖培训体系,突出党性教育、基层治理能力培训和实务锻炼,整合师资、课程和教材等多种优质资源提升培训质效,把党政政策要求和基层经验固化为工作机制,如JCH路街道针对居民区党组织领导班子的进阶式培训体系,按照分层分类的培训要求,通过情景党课、案例教学、实地调研等多种形式,形成各有侧重点的书记班、后备班、全员班、提升班四个培训板块。除了倡导"千名书记进党校",还坚持党建引领社会治理"万人大培训",如2019年开展的万名党员全覆盖培训暨"初心"教育,由区级示范带动,各委局党(工)委及街镇分级分层分类开展培训,通过"集

---

① "七位一体"指"书记加油站""书记门诊室""书记孵化园""书记风采路""书记同心圆""书记督导团"和"书记大讲堂"七个模块体系。

② "1+7+14"指:"1"指1个区级示范班,"7"指14个街镇划分成7个片区,"14"指14个街镇个性班。

中+自主、规定+自选、线上+线下",完成"集中授课+现场教学+分组讨论+结业测试"四个环节培训任务。此外，M区推进教育轮训还把培训对象扩大到条线干部、网格管理员、业委会主任、群众骨干、社区志愿者等群体，以提高社区工作队伍的政治素养和专业能力。

三是注重奖优惩劣强责任。注重奖优惩劣是保障基层干部队伍履职尽责的催化剂，只有建立完善的奖优惩劣和责任跟进制度，基层良好的工作氛围才能确立起来。M区紧抓述职评议与考核激励机制，提升基层干部队伍的责任心和进取心，通过树典型（"双十佳班长"、"两学一做"示范支部、优秀"三长"等先进典型）、搭平台（"最美社工"等展示平台）、建标准（选拔干部要求一定年限的基层工作经历）等一系列措施提供激励保障，增强基层社会治理工作岗位的含金量和吸引力。与此同时，设置工作执行不力、实绩不好、违规违纪、群众满意度差等"一票否决"指标，建立不合格基层干部队伍退出机制。以ML镇激发"三长"队伍主动作为为例：其一，从机制上给予"三长"监督评判的身份地位，建立了"镇情通报制度""党组织工作汇报制度""六会三公开制度"等；其二，通过编制《居村"三长"故事汇》等宣传材料颂扬他们的工作实绩；其三，开展"五星"评选等活动扩大"三长"队伍的影响力，吸纳更多优秀人才投入共建社区的工作中。

第三节　M区社区"组织再造"的主体构成

回顾我国关于社会治理体制政策文本的调整过程，可以看出社会治理目标模式的逐步明确与总体格局。党的十七大报告提出，建立"党委领导、政府负责、社会协同、公众参与"的社会管理格局；[①]党的十八大报告作出调整，提出要"加快形成党委领导、政府负责、社会协同、公众参

---

① 胡锦涛：《高举中国特色社会主义伟大旗帜 为夺取全面建设小康社会新胜利而奋斗——在中国共产党第十八次全国代表大会上的报告》，《人民日报》2007年10月25日。

与、法治保障"的社会管理体制；①党的十九大报告将"管理体制"修正为"治理体制"。②直至党的十九届四中全会正式提出："完善党委领导、政府负责、民主协商、社会协同、公众参与、法治保障、科技支撑的社会治理体系。"③这一政策本身的指向变化，一方面体现了适应时代发展和人民需要的治理理念和治理制度的不断探索不断深化的过程，比如"管理"到"治理"的转变，"格局""体制"调整为"体系"，逐步增加"法治保障""民主协商""科技支撑"等；另一方面要看到，"党委领导、政府负责、社会协同、公众参与"这一核心内容没有发生变化。这说明，在中国现有的基层治理单元中，治理主体主要有四类：党委、政府、社会和公众，他们的中枢角色与功能体现在"党委领导、政府负责、社会协同、公众参与"结构中，既有多元性，又有独立功能。也就是说，每个主体都有各自明确的治理目标、职责功能和方式手段，并且各主体间通过达成合力来形成整体性社会治理的发展态势。

需要说明的是，在中国现有的市场主体主要在资源配置领域居于决定性地位，在治理空间中，市场主体可以通过一定机制、发挥一定作用。但是，基于基层治理的公共性，它并不能把市场主体纳入治理范围。当然，在完成治理体系和治理能力现代化建构之前，基层的治理空间或者说社区"组织再造"中，各类主体及主体间关系的呈现是复杂多样的，既包含市场改革前的要素，也涵盖市场改革后的新要素，同时还包括再组织化过程中对于主体间关系的改革因素。更为重要的是，这些主体在社区"组织再造"中始终处于复合交叠状态，在特定的时空或情境中，不同的主体也会因各自特性居于"组织再造"过程中的或主导或配合等不同地位。

---

① 胡锦涛：《坚定不移沿着中国特色社会主义道路前进 为全面建成小康社会而奋斗——在中国共产党第十八次全国代表大会上的报告》，《人民日报》2012年11月9日。

② 习近平：《决胜全面建成小康社会 夺取新时代中国特色社会主义伟大胜利——在中国共产党第十九次全国代表大会上的报告》，人民出版社，2017年。

③《中共中央关于坚持和完善中国特色社会主义制度、推进国家治理体系和治理能力现代化若干重大问题的决定》，《人民日报》2019年11月1日。

一、作为领导主体的基层党组织

社区"组织再造"中作为领导主体的基层党组织主要是指街道党工委及居委会辖内党组织。党的领导作为基层社会治理中的领导核心，居于关键地位。"在中国，社会治理之所以与政党紧密相连，是因为中国共产党不仅是执政党，而且是领导党。集执政与领导于一体，是中国社会主义政党制度以及政治运作的特色"①，这一特色的来源主要有两个方面：首先是历史依据。中国共产党领导完成近代意义上民族国家的建构并不断探索实践现代化建设，从国家主权问题到国家富强问题，都与中国共产党的政治领导紧密相关。在这一点上，决定了中国的基层社会治理不同于西方国家。在缺少治理基础的中国传统及近代社会，需要通过强有力的政党以政治动员的形式，整合基层社会，确立治理结构，完成治理基础。从计划体制的单位，到改革开放之后的自治，莫不如此。其次是现实依据。在解构传统的近代转型过程中，面对中国基层社会结构的松散、治理能力孱弱、公共物品供给严重不足，这使得外部力量的介入和整合成为必要。从单位体制到基层自治，也体现了中国共产党尝试培育基层治理单元的自主治理能力和治理网络。当然，这一培育过程在市场化改革过程中，面对巨大的冲击和挑战，不得不转向再组织化进路，以确保基本公共服务和公共产品的有效供给。历史和现实两方面的依据，决定了基层治理中党组织的领导核心地位，也决定了基层"组织再造"过程中主体间关系的"主心骨"。

与基层党组织的领导核心地位相对应，面对社区"组织再造"过程，要"重塑"基层党组织这一主体地位，首先就要明晰党组织领导的两重含义：第一，作为领导者的党组织领导。这一领导者的内涵是从领导革命、建设、改革和奋进新时代的历史脉络出发，对于中国共产党的政治规定。它描述了近代中国转型和现代化建设进程中，中国共产党之于中国发展方向的重要性。第二，作为执政者的党组织领导。这一执政者的内涵是对于

① 齐卫平：《论党的领导与多元社会治理结构》，《探索与争鸣》2012年第12期。

国家制度和法律体系建设的作用，它要求中国共产党有效回应国内外形势变化和人民群众的根本利益诉求，并将这种变化和诉求转换为适应性的国家制度和法律体系，继而使国家建设、民族发展和人民生活纳入有序的轨道。对于社区"组织再造"而言，党组织的领导地位正是体现在领导和执政两个层面，也就是说，党组织是变化和发展中的社区治理结构的主导力量，承担着政治方向的引领和社区治理政策与方针的制定工作。

二、作为负责主体的政府

城市社区中的政府主体主要指基层行政组织，即包括街道办事处、居委会组织在内实际承担行政事务的职能部门或组织，拥有行政权威和财政资金，是社区各种资源的主要供给者和协调者，更是社区建设与有效治理的负责者。在社区治理结构中，政府作为负责主体的角色来构建基层党委—基层政府/街居组织—社区公众良性互动关系、再造基层组织，以及促进基层治理效能。这里说的政府负责，是指政府负责具体行政事务的处理，它包括"政府的社会回应力、政府的义务和法律责任的整体概念"①。在这一概念中，它包含三个方面的内容：第一，政府对于社会的回应力。按照现代政府的生成原理，政府公权力来源于人民赋权，它是作为社会的代理人，承担具体的公众事务。因此，政府并不存在自身的特殊利益，它的利益是以社会利益为导向的，它需要将对公民需求的及时、有效回应作为自身合法性的依据。第二，政府的义务论。政府包含自身的义务，这种义务即是对于公共意志的服从。因为按照卢梭有关公意和众意的划分，作为普遍意义上的公共意志，并不是单纯依赖于人数的多寡，它还需要根据各种条件判断——什么是公共利益。在公共利益面前，政府承担相应的义务。第三，政府处于法律范围内。政府无论是对社会的有效回应，还是对于公共利益的服从，都需要处于法律的框架，它并不依赖于单个人或团体，法律的制定正是对于公共利益的原则性规定，特别是以宪法为根本的法律体

---

① 张成福：《责任政府论》，《中国人民大学学报》2000年第2期。

系和法理精神。这三个方面的内涵构成现代政府的生成与运行依据,也是判断政府合法性和有效性的重要标准。

尤为重要的是,对于中国的人民政府而言,它除了要服从回应力、义务论和法律之外,还需要体现人民性这一根本属性。人民性来源于中国共产党的政治诉求,它起源于革命、建设和改革的长期实践,是无产阶级政府区别于资产阶级政府的关键指标。因为,在西方语境下的现代政府建构中,政府回应力、义务论和法律框架都是建立在抽象的政治原则基础上,缺少对于历史逻辑与现实实践的支撑,特别是在物质生产关系层面的社会化改造。因此,中国的政府责任论是与人民性相一致的。不过,在政府运行的具体历史阶段,政府负责也呈现阶段性变化。在革命战争时期,政府负责完成中国共产党所领导的政治革命;在建设时期,政府负责服务于具体执行中国共产党制定的全面建设社会主义的路线、方针和政策;在改革开放时期,它通过一系列的改革与制度建设,完善中国特色社会主义现代化建设,对于基层社会治理而言,就是打造符合现代市场经济和多样社会的政府行政体系,这包括公共产品和公共服务的有效供给。这一供给目标导向下,面临的政府主体责任就存在不断探索的过程:在第一阶段,它主要指向打破计划体制条件下的大包大揽;在第二阶段,它主要指向驱动经济发展和社会建设;在第三阶段,它则需要明晰界定政府边界,这包括政府直接作为、政府间接作为、政府联合作为等多样行政过程。

而基层"组织再造"过程中的政府负责,并不是回到大包大揽,也不是放任自流,而是针对具体公共事务的制度化建设,哪些属于政府"包揽"范围,如何包揽;哪些属于"放任"范围,如何放任。在再组织化过程中,政府作为驱动经济社会发展的主要推手之一,对于边界的认识是相对模糊的,对于制度的建设也是相对不健全的;"组织再造"的过程中,就是确立人民性原则下的政府边界和科学合理的行政责任体系。关于社区"组织再造"中作为负责主体的政府角色与功能的阐释会在第四章中详细展开。

三、作为协同主体的社会组织

社会在基层社会治理中，主要承担非行政类公共事务，社区治理有赖作为社区重要支撑要素的社会力量的参与支持。社区"组织再造"中，协同主体其实应该包括人民团体、行业协会、社会服务机构、草根社会组织甚至各种媒体等多种性质的社会组织和社会力量。但社会组织是承担非行政类公共事务的主要载体：一方面他们可以在政治主体和民众参与主体之间发挥居间融合、承上启下的互动衔接作用；另一方面，他们所拥有的凝聚社会资源的资金优势、组织形式行为的专业优势等因素，都可以有效回应基层社会成员的"具体"需求。基于研究设计和组织属性的考虑，本书主要讨论的是登记类社区社会组织，亦即以基层社区作为主要活动范围，按照业务类型大致可以分为公益慈善类、专业调处类、文体活动类及生活服务类。

梳理社会组织的角色变迁与功能调适是理解其协同作用定位的关键所在。社会参与基层组织治理，有其特定的历史背景和社会条件。在计划体制条件下，社会更多承担着政治动员的角色与功能，它并不是独立地作为治理主体参与政治过程。比如，在改革开放之前，社会组织大部分表现为类政治组织，接受政治领导，完成政治任务。具备一定独立性和组织性意义上的社会组织要产生于市场化改革之后，它根源于市场经济发展所带来的社会自主能力的生产，包括经济条件、思想观念、社会多样性等各类要素，使得社会"自发"组织成为可能。社会组织的产生并作为治理主体之一参与政治过程，打破了传统政治观念的国家与社会二分法，它表明，"社会不是通过自己的代议机构实施对政府及其行政人员的监督，而是通过健全公共伦理标准和行为准则来实现对政府和行政人员的制约"。这使得政府的行为方式也发生了深刻的改变，"当政府在特定的公共管理领域与社会的公共管理组织进行竞争的时候，这种竞争中突出的合作主义的服务精神必然会辐射到依然需要政府垄断的公共事务中去，从而使掌握公共权力的人不再是实施霸权式的管理，而是谨慎地、负责任地运用手中的权力去达致服务的目的"①。当社会组织与政府围绕特定公共事务在特定公共领域展开竞争的时候，政府需要从原有的"家长"模式转为服务政府，社会也逐渐从原有的被动转变为积极主动，并参与公共事务治理。这一二元竞争的关系在共同作为治理主体参与公共产品和服务供给的过程中，走向一种合作化的趋势。②而在基层"组织再造"的过程中，社会协同伴随政府边界的定义与体系化建设，必然也要求自主性和独立性的增强，但这种能力的生长并不是倒向自由主义的放任政策，它需要明晰政府与社会的边界，并纳入制度化轨道。社会组织作为政府的合作者，通过竞争区分二者之间的职能范围，而不是作为一个简单的职能延伸者。关于社区"组织再造"中作为协同主体的社会组织角色与功能的阐释会在第五章中详细展开。

四、作为参与主体的公众

社区"组织再造"中作为参与主体的公众即指社区居民，他们是维系社区存在的群体基础。社区"组织再造"所依赖的再组织化过程的核心要义就是实现社区居民的再组织化，并且以社区为载体进行公共性建设，所以说赋予公众主体资格是"组织再造"的必然要求，也是基层社会治理的重要合法性来源。

基层民主的实践不同于其他层次，它在现代国家建设中普遍地表现为直接的民主参与过程，这包含两个方面的内容：第一，基于现代政治合法性的原则，社会及其成员赋权政府进行日常行政管理，因此，公众与政府存在委托—代理关系，这使得公众参与合理合法。不过，因为政府运行的特点和技术条件的限制，直接的、普遍的民主参与在大部分国家并不现实，取而代之的是代议制的各种表现形式及精英民主的出现。即使是在中国特色社会主义民主政治中，它也是通过人民代表大会制度这样的代表制

---

① 张康之：《公共管理：社会治理模式的转型》，《天津社会科学》2002年第4期。
② 张康之：《合作的社会及其治理》，上海人民出版社，2014年。

形式完成民主的间接参与。第二，在政治的基础单元，即基层空间中，直接的、普遍的参与成为可能，这时，理论意义上的民主与实践过程完成了统一，公众参与既是合法性的来源，也是规范行政过程的重要外部约束。在我国的基层社会治理中，公众参与主要表现为基层民主，包括社区自治和村民自治等各类形式。一方面，它要求公民参与同基本政治原则的一致性，另一方面，它要求行政过程与公民参与的一致性，这两个方面是有机结合在一起的。

公众参与在我国的基层治理中，经历过若干发展阶段。在第一阶段，它主要表现为一种动员机制，公众参与同政治动员相吻合。在第二阶段，公众参与"无序化"发展阶段，表现为松散、个人倾向和其他力量的替代等现象。第三阶段，为了回应公众参与"无序化"带来的各类问题，公众参与经历了再组织化的过程，即表现为政府职能约束下的合法性生成，出现了如一些学者所指出的"应然"与"实然"的矛盾，"理论并没有在国家政治生活和社会生活中产生预期的效应，而是出现了若干同社会实践不合拍和不同步的脱节乃至背离现象，有时甚至陷于'自我论证'的危险境地，有'叶公好龙'之嫌"①。再组织化过程中的公众参与虽然提供了合法性的重要来源，但与基层的直接民主参与显然存在落差，如何真正实现公众的有效参与，构成"组织再造"过程中的重要考量。因此，公众参与作为组织再造的主体之一，就是要恢复应然层面的参与实践，表现为基本政治原则基础上的独立性、自主性与合作性的统一。关于社区"组织再造"中作为参与主体的公众角色与功能的阐释将在第四章中详细展开。

---

① 赵刚印：《公民参与的应然与实然》，《理论探讨》2006年第3期。

第三章　M区社区"组织再造"中的基层党组织及其功能调适

政党作为一种制度化权威资源，在政治秩序建构和社会整合中具有中枢性作用。放置于中国的具体现实中，全球化、市场化、网络化叠加生成了当下中国社会生机与危机并蓄的新形势、新挑战，其中最为根本的是一个分化的社会及多元分化的利益主体（或群体）的出现。原先的基层组织体系无法适应这种社会分层体系的变化和社会结构的转型，加之因传播技术改变不断生成裂变新生社会空间，这势必会影响国家和政党整合社会的能力。在上述情境下，一方面，基层治理结构和方式面临转型，党组织工作亟待解决机制缺失和形式化、制度供给不足、资源配备分布不均等多重问题；另一方面，部分地方基层党内政治生态乱象丛生，尤其是腐败现象和不良风气，极大地破坏了公众的政治信任和价值认同。有学者通过党组织在社区治理和城市基层民主发展中地位的实证研究认为，居民区党组织在城市社区内部权力结构的重组和功能重建中起着非常重要的作用，不仅是因为居民区党组织在政治生活层面决定了城市基层民主的发展，同时，党组织与社区之间的关系也在很大程度上影响了执政党的社会基础。也就是说，要通过国家政权力量自上而下地介入，来弥补因低度参与而导致的自治功能不足，而为了实现发展和调控的双重目标，更为合理的介入途径就是通过居民区内的党组织来实现。①

学术界围绕着基层党建的目标导向、价值内涵、整合功能、现实困境及推进路径已经进行了诸多实证研究和理论探索，应该说，以加强党建引

---

① 刘春荣、耿曙、陈周旺主编：《中国城市基层治理研究读本》，复旦大学出版社，2018年，第92页。

领社会治理，通过改善基层治理机制和再造基层组织来填补基层治理结构中单位的缺失，这一观点已得到共识。尽管如此，我们还是要看到，基层经验实践的铺开，亟待建构理论以准确理解和把握基层社会变迁与政治秩序。与此同时，仅仅重新强调党组织在社区治理中的领导地位是不够的，其关键还在于明晰党组织如何能够发挥政治领导、服务引领和关系统合功能，而关于其运行逻辑、功能调适及合理性、有效性等诸多议题都有待深挖，好在已经发生和正在发生的生动的地方实践为我们绘制了"组织再造"的现实画卷，上海市M区"党建领航·红色物业"建设为本章的分析提供了一个特定的研究场域，有助于加深我们对相关议题的洞察和理解。

第一节　社区"组织再造"中基层党组织
自身面临的问题

一、治理主体的结构性错位问题

在中国现有的基层治理单元中，治理主体主要有四类：党委、政府、社会和公众。在传统的社会管理组织体系中，党政主导的行政型社会管控主要通过以党委和政府为行为主体的单中心治理，其他力量参与基层社会治理的能力与成效极低。从单位体制到基层自治再到基层社会治理，这一过程体现了中国共产党培育基层治理单元的自主治理能力和治理网络的目标诉求和改革历程。这一培育过程在市场化改革过程中，面对巨大的冲击和挑战，不得不转向再组织化进路，以确保基本公共服务和公共产品的有效供给。历史和现实两方面的依据，决定了基层治理中党组织的领导核心地位，也决定了其在基层组织再造过程中主体间关系的"主心骨"作用。党组织领导基层治理，一方面，它既要求保证党组织的领导地位；另一方面，它又不是要求党组织事事参与、时时"在场"。这时，如何赋予党组织领导核心以适应性边界内涵就显得尤为重要。否则，既无法区别于计划体制时期的动员机制，又无法回应市场化改革时期去/弱组织化现象。

但在M区的基层社会治理实践中，治理主体的结构性错位问题依然没有得到有效解决，从而衍生出许多其他问题，甚至走向了治理效能的"内卷化"。

一方面，现阶段基层社会治理的领导者、推动者主要依赖党组织，而党组织在治理过程中又惯性依赖会议传达和文件下发，在实际工作中，个别基层党组织只转述上级的相关政策或文件，不会转化乃至无法落地，使得党建内容缺乏时代特点、缺乏生动形式、缺乏现实需要、缺乏价值认同，最终党员群众无法做到内化于心，自然也不会外化于行。同时，一小部分党员干部在薄弱环节出现的诸如信仰模糊、淡化，甚至是异化等问题，更是极大地影响了党组织的公信力。①

另一方面，在具体的基层社会治理过程中，一些特定的单位与个人，特别是非公经济组织和体制外的精英人士，往往不愿意承担基层社会治理的责任。他们更趋向于将社会治理归结为党和政府的责任与任务，而将其与自己划清界限。因此，他们并不大愿意参与和基层社会治理密切相关的活动，即便是参与了，也是形式化或利益导向性地参与，更不要说党员"亮身份"积极投入社区公共事务和志愿服务中。在基层社会治理结构的主体构成中，党委和政府作为政治主体与行政主体，无疑是最为关键的责任主体。但这并不代表其他主体可以漠视责任或消极参与，没有"社会协同"和"公众参与"，就不会有主体合力的形成。毋庸置疑的是，党委和政府需承担的责任大一些、多一些、重一些，但是其他以社会组织为代表的社会单位和公众个体也应承担起相应责任。比如，在调研中我们发现，在M区的社区治理结构中，业委会不尽责、运作不透明，物业服务不满意、管理不规范等已经成为居民的"痛点""难点""堵点"，大多数社区矛盾的根源就在于业委会和物业服务企业。

值得注意的是，这种治理主体的结构性错位问题并不能一概而论，要

①马振清、杨礼荣：《新时代全面从严治党三维建构：内涵、要求与特征》，《江西师范大学学报（哲学社会科学版）》2020年第2期。

考虑到基层党组织自身在历史、区域、领域等维度中的差异性，以及所处外部环境的异质性，基层党支部之间的差异性和不平衡性会导致其功能样态、运行机制表现出一定的复杂性。

二、治理需求多样化的适应问题

经济转型升级使中国的社会结构发生了巨大变迁。有学者将变迁后的社会结构概括为三类，即分化型、扩散型、流动型。分化型主要指愈发强调专业性、技术性在经济社会组织和产业结构中的作用，扩散型指复杂多元的新兴经济社会领域将伴随经济发展而不断出现，流动型主要指随着改革深化和单位体制的瓦解，社会关系由封闭性转变为流动性。[①]

经济转型和社会结构的变迁需要与之相适应的制度机制建设，基层党组织面临治理需求多样化的适应问题，具体包括：

一是基层组织领导制度的变化。单位制时期，我国国家制度的显著特征在于高度的党政一体化。这种情况投射到基层单元，则表现为党的基层组织——党委或党支部——构成基层单元内部的领导核心，并且由于基层党组织通常主导和直接掌握基层单元的资源供给，其领导核心地位往往具有相当的权威性和稳定性，甚至不可置疑。然而随着改革开放的逐步推进，为充分调动社会活力，推动经济社会发展，调整以往不合理的党政关系成为一项重要的制度改革议题，并在此基础上确立了党政分开的基本原则。无论是从理论上还是实践上来讲，改变"以党代政"局面、推行"党政分开"都是一种显著的进步。但它同时也给基层党组织提出了挑战，即在基层单元如村居社区中，一方面，党组织究竟该如何保持、彰显和夯实党的核心地位，而不使其自身随着党政分开而逐步弱化、边缘化；另一方面，基层党组织究竟又该如何合理安排自身的重点工作内容并恪守职责边界，以保证不会突破党政分开基本原则的限定，

---

① 李威利：《新单位制：当代中国基层治理结构中的节点政治》，《学术月刊》2019年第8期。

等等。总的来说，基层涌现了各种各样的"党建+"创新，但是这些创新并没有改变既定的机构设置形式，也没有做到在党政机构改革的条件下统筹好党政群机构之间的关系。①

二是基层组织体系的调整。改革开放以前，基于稳固社会主义政权和实施社会主义计划经济的需要，形成了全面覆盖、深度融合的单位党建模式，即党的基层组织体系与单位体制深度互嵌，基层群众的经济生活、政治生活和社会生活都被纳入单位组织的管理之下，单位组织成为党实现社会整合和社会动员的"毛细血管"，即党只要掌握了基层组织，也就同时掌握了单位、掌握了群众。②但在改革开放之后，一方面是社会主义市场经济的逐步发展和不断深化，另一方面是单位制逐渐式微并最终解体。相应地，诸如私营企业、外资企业、港澳台商所有或控股企业等新兴经济组织迅速发展，各类中介组织、民间基金会、民办非企业组织和各类群众志愿团队等新兴社会组织亦不断涌现并逐步壮大。在这种情况之下，单位党建不再具有一般可行性，而党的建设所面临的将是一个新的议题，即基层党组织如何向新兴经济组织和社会组织延伸，并实现党的组织体系的全覆盖。

三是党员管理工作的变化。改革开放前，由于受"一大二公"的计划经济和严格的户籍制度的影响或限制，人们无一例外地被纳入特定的单位或公社的管理之下，并具有一定的稳定性。由此，党组织嵌入单位，并通过单位与党员之间形成稳定的联系。然而，改革开放以后，社会流动性增强必然带来这一稳定联系的松动，党员流动性随着人口跨区域、跨行业流动性增强而加剧，尤其是非公有制经济组织中的党员，流离于管理之外一度成为常态。同时，随着住房体制改革，"职住分离"也使得党员管理难以覆盖。这些变化对党员管理工作提出了全新的挑战，探索更为全面、高效、灵活的党员管理方式成为当务之急。

① 郝宇青：《基层党组织建设的动力探析》，《江西师范大学学报（哲学社会科学版）》2020年第1期。

② 林尚立：《社区党建：中国政治发展的新生长点》，《上海党史与党建》2001年第3期。

　　四是党群关系的变化。所谓党群关系，即党与人民群众之间的关系，良好的党群关系通常需要通过党组织和党员在联系群众、服务群众、动员群众的过程中建构起来。然而，改革开放以来，党群关系较改革开放之前发生了一定程度的淡化，其原因是多层次、多维度的，比如由于基层党组织在新兴经济组织和社会组织中的缺位或不到位，工作于其中的群众往往难以接触和感受到党组织的关怀；再比如社会流动性增强所造成的"空头党员""隐身党员"现象，导致"两头不到岸"，党员密切联系群众的作用成为空谈。这些问题持续影响了良好的党群关系的建构和维护，削弱了党的政治功能的发挥。①

三、服务能力的匹配问题

　　第一，党组织服务意识淡薄。打造服务重于管理的复合治理格局是新时代基层社会治理的重要目标，但基层党组织管理大于服务的惯性思维还未得到彻底纠正，一些基层党组织的党员干部不能深入认识到服务型党组织建设的关键性，仍然沿袭单位党建的旧思维、老办法，无法适应市场经济发展和社会转型变化的新形势，缺乏服务群众的主动意识和自觉意识，使得基层组织无法有效发挥"服务中枢"的作用。M区的现实状况也概莫能外，具体表现在：一是在一定程度上还存在形式主义、官僚主义和文牍主义的风气。基层工作"只唯上，不唯实"，不搞调查研究，忽视群众关切；疲于应付上级的各项检查，把上级要求落实在会议上、文件上、表格上和口号上，就是不落实到群众身上。二是"强权思维"根深蒂固。有些干部习惯做"父母官"，搞"家长制""一言堂"，决策过程缺乏民主、忽视协商，不善于做自我批评，对于干部群众的意见和心声视而不见、充耳不闻。三是对基层组织的职能定位认识不足。组织运转"行政化"问题凸显，基层治理"扁平化"改革贯彻不到位；"守摊思想"严重，缺乏政治

---

　　① 李威利：《从基层重塑政党：改革开放以来城市基层党建形态的发展》，《社会主义研究》2019年第5期。

担当，没有发挥好党员先锋模范作用，不主动解决群众急难愁盼问题；对基层党建的把握缺乏大局意识和全局观念，把基层党建看作单纯的政治任务，没有以高质量党建引领高质量发展，缺少将党建资源转化为发展资源、将党建优势转化为基层发展优势的创新性举措。

第二，基层党组织服务能力不足。影响基层党建工作运行的因素包括体制性因素、制度性因素、人力因素等，而撇开体制性迟钝、制度化不足等不易解决的困境，人力因素无疑应该是最为重要的因素，基层党建工作的项目设计、推进力度、目标实现都有赖于基层党组织和党员群众的推动。但基层现实状况中党务党建干部数量整体偏少，且服务引导能力弱，更谈不上创新能力和资源增值能力，不论是数量还是质量都无法为基层党组织发挥服务效能提供支撑。造成这一现象的原因在于：首先，基层组织人才"青黄不接"。基层干部老龄化严重，文化水平不高，难以适应经济社会发展变化的新形势。同时，基层岗位对青年人才的吸引力不足。基层组织规模小，但是事务多、责任大，往往要直面群众、直面问题，打通党的路线方针政策执行的"最后一公里"，但是岗位回报与付出不成正比，导致青年人才流入少、青年干部留不住。其次，基层队伍建设"疲软无力"。基层组织的骨干力量是基层队伍发挥战斗堡垒作用的关键，但是当下基层队伍仍然不断滋生内耗式干部、躺平式干部，"潜力股"有劲无处使、骨干力量被"边缘化"。另外，基层组织人才培养缺乏保障、人才晋升缺乏通道，没有形成持续有效的政治激励，也是基层队伍建设疲软无力的重要原因。最后，基层组织结构"因循守旧"。市场经济的成熟催生了一大批的新型经济组织和社会组织，尤其是近年来网络经济、数字经济的迅猛发展，新形态就业群体的规模也在不断壮大。这就意味着基层组织服务的对象越来越多样化和复杂化，服务覆盖的范围不仅包括传统的"线下"空间，还包括网络时代的"线上"场景，而不少基层组织设置仍然固守旧态，与经济社会多元化发展的趋势不相适应。

第三，党组织服务保障缺失。资源问题是影响和制约基层党建工作的基础性问题，基层党建工作能否顺利开展离不开资源供给和吸引的支撑性作用。党建资源包括组织资源、财政资源、人力资源、信息资源和思想资源等多方面。M区部分基层党组织建设服务保障缺失问题来自资源的短缺，或是财政资源不稳定，或是信息资源不开发。但更为常见的往往是党建资源的分散化问题，各种资源无法形成合力或是出现浪费现象，如基层党组织的很多党建项目就党建谈党建，既没有在横向上与其他基层党组织形成区域化党建合力，也没有在纵向上与基层社会治理紧密联系，从而不能真正将组织资源和党员队伍资源融入服务人民群众的实事项目中。另外，服务平台、党建经费和物质待遇等能否得到保障也是影响基层党组织工作的重要因素，否则必然出现"巧妇难为无米之炊"或是"捉襟见肘"的服务窘境。

四、信息技术治理的不畅问题

第一，信息技术过度依赖导致基层党组织组织能力的弱化。基层党组织作为党在基层的组织细胞、服务中枢，要实现其任务和职责，就必须发挥把党员和群众组织起来的功能。[①]推动信息技术发展与基层治理的深度融合，可以助力基层组织将组织力转化为组织功能，提升基层组织功能的触底性和抵达性，因此成为近年来各地基层组织提升对内对外组织动员能力的普遍路径。但是在实践当中，基层组织对信息技术的过度依赖使得组织功能发挥出现弱化趋势：一是组织政治学习重形式、轻效果。在线学习、网络培训为基层提供了丰富的学习资源，有助于干部群众及时了解新的形势变化、理解党的政策意图。但由于内容设置等原因，这些学习形式容易流于表面，党员在日常学习中存在"代刷课""代打卡"现象，一些基层组织不考察学习效果，只搞"时长"竞争，不仅浪费宝贵的学习资源，还削弱了政治学习的意义，没有起到统一思想、凝聚人心的效果。二是组织管理程式化。信息技术在基层工作当中广泛运用导致工作检查、绩

---

① 王同昌：《基层党组织组织功能：内涵、生成逻辑与路径之思》，《新视野》2024年第1期。

效考核都依仗图表数据，导致基层干部花大量时间和精力在设计图表和填补数据上，更使得本该富有针对性的基层组织工作变为程式化、机械化的执行动作，组织工作重"痕"不重"绩"、留"迹"不留"心"。[①]同时也忽视了干部的个人能力特点和个性发展需求，弱化了党员对组织的认同感、淡化了党员对工作的荣誉感，妨碍党的内部组织力的转化和贯彻，更遑论提升对外组织群众的能力了。

第二，技术形式主义导致基层党组织服务能力的虚化。信息技术是新时代社会治理体系形成的重要支撑，可以精准对接群众需求、提高群众办事效率、有效解决基层治理工作当中出现的"难点""痛点"和"堵点"。但是，技术的广泛运用往往会带来"喧宾夺主"的形式主义问题，造成服务端口"上线了"，服务效果却"下线了"：一是推行信息技术治理的过程当中，存在政绩导向，各类信息化平台的投入耗资不菲，重复建设，甚至要求群众强制下载，为基层工作平添负担，非但没有受到欢迎，反而引发群众反感。二是注重信息技术治理的展示形式，轻视信息技术治理的服务本质。一些基层党组织对于信息化平台轻于建设、疏于管理，没有精准对接用户需求设计服务功能、没有保证信息化平台的稳定流畅运行，最终导致信息化平台体验感差、内容缺失、徒有其表；有的基层党组织为了完成技术治理的量化指标，搞数据竞赛、流量比拼、样板内卷，把信息化平台变成政绩展示平台，而非群众解决切身问题的交互平台；还有的在信息化平台建成和推广以后，往往忽视用户的真实反馈，缺乏完善机制。

第三，信息技术至上导致基层党组织凝聚能力的弱化。基层党组织发挥凝聚力的本质是要发挥其整合能力，把群众团结在共同的发展目标和治理目标之下，形成上下齐心、党群一体的良性关系。这是衡量基层党组织

---

① 颜昌武、杨华杰：《以"迹"为"绩"：痕迹管理如何演化为痕迹主义》，《探索与争鸣》2019第11期。作者认为，"简单化"逻辑有助于理解"痕迹"是如何被生产、被运用的。简单化意味着"痕迹"是一种标准化、数字化和计量化的方式被生产出来的，以"迹"证"绩"、以"迹"求"绩"，突出工作记录、台账、图片、影音等书面材料在治理中的重要性，这是一种治理手段对治理目标的替代。

作用的重要标准。加强党群联系是提升凝聚力的基础,信息技术在基层治理中展开以后,也成功将干群"面对面"的线下联系变成了"键对键"的线上交互,使得干群沟通越来越即时高效,但也带来了诸多不利影响:其一,"键对键"的便利性助长了党员干部的惰性,一些党员干部甚至几近放弃了与群众"面对面"的沟通方式。"键对键"方式一般更适合指令型、通知型工作,而基层工作直面群众的特殊性决定了"面对面"在化解社会矛盾纠纷、听取群众意见诉求、强化干群情感联系、开展说服教育工作等方面的不可缺失性,因此,认为基层工作完全可以通过信息化平台"不出家门知世情"是极其错误的,更可能使血肉相连的基层党群关系淡化为缺乏温度和灵魂的"网民关系"。其二,基层治理中迷信信息技术至上容易掩盖"数字鸿沟"的弊端。根据《第44次中国互联网络发展状况统计报告》,截至2019年6月,互联网普及率达61.2%,在5.41亿的非网民人群中,使用技能缺乏和文化程度限制是他们不上网的主要原因,前者占比44.6%,后者占比36.8%。[1]由此可见,技术治理所带来触底性并不全面,广大的"不在线"群众可以说是信息化时代的"新弱势群体",其利益诉求和现实需要应当是基层党组织特别关注、重点关照的内容,却极容易被信息化平台排除在外。这不仅影响基层组织决策的科学性和民主性,还容易造成党群之间"离心离德"的严重后果,无形中消解基层组织为党联系群众、凝聚民心的纽带作用。

第二节　社区"组织再造"中基层党组织的功能调适

一、党建引领基层社会治理命题的提出

毫无疑问,M区基层党组织的上述几大问题所带来的消极影响是不容小觑的,这些问题也往往是各地基层党组织面临的共性问题。基层党建工

---

[1] 中国互联网络信息中心:《第44次中国互联网络发展状况统计报告》,http://www.cnnic.net.cn/hlwfzyj/。

作"走形式""无实效"，长此以往，势必会造成国家与基层社会相脱节，偏离群众的需求，最终导致党的社会动员能力式微，政治权威资源被削弱，基层组织化能力面临危机。

要知道，组织能力建设是党长期有效执政的关键。党的执政能力首要的表现为党的组织网络向经济社会组织有效渗透的能力，执政党强大的组织力不仅是中国社会较高的内聚力和发展活力的重要政治基础，同时也从根本上保障了中国共产党执政的有效性。[①]因此，习近平指出，要"坚持从巩固党的执政地位的大局看问题，把抓好党建作为最大的政绩。如果我们党弱了、散了、垮了，其他政绩又有什么意义呢?"[②]同时强调，基础不牢、地动山摇，必须夯实基层。[③]

有学者总结认为，党的十九大报告对新时代基层党组织作出的新定位新要求表明，将采取一条与西方以个人主义方式对待社会分化不同的道路，即以集体主义的方式来应对：强调基层党组织及其组织力的重要性，充分发挥基层党组织领导社会治理的功能，[④]不断增强党的政治领导力、思想引领力、群众组织力、社会号召力。

随着改革开放持续深入发展，特别是社会主义市场经济体制的不断完善，我国基层社会的结构发生了显著变化，城市中传统的单位办社会的现象已不复存在，各单位特别是公有制企业对员工的管理与服务职能不断式微。因此，为了应对基层社会出现的社会分化，尤其是因"去组织化"而带来的结构性变化，需要对基层社会在社会整合的基础上进行"再组织"，即进行"组织再造"。[⑤]实现基层社会的"组织再造"，将群众组织起

---

① 唐皇凤：《新时代党的长期执政能力建设：理论依据与战略路径》，《治理研究》2018年第3期。

② 习近平：《在党的群众路线教育实践活动总结大会上的讲话》，《人民日报》2014年10月9日。

③ 2018年3月10日上午，习近平在参加十三届全国人大一次会议重庆代表团审议政府工作报告时指出："基础不牢，地动山摇，我们的工作必须夯实基层。"

④ 郝宇青：《加强基层组织建设的政治逻辑》，《行政论坛》2018年第1期。

⑤ 李强、王莹：《社会治理与基层社区治理论纲》，《新视野》2016年第6期。

来，共同推动基层社会的治理与发展，关键在于发挥基层党组织的战斗堡垒作用，坚持党建引领基层社会治理。党的十九大报告提出了"社会治理重心向基层下移"的重要命题，①这同样与加强基层党组织建设的落脚点是一致的。值得注意的是，由社会变迁引起的人口流动化、思想观念快速变革、利益多元化已使得传统"包揽型"政府无法适应社会治理形势发展提供所有公共服务与资源，社会治理趋向于"复合型治理"②模式，"从政府行政管控走向多元合作治理这一社会治理模式的转换，已成为当前推进国家治理体系和治理能力现代化的迫切要求"③。在这种时代背景下，愈发考验党组织能否勇担时代大任，聚集多方力量助力社区治理，随时随地倾听人民心声，回应人民期待。党建引领基层社会治理，基层党组织是主体，引领是关键，治理实效是目的，在治理过程中人民的获得感和满足感是出发点和落脚点。

二、功能架构的转变：建设治理型党组织

社区要实现"组织再造"，关键在于对基层党组织领导社会治理的功能进行科学合理的定位与调适，这不仅仅是基层党组织加强自身建设、提升自身权威的迫切需要，更是不断提高执政党与基层社会的融洽度，巩固党的执政基础的必然选择。而基层党组织的角色与功能，只有内生性地嵌入在城市社会运行与未来发展战略中，才能真正实现"坚持把加强基层党的建设、巩固党的执政基础作为贯穿社会治理和基层建设的一条红线"。新时代的党组织在社区"组织再造"的过程中，一方面需要从国家发展和人民幸福的逻辑出发，定位基层治理；另一方面需要为基层治理的公共性提供充分的制度保证和法律依据，从而避免再组织化背景下对于市场化冲

---

① 习近平：《决胜全面建成小康社会 夺取新时代中国特色社会主义伟大胜利——在中国共产党第十九次全国代表大会上的报告》，《人民日报》2017年10月28日。

② 李浩：《新时代社区复合型治理的基本形态、运转机制与理想目标》，《求实》2019第1期。

③ 任中平、邓超：《实现社会治理模式转换的现实路径》，《长白学刊》2014年第4期。

击的简单"矫正"。M区在"组织再造"的过程中，基于建设治理型党组织的治理目标，打造了政治领导、服务引领和关系统合三大功能为主的功能架构。

（一）政治领导功能

党组织的领导治理，指的是党组织以"治理"的方式凝聚社会、引领社会，巩固执政的组织基础和社会基础，实现党对社会的有效领导。需要进一步明确的是，党组织的治理是与党组织的政治功能紧密关联，其共同的价值追求就是要实现执政党的有效"领导"。毫无疑问，党组织在促进基层社会治理中开展领导治理，既是必然选择也是主动选择。在计划经济体制下，由于高度的党政同构，党的基层组织直接掌握着社会中的各类资源，并决定着资源的分配，从而使得党的基层组织与基层社会之间保持着高度的利益关联。党与国家关系的模式是"以党代政、党政不分、党政同构"，这就阐明了党的基层组织可以统筹管控现实生活的各个领域。随着改革开放的不断深化与市场经济体制的逐步完善，党政高度同构的体制开始瓦解，"单位人"向"社会人"的身份转变，因此曾经具有积极意义的传统模式已无法回应现实需要。

在不同的历史条件和现实任务下，党需要调整党建目标模式来应对执政风险和考验，更需要对党建目标的具体内涵作出新的概括。关于基层党组织的目标和地位，2015年习近平在贵州调研时就强调："党的工作最坚实的力量支撑在基层，经济社会发展和民生最突出的矛盾和问题也在基层，必须把基层打基础作为长远之计和固本之策，丝毫不能放松。"[1]2016年4月，习近平对开展"两学一做"学习教育作出重要指示强调："基层是党的执政之基、力量之源。只有基层党组织坚强有力，党员发挥应有作用，党的根基才能牢固，党才能有战斗力。"[2]党的十九大报告更是强调要

---

[1]《习近平在贵州调研时强调 看清形势适应趋势发挥优势善于运用辩证思维谋划发展》，《人民日报》2015年6月19日。

[2]《习近平对开展"两学一做"学习教育作出重要指示》，《人民日报》2016年4月7日。

以提升组织力为重点,突出政治功能。①这里涉及基层党组织建设的立足点问题,也就是说要有这样的认识高度,做好基层党建工作的本身不是目的,要切实把提升党的执政能力和厚植党的执政根基作为目标来努力。

在此背景下,各类基层党组织要发挥好领导作用,就必须打破惯性思维、变革思维方式、探索新的领导方式。从工作要点上看,基层党组织必须对原有功能进行转型和调适。这种功能转型和调适是结构性的,一改原先以组织或动员革命与生产为核心的功能架构,向以社会关切和利益协调为核心的功能架构转变,即建设治理型党组织。从这个层面上看,加强治理型党组织建设,不只是助推社会治理创新的重要举措,也是精准基层党组织自身功能定位的现实需要。

在M区的基层社会治理中,党组织的政治领导功能立足于"基层社会自治"、充分发挥"指挥棒"的政治领导功能。一方面建立了自上而下的三级联动机制。区委成立城市基层党建和创新社会治理加强基层建设领导工作小组,区委书记担任组长,在市委领导下做实"一线指挥"职责,负责总体谋划、宏观指导、督促检查,加强对党(工)委、居村等基层党组织的统筹领导。街镇党(工)委履行直接责任,负责统筹推进和抓好落实。居村等基层党组织是各类资源主导者和调配者,发挥前端治理和兜底管理作用,履行具体责任,团结带领党员群众积极参与社会治理。依托"区—街镇—居村"三级组织体系、责任体系、制度体系,把党建引领社会治理的工作系统联起来、动起来、活起来,实现有机衔接、有序推进、有效运转。另一方面着力健全区域化党建的组织体系、平台载体和工作机制,就近整合居村周边的各类社会资源,构建共建共享的基层社会治理格局。以"三张清单"("资源清单""需求清单"和"项目清单")为基础,促进区域资源精准对接,推动社会治理的项目化运作。2018年M区级及街镇分会单位上报的可共享的资源就有982项,并形成了以"创全"

---

① 胡锦涛:《坚定不移沿着中国特色社会主义道路前进 为全面建成小康社会而奋斗——在中国共产党第十八次全国代表大会上的报告》,人民出版社,2012年。

"三个美丽""长三角一体化发展""绿色共治"等为主题的1264个共建项目。以"三双机制"（"双报到""双报告"和"双结对"）为指导，明确驻区单位党组织、全体党员和报到地党组织的责任，推进资源向基层社会流动。

也就是说，在M区的具体实践中，基层党组织的领导不是依赖于物质利益或行政权力来干预社区建设与治理，更不是直接包办各类社区建设的具体事务，而是依靠党组织本身所具有的强大政治资源实现党对社会的广泛动员与引领。总结起来，党组织的政治领导，主要表现为建立制度规范、引领政治方向、加强利益协调以及注重思想引导等。第一，建立制度规范。基层社会单元作为非行政性权力空间内的"扁平化结构"，由党组织来承担制定制度规范的功能恰恰最好地体现了其强有力的领导核心地位，与此同时，确保其他主体遵守已制定的规则也表明了其最有效的领导地位。第二，引领政治方向。在基层社会治理中，党的领导作用，一是体现在决策上的严守作用；二是从对社区内各类组织以协调、对话为主的软控制上体现；三是体现在引导基层自治组织开展活动上。第三，推动利益协调。政党是公共权力与民众的中介。中国共产党始终代表中国最广大人民的根本利益，而基层党组织更加直接面对解决群众利益的分化和冲突问题。第四，注重思想引导。基层社会是一个异质性、多元性的集合体，其成员思想十分复杂多样，要通过各种有效的途径宣传党的基本理论、基本路线、基本方略，并为居民群众释疑解惑，使群众更加了解、理解和认同党的基本理论、基本路线、基本方略，进而提升党在整个国家和基层社会中的公信力。

（二）服务引领功能

党组织的政治领导功能是政治功能，而服务引领功能则是社会功能，二者不可偏废。党组织的服务引领功能主要指党组织通过服务基层社会来引领社会发展、提升治理绩效，也就是以"以服务群众、做群众工作为主要任务，加强基层服务型党组织建设"①。为治理目标。事实上，强调这一功能的本质在于找回执政党在发展过程中被忽视、被轻视的，服务社会、服务人民群众的初心，服务功能的回归和服务能力的提升是执政党赢得民心、巩固执政基础的重要标准。党组织服务引领功能的建设与调适主要表现在以下三个方面：

第一，党组织的志愿服务。党组织的志愿服务是指，在党组织的领导下以党员为主体组成志愿服务公益性组织或以党员个人的名义，为人民群众提供公益性服务的活动。基层党组织既是社会治理的重要参与主体，也是社会志愿服务的中坚力量。将志愿服务机制嵌入社会治理体系，是党员践行群众路线的重要途径，也是解决社会治理有效性问题的创新机制。因此，党组织的志愿服务体现政治目标和社会目标的统一。党组织的志愿服务形式多元，广泛涉及扶危济困、环境保护、治安维稳、社区矫正、卫健保障等多个领域，并形成了将党建活动与志愿服务结合起来、将开展服务活动与调查社情民意结合起来的常态化机制。根据2018年M区"四治一体化"的数据统计，673家驻区单位党组织和22213名在职党员认领近30000个公益性岗位和服务项目，累计服务群众约3.5万人次。因此，在基层社会治理的实践中，党组织通过志愿服务弘扬志愿服务文化、拓展志愿服务平台、完善志愿服务制度，进而引领整个社会走向"共同服务"。

第二，党组织的价值引领服务。"意识形态工作是党的一项极端重要的工作"，因此，坚决防范化解意识形态风险是基层社会治理的应有之义。通常而言，意识形态的核心在于价值，而基层正是社会主义核心价值观转化为国民情感认同和行为习惯的基本场域，基层党组织必须在服务群众的过程中必须重视价值引领，以此凝聚共识，巩固党的执政基础，汇集起推动共同体发展的蓬勃力量。因此，基层党组织不仅要通过在公共文化事业中贯彻社会主义核心价值观，还要在各项服务中融入社会主义核心价值观的内核，激活日常服务背后的社会教化功能。尤其要通过贯彻党的创新理

---

① 《十八大以来重要文献选编》（上），中央文献出版社，2014年，第42页。

论武装党员、教育群众、引领实践，在日常服务中传递向上向好的精神旨趣，把社会主义核心价值观融入社区公约的制定、社区活动的开展中去，旗帜鲜明反对低俗之风、虚无主义和封建迷信，不断提升社区群众的道德情操，养成积极奋进的社会氛围。

第三，党组织的教育帮扶服务。自古以来，中国的基层社会治理中就有"惩恶劝善"的历史传统。基于现代社会人权保障的要求，"惩恶"是国家刑罚权的组成部分，民间绝对禁止私刑，但"劝善"作为一种积极的道德帮扶责任，则必须由社会各方主体合力参与。尤其是在现代社会中，由于利益诉求日益多元，人民内部矛盾也呈现出复杂化、高频化的趋向，"劝善"的内涵也不再只是狭义的劝导人"由恶转善"，还包括帮助化解群众矛盾纠纷，有效防范人民内部矛盾激化和向极端行为转化，具有更为深刻、丰富的实践内容。党组织的教育帮扶服务，就是指在基层社会治理过程中，发挥党组织政治优势、组织优势、队伍优势和资源优势，协调行政力量、司法力量和社会力量，以柔性手段进行思想教育、道德感化和矛盾化解，保障社会的和谐稳定。这也是发挥党组织作为基层社会治理主体特殊优势的体现。党组织之所以能够承担教育帮扶的服务功能，是因其具有超脱各方利益的中立地位，同时秉持以人民为中心的理念，立足每一位人民个体的切身利益，进而能够获得社会成员的高度信任。因此，党组织在基层社会治理中主动承担教育帮扶的责任，体现着"法治"和"德治"并重的治理理念、"良法"与"善治"相互融合的治理机制。

（三）关系统合功能

与党委的领导核心地位相对应，面对基层组织的再造过程，如何"重塑"党委这一主体地位及其功能，便成为组织再造的核心要义。一方面它既要求保证党委的领导地位；另一方面它又不是要求党委事事参与、时时"在场"。这时，赋予党委领导核心以适应性边界内涵就显得尤为重要。换言之，与执政党的政治领导地位相匹配，它在基层治理过程中，多数时候并不介入具体的治理事务，而是着眼于宏观层面的政治原则、政治规范与政治方向。那么，如何将这一普遍意义上的政治原则"滴入"基层组织治理实践，"关系统合"提供了一个重塑基层治理主体的联结关系和实现这种关系结构化过程的路径。所以说，基层党组织功能调试中的关系统合功能是基于其政治功能和社会功能上的统筹功能。

随着国内外形势和人民群众的根本利益诉求的变化，国家、社会、基层组织和民众之间的关系形态和利益机制都有待革新与重塑，这也是基层社区实现真正善治的关键点。党委领导可谓是最为重要的制度安排之一，但这并不是仅仅通过强化领导机制所能实现的，其根本在于如何使其成为变化和发展中的治理结构的主导力量。这种力量得以实现不仅需要刚性制度机制的安排，更需要柔性整合技能的发挥。总而言之，就是要在社区中建立党委领导和其他主体共生共强的治理机制，从而实现关系统合的功能。

党委领导如何实现关系统合功能，主要通过两个方面的内容：第一，总揽全局。一方面中国共产党需要为国家发展和民族振兴确立基本的方向、原则；另一方面执政党也需要为基层治理这一"具体"领域确立发展纲领和发展规划，统一全国范围内基层组织治理实践。并且，基层治理实践是统一于国家发展实践的，人民幸福是统一于国家富强和民族振兴的纲领之中的。也就是说，在政治性力量强化的同时，适度减弱行政性力量，开拓社会性力量。第二，协调各方。对于基层组织而言，牵涉的主要治理主体有政府、社会和公众，这三类主体还可以按照各种标准进一步细化、细分；同时，间接的主体还包括市场（如物业）、非正式组织、国际组织等各类行为体。这一系列的治理参与者如何通过合作实现基层治理绩效最大化，党委的协调作用尤为关键。协调的原则是国家发展的方向，协调的方法包括正式制度和非正式联系等各种形式，这种协调更难能可贵的是能够增强治理结构的韧性和活力。上述这两点是对党组织能力建设的极大考验，党委也正是在这一总揽全局、协调各方的过程中成为基层组织治理的驱动力。当这种驱动力和动力机制真正地深入内嵌到治理结构和系统中，更为合理有效的治理秩序和整合目标才容易得到实现，其政治成本也能以降低，从而保证了治理结构的稳定性。

在M区的具体实践中，这种关系统合功能得到了有效运用。以解决"条块不顺"问题为例，为了优化调整基层党建承载功能以形成条块协力，M区做了许多创新性政策举措，完善社区党建"1+2"体制，即党工委充分发挥政治引领、组织动员、统筹协调、整合资源等方面的领导作用；社区党委发挥融合发展和社会动员作用，统筹推进居民区党建、"两新"组织党建和驻区单位党建"三建融合"发展；行政组织党组发挥协调职能部门履职、促进条块对接联动的作用。同时，全力保障街道"五项权力"①真正落实，对街镇内设机构进行功能调整，规范区级工作事务下沉街镇准入把关制度，建立健全基层约请和自下而上评议制度，推动区级职能部门服务基层的规范化机制化。街镇党（工）委对内设机构、"5+1"支下沉力量②和区职能部门派出机构等，在人事建议、资源调配、事项协调中不断增强领导力，在解决群众急难愁盼问题过程中逐步增强执行力。③

第三节　个案分析："党建领航 红色物业"

一、"党建领航 红色物业"的缘起与主要实践

"党建领航 红色物业"（后文简称"红色物业"）是近年来M区基层党建的创新和探索，是城市社区中市场化的物业服务与政治性的党建工作的功能结合体。其基本内涵，是通过服务提升来有效实现城市基层党建工作向社区全面渗透、统筹和覆盖，直至达成重构基层组织的社会整合功能这一目标取向。根据《M区关于加强"党建领航 红色物业"建设的实施意见（试行）》中的战略构想，"红色物业"通过推进居民区党组织、业

---

① 街道"五项权力"：街道党工委对区职能部门派出机构负责人的人事考核权和征得同意权，街道规划参与权、综合管理权以及重大决策和重大项目建议权等五项权力。

② "5+1"支下沉力量：城管执法中队、房管所、土地所、水务所、安监所和卫监所等"5+1"支管理（执法）力量，从区职能部门的党组织和行政机构全面下沉到街镇，实行"镇属、镇管、镇用""区属、街管、街用"。

③ 《党建引领结硕果 砥砺奋进谱新篇》，《解放日报》2018年3月5日。

委会和物业服务企业融合发展、协同治理，进而推动M区社会的自治共治法治德治"四治一体"建设，为把M区建设成为品质卓越生态宜居的现代化主城区提供坚强保障。

中共上海市委、上海市人民政府《关于进一步创新社会治理 加强基层建设的意见》第十四条对理顺基层组织体系作出以下要求：建立健全以居民区党（支部）组织为领导核心，居委会为主导，居民为主体，业委会、物业公司、驻区单位、群众团体、社会组织、群众活动团队等共同参与的居民区治理架构。健全居民区联席会议平台，推行居民区党组织兼职委员制度，增强居民区党组织统筹社区资源的能力，切实保障居委会、业委会依法履行职责。切实加强居委会对业委会的指导和监督，探索符合条件的居委会成员通过合法程序兼任业委会成员。所以说，业委会和物业服务企业都是社区治理的重要主体，提升业委会和物业服务企业参与社会治理的能力和水平，如何把党建有机地融入业委会和物业服务企业之中，就成为问题的关键环节。业委会代表着物业管理区域内的业主的利益，反映业主意愿和要求，起着居民自治和监督物业服务企业功能。社区的物业服务企业则绝不仅仅是要追求利润最大化的市场主体，在参与社区治理的过程中承担着具有公益性的社区服务功能。

但在快速的城市现代化进程中，M区的经济结构、人口与社会结构、城市功能结构等都遭遇了急剧的变化，而社区治理体制运行的角色失灵和功能阻滞等问题带来的实然困境亟待破局。在M区现有的1065个小区中，共有280多家物业服务企业、1000多个物业项目管理处。而在M区社区治理工作中，大多数社区矛盾的根源就在于业委会和物业服务企业，物业服务质量不佳甚至侵权，业委会处于休眠或瘫痪状态而导致的内部权力主体空缺，诸如此类的问题已切实成为社区治理中普遍性的痼疾。ML镇党委书记认为，辖区内社区治理乱象可以归纳为"五个失"：一是"失望"，即一些群众对物业服务质量不满意；二是"失明"，即一些业委会在运作过程中不规范、不透明；三是"失能"，即一些党组织党建引领、凝聚群众的能力缺乏；四是"失管"，即对物业公司与业委会的监督管理没有抓手；

五是"失衡",即社区的"四驾马车"南辕北辙,没有形成合力。从"12345市民热线"的投诉情况来看,2018年涉及小区综合治理,尤其是物业管理类的投诉始终居高不下,位列全区十大信访矛盾之首,总量达到10666件,而"业主自治不规范、物业服务不到位、公共资源分配不均衡"等问题是最具有普遍性和代表性的群众诉求。

为破解上述难题,M区"红色物业"致力于构建以居民区党组织为领导核心、业委会和物业服务企业共同参与的新格局,力图走出一条城市基层党建与社区治理有机结合的新路子,为城市基层党建与社区治理提供了可借鉴、可复制、可推广的经验,取得了良好的社会效益和政治效益。

第一,促进社区多元治理主体的良性互动。"红色物业"工作模式最大的特点和亮点,就是形成了以居民区党组织作为领导力量的多主体基层社会治理共同体,基层行政组织及各职能部门、居委会、业委会和物业服务企业共同参与,不断完善多元共治的社会治理体系。通过党建增强了居委会、业委会、物业服务企业等不同类型的社区组织的奉献意识、服务意识、担当意识,从而形成基层社会治理的合力。在具体的建设实践中,各街镇形成了诸多各具特色的党建引领"本土化"治理模式,如ML镇的"YI"平台、ZQ镇的"1+3+N+X"协同治理模式等,有效提升了社区党组织的引领力,积极推进各方参与社区治理。

第二,推动增强物业企业的服务能力。通过充实物业企业党员力量和发挥党员先锋模范作用,推动形成物业企业优胜劣汰机制、建立"区—街镇—居村"三级联动抢险机制、小区资金使用的监管机制、在有条件的街镇试点零散小区区域化管理模式等具体举措,提升社区治理的精细化水平和公共服务供给能力。

第三,全面提升居民群众的获得感和幸福感。"红色物业"的出发点和落脚点都是为了满足社区居民的安居乐业,满足他们对美好生活的追求,通过积极探索物业服务企业有效融入社会治理的机制措施,切实解决了小区停车难、治安防范差、消防隐患大等一批老百姓的急难愁盼问题。

二、关系统合视角下基层党组织的行动路径

城市基层社区"组织再造"的过程，意味着治理主体间联结关系的重构。西方的治理理念虽然倡导多中心和多主体的组织间关系和交互影响，但其出发点是认可授权和分权在治理中的必要性和重要性。而当前中国的社区治理和基层"组织再造"是适应国情和现实情境的新时代所独有的一种治理变革。M区的基层党组织在功能调适中以"关系统合"提供了一个重塑基层治理主体的联结关系和实现这种关系结构化过程的路径，各个主体不是简单地基于利益需要而"卷入"，也不是暂时为了稳定而"被强制"，更不是任务驱动型的职能延伸，而是在持续不断的功能调适与理顺关系中建立起富有弹性和活力的共生共强的多主体合作治理结构。在M区的"红色物业"建设实践中，基层党组织通过横向协同、纵向浸入和内外整合三大关系维度的行动路径实现了良性治理效能。

（一）关系维度一：横向协同

基层治理结构的复杂性和社区治理任务的多重性，意味着多主体合作共建是提升基层组织整体协同治理能力的关键。要达成多主体合作与诉求的平衡，首先要解决的问题是横向关系维度如何协同。这里的横向关系主要指涉社区治理结构中党政部门、经济组织、社会组织，以及其他基层组织等不同类型的参与治理主体之间的关系，理顺了横向关系，角色—功能错位、职能交叉推诿等治理障碍问题才能迎刃而解。"红色物业"建设的横向协同路径具体包括：

1.推进社区"大党委制"建设

根据《中共M区委关于以党建引领社会治理的工作意见》《M区关于党建引领业委会建设的工作方案》和《M区关于加强"党建领航 红色物业"建设的实施意见（试行）》等系列文件，推动居民区党组织、居委会、业委会、物业企业等双向交叉任职，已有488个业委会与居民区两委交叉任职，495名党员业委会成员到"两委"兼任职务，200个物业企业党员负责人到"两委"兼任职务，社区民警、房屋专管员、城管队员、驻

区单位党员负责人等到居民区"两委"兼任职务。以社区民警为例，为了从组织架构上打破行政隶属壁垒，M区委组织部专门出台了《关于加强和改进社区民警参与党建引领下社会治理的指导意见》，为社区民警兼任村（居）党组织副书记、委员，村（居）委会主任助理，协助村（居）"两委"加强基层治理提供了制度保障。

2.健全多层次多类别联动机制建设

一是居民区"四位一体"工作例会，亦即由居民区党组织牵头，居委会、业委会、物业企业共同参与的"四位一体"工作例会制度，议题由党组织把关、过程由党组织牵头、结果由党组织督办。这一工作例会经过几年的实践运行，还在各居民区拓展生发出了创新性的"高级版本"，如GM路街道的"城市家园党建模式"，ZQ镇街道的"1+3+N+X"社区协同治理机制（也称"田园模式"）。以"田园模式"为例，"1+3"还是原来的"四位一体"，即居民区党组织为领导核心、居委会、业委会和物业服务企业为职责主体参与社区治理；"N"指由"三长"（党小组组长、居民组长、楼组长）与志愿者组成的社区志愿服务者；"X"则是根据"大党委制"实施下沉的公安、拆违、房管、城管、市场监管等部门的支撑支持力量。

二是居民区协商自治联席会议机制。为了解决各基层组织和成员单位之间互不隶属的客观现实，平等协商的社会化模式是较为有效打破区隔、信息互通、形成合力的方法。在《关于建立健全居（村）协商自治联席会议制度的实施办法（试行）》的贯彻落实中，一方面，业委会、物业服务企业每季度向居民区党组织通报工作，建立重大事项及时报备汇报机制，健全自下而上的议题形成、协商、处置等流程，用好三会制度（听证会、评议会、协调会），引导居民有序有效地进行住宅小区物业治理。另一方面，区级层面建立"红色物业"联席会议机制，定期研究、评估"红色物业"推进情况，指导街镇推进"红色物业"。联席会议由区委组织部牵头，区委宣传部、总工会、团区委、妇联、公安分局、司法局、人社局、民政局、地区办、房管局、绿容局、城管执法局、网格化管理中心等相关部门单位为联席会议成员。如GM路街道以"四优"为目标，即空间优享、人员优秀、服务优质、功能优化，建立健全了"1+7+X"联席会议制度。联席会议由居民区党组织牵头，居委会、业委会、物业公司、社区民警、房管办、城管中队、律师7支力量，以及区域化党建共建单位、社区社会组织等参加，商讨解决小区重大事项，使得小区疑难杂症问题在联席会议层面得到快速有效解决。

三是区内各居民区党组织和业委会成员交流机制。由于社区规模、居民构成、房屋属性、地理位置等因素的差异，在具体工作中，各社区的探索与做法"因地制宜、各有千秋、各自为政"，而形成问题汇总、经验交流、制度比较和完善的有效机制有两大益处，既有利于打破分割状态从而形成互动效益，也能通过推广先进典型和优秀经验营造比学赶帮超的工作局面。以各街镇为单位的交流机制为例，或引入专业社会组织（如XZH镇的"莘业沙龙"，引入专业社会组织"屋里厢"），或直接由第三方搭建（如ML镇海派家园业主委员会指导服务中心下设的"业委会主任联谊工作室"），都是通过松散型的经验分享与指导机制为业委会主任之间的互助交流打造了平台。

（二）关系维度二：纵向浸入

通过纵向浸入来处理纵向关系维度的不同层级组织在社区治理中的功能发挥以及行动逻辑。这种纵向浸入借助文化浸染与资源进入这两种具体机制来实现社区治理中合理的权责分配。

1.文化浸染机制

社区治理是有具体的治理场域的，文化—认同要素无疑是这一治理场域最稳定、最有力的认知型要素。"红色物业"党建就是将"红色文化"通过"红色服务"弥散性地浸入社区治理中，从而引导、催生出社区认同和政治认同。基层党组织在文化浸染机制中发挥了外部赋能的作用，也在一定程度上为新时代城市社区党组织建设的价值理念预设了努力方向，即通过自身的组织体系和行动载体，增强政治领导、服务引领和关系统合功能，动员和激发社区各治理主体形成社区认同，构建广泛而坚实的社会基础，实现对社区的有效整合。

在硬件设施和条件上，"红色物业"积极推进"可视化"建设，要求建设物业服务企业和项目管理处的"红色阵地"，该阵地有规范的建设机制和识别要求，即要做到有场所、有设施、有标志、有党旗、有书报、有制度。以YDY小区为例，在旧小区综合改造和美丽家园建设的过程中，借助区域化党建平台，小区建成了"1村儿童小乐园""2村法治小花园""3村休闲小花园""7村蔷薇工作室"四大主题园，以及建成了1200米健身步道等40多项"惠民、利民"工程，让居民们在社区"旧貌换新颜"的社区人居环境的改善中感受到党组织的力量，增强居民获得感。

在柔性服务和机制上，细化制定《居民区党组织"红色物业"创建标准》，形成组织力、引领力、自治力、规范度和满意度五个指数，使居民区党组织创建"红色物业"有标准、有依据、有对标。全面落实支部主题党日、"三会一课"、民主评议党员等基本制度，做实物业行业党组织规范化建设。加强物业企业的文化建设，用党建引领的方式将区域化党建资源、行业工会资源、财政资金资源、部门专业指导力量全方位向物业企业倾斜，通过业务学习培训、竞赛评优等方式，促进服务技能和企业竞争力提升，推动物业公司经营目标和社会治理目标的统一。依托"双报告""双报到"，建立"红色账户"积分管理制，组织2.6万名在职党员到社区报到，参与"红色物业"创建。

2.资源进入机制

资源是治理结构的基本要素之一，治理主体的功能发挥离不开资源禀赋。"红色物业"建设正是通过党建全覆盖尤其是人力资源（党员）这一媒介实现了进入机制，而推动党的组织和党的工作全覆盖主要在业委会和物业行业两个层面做实。

在物业行业党的组织和工作覆盖方面，根据正式党员人数超过3人的必须单独组建党支部的原则，抓实物业项目管理处党支部的组织建设，同时确立了居民区党组织对其的领导权和指导权；综合考虑社区管理半径、物业服务企业党员数，联合组建党支部，实现组织覆盖，比如通过成立片区物业企业联合党支部或单独组建挂靠街镇"两新"组织、居民区党支部等形式推动物业领域党组织"应建尽建、能建尽建";在条件还未成熟的物业项目管理部,居民区党组织还通过交叉任职、派驻专职党建指导员和党建联络员等方式,实现党的工作全覆盖。①在业委会党的组织和工作覆盖方面,按照"因地制宜、分类指导、有序推进、应建尽建"的原则,加大业委会党支部或党的工作小组的组建力度,在符合条件的业委会中党支部或党的工作小组组建率达到100%,接受居民区党组织的领导和指导;大力推进居民区"两委"和业委会成员双向任职机制,加强党的工作覆盖;强化居民区党组织对业委会成员的"人选把关机制",把优秀党员、"三长"、符合条件的"两委"成员选入业委会。

　　这里特别要提及业委会问题,业委会是社区居民实现协商自治的重要组织,也是提升社区治理能力的关键所在。在调研中可以发现,M区几乎所有的街道都极为重视业委会成员特别是业委会主任的人选把关工作,形成了诸多业委会选举的"严进"和"严管"做法。比如人选提前介入机制,行使"结构建议权"和"人选建议权"②,建立党员进入业委会的保障制度。在业委会成立和改选过程中,由居民区党组织牵头组织,居委会具体操作筹备工作,对业委会参选人员进行前置把关,居民区党组织要尽可能推荐优秀党员业主人选,并与房管办、居委会、物业企业等协商后征求业主意见,作为业委会候选人,并尽量确保成功入选业委会。选举期间,还会对业委会成员的候选人进行全方位的考察,如通过向参选人员的单位、邻里之间了解其工作能力(组织能力、协调能力)、为人(责任感、公益心)等。而在监督和评估委员会的过程中,会加大对委员公益心方面的权重,由房管部门社区事务管理中心记录在案,作为之后再次参选的评

---

　　①《聚焦"痛点"、"难点",党建引领"物业服务"转型升级》,《解放日报》2018年6月28日。

　　②"结构建议权"具体指党组织在兼顾党员比例、交叉任职比例、性别、年龄、居住区域、房屋性质等基础上,提出业委会委员结构建议,提交筹备组(换届改选小组)讨论;"人选建议权"指居民区党组织在充分酝酿、集体讨论决定基础上,提出党组织建议人选,向业主宣传、推荐,供业主选择、表决。

估标准。再如双向任职机制，把握业委会换届选举的契机，在条件成熟的社区实行居委会成员与业委会成员交叉任职，居委会主任兼任业委会主任，确保党的主张通过合法途径得到贯彻落实。

（三）关系维度三：内外整合

基层党组织要达成多主体合作与诉求的平衡，从而有效实现多主体关系统合功能，还离不开基于横向协同和纵向浸入之上的内外整合，这种内外整合通过内生动力增能与外置驱动聚拢两大机制来达成。

1.内生动力增能机制

这里的向内整合其实主要是通过责任跟进来激发内生动力和建构协同关系。社区治理的各主体都有与权力相匹配的责任与义务，"红色物业"改革通过建立制度性的责任承担、追究机制来推动各主体履行职能，具体包括以下举措：一是加强各职能部门的监管，在区级层面推行监管系统、诚信系统和维修资金手机应用程序三大系统工程，如"M区物业服务直通车"，围绕停车管理、环境绿化、维修养护等合同约定事项，以业主物业无缝交流、事项处置真实可见、事后评价满意排名的便捷运作模式，让居民诉求即时回应、结果反馈精准到位，也实现了居民满意度直接与物业企业拓展市场能力相挂钩这一目的。再如"M区物业行政监管评价系统"，通过居民、业委会、居委会、街镇以及区职能部门"五维体系"，分别对物业综合服务进行评价，实现全区评价标准、评价主体、评价排名"三统一"，推出具有说服力的物业企业"红黑榜"，并以此作为招投标和项目评选等重要参考依据。二是提升物业行业服务水平和专业能力，如试点零散小区区域化管理模式、落实物业企业"四公开一监督"制度等，值得一提的是M区在专业能力上建立了"区—街镇—居村"的三级联动抢险机制，整合专业企业资源来完善区级物业呼叫平台和房屋应急维修中心，还在区级层面上建成了"大屏可视"指挥中心，在街镇层面上建立房屋应急维修服务站，具体到各社区则组建了以党员骨干为主要力量的应急抢修突击员队伍，最终形成"1+14"上下联动的系统化、专业化房屋应急抢修体系，实现"全天候"快速响应。三是强化共有资金管理，通过出台《M区维修资金（公共收益）管理制度（试行）》等制度，把控归集划转、信息公开、档案管理、"三审"制度、检查监督等流程，严格规范维修资金和公共收益收支。比如全面推开实行第三方代理记账，目前小区比例已接近半数，而全区公共收益纳入维修资金的账户金额也已接近1.5亿，入账率接近90%，入账金额和小区数量远远高于全市其他区。

2.外置驱动聚拢机制

社区治理中存在多元治理主体，主体间关系是"各自为政"还是"聚力共融"，这是决定治理效能的关键所在。如若社区治理的合作结构只是松散随意的关系网络样态，只是基于其中各主体自我利益之上的边界划分，必然带来社区治理的无组织化和无效率化倾向。因而，M区通过强化基层党组织的领导核心地位所形成的外置驱动聚拢机制就十分必要，"红色物业"的全称为"党建领航 红色物业"，正是"党建领航"这条贯穿于"红色物业"始终的主线，使得"红色物业"不偏离正确轨道、实现了党在基层社区的全面领导。如ML镇的微信"YI"平台，力图通过现代化信息平台把各职能部门、居委会、物业服务企业的核心需求和业务流程整合在一起，健全了党群联系制度，完善了服务人民群众机制。其具体工作机制包括：一是制度保障党建引领工作机制，平台负责人由居委会党组织书记担任，居委会专职副书记担任业委会的辅导员，具体管理平台操作，帮助确立业委会参与社区治理的权力主体地位；二是构建议事协商机制，作为平台的核心功能，业主大会电子表决系统着力解决了业主大会组织、参与、程序、统计、归档等问题；三是建立信息公开机制，社区重大事项征询和民生政策发布均可在线上完成，社区中心、房管办、综治办、司法所、文体中心和卫生服务中心等相关职能部门也可以通过"YI"平台指导监督居委会工作并实现一键式的速递服务。

三、结论与讨论

M区"红色物业"改革缘何能够取得良好的社会效益和政治效益，甚至言其能够代表基层组织治理的未来发展趋向都不为过，究其根本，在于其把握住了城市基层社区"组织再造"的核心要义，即在承认各类主体功能地位的基础上展开对于主体间关系的再造过程，它将多主体纳入治理过程，并承担各自相应的角色—功能，而不是建立在"卷入"、强制、职能延伸等关系基础上。

可以这么说，"红色物业"改革的努力和正在达成这样一种基层组织主体间关系的理想类型，即认同—共益型，它描述的主体关系包含以下若干构成要素：第一，认同构成不同组织主体的合作基础。现代政治的合法性基础从原有的赋权逻辑逐渐发展为多主体的合作逻辑，这要求在政治体系中确立不同主体间的重叠共识，这一共识即多主体的共识，它在中国的政治话语中表现为协商民主的理念。第二，在认同和共识的基础上，通过一系列的制度设计，完成上下级之间的职责划分。一方面，上一层级需要与基层主体确立权属关系；另一方面，基层主体的治理过程需要有效回应社会需求，即基层地域范围内的特殊性和公共产品需求。这两方面的内容并不冲突，共同统一于制度体系中。第三，独立空间与自主能力的生成。基于多主体在制度层面的职责划分，使得基层治理主体越来越趋向于独立性和自主性，这种独立空间和自主能力并不依赖于上一层级的支配、调动，而是来源于社会需求的有效激励。第四，基于多主体合作治理基础上的共同利益实现。一方面，公共利益统领纵向不同层级与横向多主体的利益诉求，凝练出普遍的公共意志；另一方面，通过纵向权属划分与横向多主体合作关系，实现共同利益，这种共同利益既指向特定公共空间，也指向一般的公共空间。

在认同—共益型的主体间关系中，基层治理主体不再从属于上一层级的目标设定，也不再依附于上一层级的竞争性"调动"，而是将自身空间与一般意义上的公共空间有机结合起来，表现出强烈的地域特色和独立属性。需要作出约束的是，认同—共益型主体关系虽然形式上强调对于地方的回应性，但这种回应性是包含于整体的共同利益之中，二者不可切割，并不是基于"放任自流"的无序扩张。通过制度规范的形式划分权属关系，可以充分调动不同主体的参与积极性，继而培育合作基础，扩展共同利益。因此，认同—共益型主体间关系是为了解决再组织化过程中基于要素分配的竞争关系所带来的支配性，真正实现基于共同利益的多主体合作治理。

所以说，这种认同—共益型的多元主体间关系是结构功能视角下善治的社区治理结构，每个要素的协调、整合使最大限度的价值功能与制度功效得以发挥。而这种有机整合模式，主要得益于党委这一主体的功能调试，即通过关系统合以服务引领等方式而构筑的政治领导与社会整合模式。虽然每个主体更多地考虑的是自身的成本—收益，但基于权力、资源、能量等多因素的综合考量，党委在中国现行的社会结构下，一定处于更加能动与强势的主体地位，这也是其能够通过制度补给或隐形控制等方式实现关系统合的原因。党委领导不是万能法宝，但它是最可以依托的制度力量和资源禀赋，至少在阶段性的时空中有着不可或缺的社会结构功能意义。对于基层组织再造而言，党委的领导地位也正是体现在领导和执政两个层面。再组织化是相对于去/弱组织化而言的，而去/弱组织化又是市场化改革对于原有计划体制的冲击所造成的不可避免的结果。因此，"组织再造"需要明晰再组织化的生成背景，特别是与市场化改革的内在关联。科学合理的"组织再造"，绝不是单纯依赖市场重塑基层治理，而是在市场塑造基层治理的背景下，重新回归基层社会的公共性，使得市场服从基层的公共治理。

不能忘记的是，所有实践样态的治理结构和建设取向，都离不开特定的社会与时空环境。"红色物业"在取得治理效能的同时，也存在居民自治权的让渡与公共性空间被挤压的问题，社区日常事务管理繁杂琐碎，非正式制度设计（道德情感手段）与正式制度设计（法律规则手段）的平衡需要极高的治理智慧，多主体共同构建的整体性治理关系也存在动态性与脆弱性，社区认同—共益型的主体间关系稍有不慎，也有演变为替代—支配型或资源—依赖型关系模式的风险，关系维度一旦演变为单向度而非多向动态平衡，治理失败便不可避免。总而言之，党委这一主体在社区治理结构中需要着眼于民族国家目标以及相应的有关基层社会发展的基本原则问题，它并不需要直接介入具体的基层治理事务。但是，这种"退出"并不是即时完成的，它需要与再组织化相衔接，也就是存在重新"介入"的机制，以确保社会秩序的基础保证。那么，党委驱动下的关系统合就是基层组织治理的主要角色—功能。

第四章　M区社区"组织再造"中的政府及其功能调适

西方新公共管理理论和"治理"理论都假定存在一个公民积极参与的社会，而在这种社会中，由于第三部门的出现不仅可以"填补"政府权力真空，甚至可以代行许多以往由政府履行的职能。因此，在这样的背景下政府将要扮演的角色仅仅是调停者、中介人或裁判员。①然而，现实之中这种乐观的多元主义是不存在的。有西方学者指出，即便是在西方的"民主政府模式"中，治理国家和社会"依然是一个高度政治意味的过程"，例如在资源分配中，市场"永远无法像政治行为体或政治舞台那样发挥作用"。简言之，在治理过程中国家起着主导作用，"有权决定优先顺序与设定目标"。②

回到中国，"国家"（state）是由党政体制所定义的，两者在中国的宪制下也带有一种"一元两面"或"一元二体"的关系。基层治理是国家治理的重要方面，其中基层党组织与基层政府③无疑是两大责任主体，党组织的领导与政府负责对基层社会治理的效果具有决定性意义。一方面，政府责任需要在党组织领导下得到界定，另一方面，党组织领导的效能与发挥也有赖于政府责任的履行。在基层党组织完善其政治领导、服务引领和关系统合功能之后，如何厘清或重建基层政府机构的责任及其相应的保障

---

① ［美］珍妮特·V.登哈特，罗伯特·B.登哈特：《新公共服务：服务，而不是掌舵》，丁煌译，中国人民大学出版社，2016年，第5页。

② ［瑞典］乔恩·皮埃尔、［美］盖伊·彼得斯：《治理、政治与国家》，唐贤兴等译，上海人民出版社，2019年，第1—2页。

③ 在本章中基层政府指包括街道、居委会组织在内实际承担行政事务的各类组织。

体制就成了构建基层党委—基层政府/街居组织—社区公众良性互动关系、再造基层组织，以及促进基层治理效能的重中之重。

当然，新时代的基层社会治理绝非单一"纵向"的过程，因此政府也不可能仍然保持传统科层制结构不变。有学者指出："与多元主体参与相适应的组织结构必然是网络型的"，这样"可以满足治理的以下一系列要求：决策主体多元、去中心，信息网络四通八达，动态的自组织、自适应、自协调"。①在这个前提下，政府功能的内容及其履行方式也需得到调适，进而方能更好地担负其在基层社会治理中的"负责"角色。在对M区XH街道城运中心"一网统管"的网格化管理机制这一案例分析的基础上，本章将详细阐述政府发挥行政指导、秩序渗透与需求回应三大具体功能的调适。

第一节　社区"组织再造"中政府面临的现实挑战

新中国成立以来，随着政府结构的转变，政府在基层治理中的角色经历了从领导者到控制者，再到逐步放开控制，并向与社会力量合作的责任者转变，但正如上文所言，这种合作的责任者角色与西方新公共管理理论中的那种企业化了的或是社会化了的政府角色还是存在着张力。对此，我们应当从以下三个方面来理解：

第一个方面，在中国的语境下，政府责任应当与党的领导作用相联系。第二个方面，也是更为重要的是，若要把政府责任放入基层"组织再造"的背景中来理解的话，其相对于社会或社会组织的关系就不是简单的"合作"。因为"组织再造"是一种因社会分化及其所带来的"去组织化"因而对基层社会进行再组织化的过程，②因此在这个过程中政府相对于社

①童星：《从科层制管理走向网络型治理——社会治理创新的关键路径》，《学术月刊》2015年第10期。

②周敏晖、郝宇青：《基层社会治理中的"组织再造"：问题与对策》，《社会科学》2019年第11期。

会仍保留着一定的优势地位，当然其所担负的责任也不仅仅是纯粹且被动的"中介"。第三个方面，在党委领导的前提下，政府将进行责任"再分配"。简而言之，就是以街居体制为轴心的基层政府组织尊重党委的政治责任，承接上级政府下放的行政责任，同时向社会转移应由社会组织承担的责任，并对其实施引领与监管，推动社会实现"自我管理，自我服务，自我组织，自我监督"①。然而在现实中，特别是在基层，政府组织所面临的挑战阻碍了上述责任的落实与履行，甚至还影响到了社会治理效能。

一、以执行代替服务：基层政府组织功能转换失灵

在改革前的"单位制"体制中，国家可以通过单位的形式管理正式职工，但并不能有效组织社会中不可避免的闲散人员。因此当时同时存在一个管理社会闲杂人员并处理行政事务的体系——"街居制"，即作为政府派出机构的街道办事处与居民委员会的一种联合体，并以此为基础在城市中形成了一个管理网络。在"街居制"中，街道办事处是政府行政机构的末端组织，而居委会则是具有自治属性的治理组织，但却在事实上也承担着一定的行政管理职能。事实上，在改革前城市基层政府职能的履行是由"单位"和"街居"平行完成的。

（一）科层制"末端"与纯粹执行角色的形成

改革开放以后，随着"单位制"的解体，城市基层公共事务的处理悉数转移至街道办事处，而街道办事处再通过"指导"，将诸多行政事务交由居委会来完成。在这个背景之下，法律文本上的"基层群众性自治组织"就被行政化了。据调查统计，社区居委会的日常工作中有80%以上是街道分配的行政任务。②另一份对上海居委会干部的抽样调查也显示，有93.3%的居委会干部认为居委会的各项事务主要来自街道办事处，相比之下只有6.7%的人

---

① 李慧凤、郁建兴：《基层政府治理改革与发展逻辑》，《马克思主义与现实》2014年第1期。

② 刘冀瑗：《对社区居委会与街道办事处关系的思考》，《中共石家庄市委党校学报》2010年第7期。

认为来自社区居民。①我们在M区实地调研中看到的情况也的确如此，比如ZHQ街道YDY居委会2019年各条线安排的工作台账共计226项。

针对此种情况，有学者从国家自主性的角度，指出当前"国家权力在社区自治中高于社会权力"这一事实，其突出表现就是"基层政府，即街道办事处对社区居委会进行行政干预"，居委会不过是一个"准行政组织"。②而若从财政资源依赖的角度来看，街居之间的"上下级"关系就更加凸显。在实践中，街道办事处按年度统一拨付社区居委会的固定办公经费，但在使用上一般是"街管居用"，社区居委会使用任何一笔经费都必须向街道办事处申报。③在这样的组织与资源依赖的背景下，向强调"回应性"的服务型政府组织转型是极为困难的。

（二）以执行替代服务

在M区我们同样发现，社区居委会的主要职能就是"执行"与完成上级的各类任务。具体而言，这些任务分别来自上级政府不同职能部门的"布置"，而这些任务"执行"的直接动力则来自上级部门的各种考评与检查，其背后则是居委会对街道办事处以及街道办事处对区政府的组织与资源依附。因此在这种体制之下，街居制层面的服务型政府构建与基层自治确实不具备优先性。

此外，上海市全市各街道于2015年彻底剥离了招商引资职能，实现了街道经费支出由区政府全额保障。从制度逻辑上来说，这一剥离行为是必要的，避免了政府组织过度介入经济事务所产生的负面效应。然而在这之后，街道办事处就更加明确了其对于区政府的依附色彩，并专注于其末端"执行"的角色，结果也没有像剥离初期政策设计者所想的那样让街道和居委会的工作重心转移到服务上。即便有那些冠以"服务"之名的项

---

① 桂勇、崔之余：《行政化进程中的城市居委会体制变迁——对上海市的个案研究》，《华中理工大学学报（社会科学版）》2000年第3期。

② 卢学晖：《中国城市社区自治：政府主导的基层社会整合模式——基于国家自主性理论的视角》，《社会主义研究》2015年第3期。

③ 刘冀瑗：《对社区居委会与街道办事处关系的思考》，《中共石家庄市委党校学报》2010年第7期。

目，其本质上仍旧是上级任务的分解。这样看来，招商任务的全面剥离确实得以让街道任务"聚焦"并使其力量进一步"下沉"社区，但这种"下沉"在现在看来并非主要是为了服务，而是进一步强化其执行功能并增加了对居委会的干预，进而提升了后者行政化的程度。

二、基层政府组织的"超载"问题

（一）"单位制"解体与基层政府"超载"

由于"单位制"解体、市场化发展和自身能力的不足，随着基层政府职能不断聚焦于行政化与"执行"职能，其"超载"的问题也愈发突出。具体而言，单位制的衰落将基层治理压力全盘转移到了街居制中，原本由单位承接的行政职能、社会职能都转移给政府与社会。[①]一个外在的表现就是，在一些地方的基层社区之中可能同时存在公务员、事业编制人员和聘用制人员三类人员。与此同时，伴随着经济体制与社会体制的快速发展，基层治理中诞生了许多新兴领域，其中不少就是上级政府"制造"或"转移"的职能负荷。但由于我国社会力量参与基层治理尚显不足，街道与居委会便几乎成了这些负荷唯一的接受主体。从现状来看，基层政府所处理的事务既多而杂、千头万绪，但其能够用于处理这些事务的人力、物力与制度资源并不充足。特别是社区居委会在街道执法权未下放或授权的前提下，对于一些诸如群租、违建、噪声等轻微违法行为只能通过反复劝阻的方式来进行，极大耗费了社区工作者的时间与精力。

（二）压力型体制与基层政府"超载"

除了"单位制"解体之外，基层政府"超载"的另一个源头无疑是"压力型体制"。中国纵向政府间关系的最大特色在于将各级政府将各类任务层层分解，事权层层向下转移。[②]正如周黎安所言："中国的绝大多数公

---

① 何海兵：《我国城市基层社会管理体制的变迁：从单位制、街居制到社区制》，《管理世界》2003年第6期。

② 周雪光、练宏：《中国政府的治理模式：一个"控制权"理论》，《社会学研究》2012年第5期。

共服务，包括一些属于溢出效应比较广泛的公共服务，如医疗和社会保障、教育、环境治理等，都发包给了地方政府"[1]，并在最后由街道办事处与居委会"接手"。这种"压力型体制"的关键在于目标责任制考核，即向下级政府明确各种任务和指标包括硬性的考核指标。[2]一方面强调各类任务的"压实"极大增加了基层应付上级的压力，这使得基层政府组织有时也只能像上一章所谈到的基层党组织那样通过"留痕留迹"，填表开会以及手机应用程序"打卡"等形式主义方法来完成上级交办的任务，形成"指尖上的形式主义"，不仅无法提升基层治理的效率，而且还会变相占用基层工作人员的时间，增加额外却毫无意义的工作任务。[3]另一方面基层政府组织"超载"也会将压力转嫁给社会，有时会使得群众办事难度有所增加。

三、党建引领下基层党政关系模糊化问题

（一）模糊的基层党政关系

基层政府组织所面临最为棘手的挑战莫过于基层党政关系的模糊化。尽管党组织的领导责任十分明确，中央也越来越强调党组织在基层社会治理中的战斗堡垒作用。但是，政府与党组织之间如何协调分工的问题在实践中仍旧难以回答，特别是在基层这两个主体之间如何实现组织、功能与人员上的重叠与融合议题上更为明显。理论上说，党组织应履行领导职能，即重大事项必须由党的正式会议讨论、表决通过；政府则在同级党组织的领导下自主地处理各项行政事务，并定期向党委汇报工作。不过在基层治理的语境下，党务与政务之间的清晰划分往往较为困难，而这种困难又由于领导班子的部分重叠（街道党工委书记与兼任办事处主任的党工委副书记）或完全重叠（社区党组织书记与居委会主任）而进一步模糊。在

---

① 周黎安：《行政发包制》，《社会》2014年第6期。

② 荣敬本：《"压力型体制"研究的回顾》，《经济社会体制比较》2013年第6期。

③ 赵玉林、任莹、周悦：《指尖上的形式主义：压力型体制下的基层数字治理——基于30个案例的经验分析》，《电子政务》2020年第3期。

这种模糊的党政关系之下，有时难以分清党组织与政府组织之间的具体职能分工。比如在 M 区一些工作方案中，我们不难发现要求各级党委、政府同时"加强对×工作统一领导"这样的字眼。

（二）党组织难以实现的超脱角色

党的十八大以来，党中央愈发重视基层党建在社会治理中的作用。习近平曾提出，要"使党组织真正成为社区的领头人，把各方面工作带动起来"。这意味着基层党组织应当成为促进政府行政、社会组织服务与公众参与的基础性动力。结合党的十八大尤其是十九大以来中央对于基层党建的各项要求来看，一个理想的基层党组织应当处于一个能够协调政府与社会的较为超脱的角色。有学者指出："为了化解社区中不同利益主体之间的矛盾，也为了能够切实保障居委会的自治权，急需一股中间力量来协调两者之间的关系；而在当前社区治理实践中，此种力量非基层党组织莫属，只有基层党组织能够把社区内的各方利益主体协调组织在一起。"[1]

然而从 M 区的基层治理实践来看，我们发现，"内生性地嵌入"城市社会运行的治理型党组织和同级的政府组织同样需要面对且回应基层社会的需求，有时也必须走在第一线。因此，在基层治理过程中党组织很大程度上很难保持超脱的地位，有时甚至不得不替代、架空甚至僭越街道与居委会而深度介入社区事务。特别是在各类"专项治理"启动的特殊时刻，基层的党政机关会迅速在"领导小组"之下得以融合，一致指向统一的任务目标，理想化、理论化的党政分工也就不复存在。

四、重新思考基层政府组织功能：三对辩证关系

正如上文所言，若要从"组织再造"背景下考察政府的功能与责任就不能仅仅从"撤出"或者是"放权"等方面来理解，而是要将基层政府组织置于其与党组织、社会组织与公众之间的互动关系之中来进行厘清与重

---

[1] 方军：《公众参与、社区治理与基层党政关系——以"铜陵模式"为例》，《学术论坛》2012 年第 6 期。

新界定。总体而言，在基层治理中政府组织仍旧是"有为"的，但是我们应当如何理解"有为"？基层政府组织超负荷运转是不是"有为"的表现？基层党建强化、居民自治需求高涨以及大数据技术时代来临的背景下，街道与居委会应当如何调适？在回答这些问题之前，有三对关于基层政府功能的辩证关系需要把握。

一是执行实施与规则制定的辩证。在中国的"党政体制"下，政府与社会寻求合作只是一个侧面，更为重要的是其如何确保党的领导在基层"组织再造"过程中的实现。当然，尽管基层政府组织更多担负的是执行党的政策与国家法律法规的责任，但在具体地理行政区域范围内街居组织仍旧有一定的自主性，尤其是对于处理生活类公共事务，"因地制宜"在基层也是一个必须遵循的原则。因此，政府就相应地担负着规划与规则制定的责任，而这也是执行实施同级党组织和上级党政机关决策的必经一步。

二是服务协调与管制的辩证。服务型政府的改革方向的确无法逆转，但正如前文所言，这并不意味着政府改革与转型要完全套用西方"新公共管理"理论将中国政府组织的传统职能完全消解。在中国当代国家治理体系之中，政府一方面要提升服务与协调能力，另一方面仍旧需要承担传统管制的任务——尤其在社会分化、人口流动以及所谓"管理下沉"的背景下，基层政府维护社会公共安全的责任是更大而非更小。

三是吸纳培育与监管的辩证。在西方政治学思维的影响下，不少人认为国家—社会关系是一种零和的关系，当国家放权给社会的同时也会削弱自身。因此，社会组织的发展是和政府的"退场"相辅相成的。然而，事实上哪怕是在西方国家的经验中，政府与社会组织之间也不是非此即彼的。而且在中国的情境之下，社会组织的发展本身可能就是政府培育的结果。在这种不成熟的制度环境中，政府监管的缺位当然会产生"社会失灵"的问题。

第二节　社区"组织再造"中政府的功能调适

一、制度创新、技术赋能与责任型基层政府的提出

在基层社区"组织再造"背景下，前文所述三对辩证关系意味着政府并不像西方治理理论所预示的那样要一味地放权、让权，相反政府必须明确其在基层治理中的责任。上文已经梳理了基层政府所面临的现实挑战，用一句话来总结它们就是，当前我国基层政府组织正在遭遇合法性困境。

和一般的政府组织相似，基层政府首先需要通过其基层治理的实践和功能的履行来获得民众的信任，进而获得合法性，实现责任政府。从本质上来说，信任与合法性在很大程度上依赖于政府政策的有效性以及回应性程度。结合上文对现实挑战的讨论，我们发现，政府有效性与回应性的获得又受到四个方面的约束：一是党组织功能变化的约束。在党建引领的背景下，党组织提前、主动与深入地介入基层治理，如何在这种党政关系前提下确定政府的责任与功能是首要考量。二是"去行政化"要求的约束。尤其是在对居委会提出"减负增能"的背景下，如何防止居委会本身的弱化和主导地位的丧失也十分重要。三是协同治理需求的约束。随着社会愈发多元化与各类基层社会组织的兴起，基层政府必须学会与它们打交道甚至要以它们为抓手实施治理，传统的强制执行手段既不可取也不可行。四是自身能力的约束。当前基层政府组织面临的最大问题无疑是资源的短缺，以及因此造成的任务与能力之间的错配。

不过，技术尤其是信息技术的发展对受到上述约束的基层政府在现实挑战的压力下提供了功能调适的契机。在M区的案例中，我们发现，一方面城市尤其是特大城市治理对技术的需求急迫；另一方面在既有制度不发生根本性变动的前提下，将技术嵌入能够有效帮助基层政府应对现实挑战，实现功能调适进而促进治理效能的提升。

通过技术实现赋能的核心在于对基层能力的弥补。一方面，在新的社

会条件下传统的群众动员式与人力密集型的基层治理模式已经难以为继；另一方面，一些常规化、重复性高的任务与工作又耗费了基层政府工作人员过多的精力与时间，让原本不足的人力配置变得困难，降低了治理的效能。而技术则可对人力实行替代，甚至能够发挥更好效用，让有限的人力配置到技术无法发挥功效的领域。比如M区推动的"智慧公安"建设项目，以警用地理信息系统为基础，构建了M区唯一三维标准地图，并以此加强智能安防建设，安装街面智能监控系统，其中包括了安装1.15万个带人像识别系统的街面高清探头和569个小区"微卡口"建设。这大大降低了基层政府相关治安力量的建设成本，而且反而还提升了社会公共安全治理的效率与精准度，并且能够通过所收集到的数据信息实现超前、有效决策及时回应民众的需求与关切。

当然需要明确的是，技术赋能需要与制度创新与改进相互作用才能发挥其最大潜力。一方面，技术能够放大制度创新的效用。比如网格化管理的引入重构了基层政府的治理空间，提升了基层政府的回应能力①；而若对这样的制度创新进行信息化改造则有助于基层政府的资源统合，对网格中产生的事件与需求进行精准识别并实现精准响应，还能同时降低基层政府日常运转与决策的成本。比如M区在开通网格化综合业务三级管理平台之后，基本上实现了区镇联动无纸化操作办理。另一方面，技术的引入还可以促成制度改善，比如可以理顺政府内部的组织间关系。前文提到，一些试图用专业机构或社会组织来代替居委会原有职能的做法短期内仍难以为继，居委会在基层治理的主导地位无法轻易改变，一定的"行政化"仍旧难以避免；②而不论是从制度设计还是民众认可度来看，居委会与街道办事处之间的准上下级关系也无法触动。③不过，技术的引入可以帮助厘

---

① 周望：《理解中国治理》，天津人民出版社，2019年，第287—292页。

② 刘春荣、汤艳文：《告别科层？基层群众自治的组织变迁及其困境》，《当代中国政治研究报告》2013年第0期。

③ 吴永红、梁波：《制度结构、非均衡依赖与基层治理困境的再生产——以居委会减负悖论为例》，《甘肃行政学院学报》2017年第4期。

清街居之间的关系:一是技术通过赋能街道提升其执行能力从而降低其将大部分事务转移到社区的动机;二是技术在相对整合的前提下可以为居委会减负,淡化行政执行色彩,同时强化主动报告、协管与监督等角色。

二、"组织再造"背景下政府功能的调适

总而言之,技术的引入与嵌入有利于基层政府进一步明晰自身在基层治理中相对于党组织、社会组织与公众的责任,并在此基础上完成其功能的调适,而这无疑也是社区"组织再造"的重要一环。具体到 M 区的实践中,我们发现在"组织再造"的过程中,基于建设责任型基层政府治理的目标,该区构建了一种集行政指导、需求回应和秩序渗透三大功能为一体的架构。

(一)行政指导功能

基层政府的行政指导不同于基层党组织的政治领导功能。结合 M 区的案例可以得出,基层政府的行政指导功能在本质上具有四层含义:一是行政指导是技术性的指导。正如上一章所言,党组织的政治领导功能的首要特点是政治性,外在表现是引领与协调过程,其目的在于夯实党在基层的执政根基。而基层政府的行政指导功能的根基则在于技术性,外在表现是法定、正式的行政过程,其目的在于完成特定的基层治理目标。

二是行政指导是基于分工的指导。中国的城市基层社会存在着街居两种治理主体,尽管两者在事实上具有一定的依附以及组织延伸关系,但在法定职权及所面临的治理对象和事务方面具有一定的差异性。行政指导作为一种正式权力只能由区级政府以及下辖的街道办事处来具体实施,居委会至多只能协助实施,更多的还是和其他社会组织那样接受指导。

三是行政指导是精准的指导。指导权的基础在于信息对称,指导者必须了解被指导者本身以及其所处理的事务,否则容易沦为"瞎指挥"。就 M 区的情况而言,对于域内基层事务,居委会和其他社会组织必定更为熟悉相关情况和个性化需求,街道与区级政府就不应当过度干预,行政指导应当着眼于"底线设置"与保障;而对于域间或跨区域公共事务,街道与

区级政府则比居委会所获取的信息更多，因此可以提供更为具体的指导。

四是行政指导是非强制的指导。尽管作为一级政府组织及其派出机构，基层政府拥有一定的正式权力，但是基层尤其是社区事务很少有明确的"对错"分别，因此大多数无法通过"讲理"和"讲法"而是要通过"讲情"这样的调解性方式来解决。①在此语境下，行政指导的基础虽然是行政权力，但也不能完全依附于行政权力之上。相反，区级政府与街道要改变管理社区的方法，规范其参与社区自治的事务，并且明确它们与居委会，以及相应社区之间的指导—协作关系和委托—代理的关系。②

（二）需求回应功能

回应性是现代政府的存在基础，基层政府作为最接近民众的一级政府，对后者的需求具有天然的敏感性和回应能力。"需求回应"一词尽管在字面上具有被动性色彩，但事实上它具有十分丰富的内涵：第一，需求回应的基础是基本公共服务的提供。比如各街道设立的社区事务受理服务中心就是基层政府基本公共服务提供的载体。第二，需求回应的核心是对民众特定诉求的回应。相对而言，回应民众诉求比提供基本公共服务更具个性化，它有赖于特定民众的表达，基层政府所做的是被动接受、处理并作出回应。第三，需求回应还包括一些基层政府主动发现一些可能影响（不论正面与负面）民众利益的问题，并在民众提出诉求之前加以解决。这种相对主动和具有预见性的需求回应对于基层政府来说要比其他层级政府更有优势，这种主动性也可以推动上级政府在治理、管理和服务提供等方面做出改进。总而言之，需求回应功能的实现就是要构建基层政府与社会组织、公众之间的多维多向的互动关系。

当然，需求回应也需要基层政府加强自身的建设。这里，最基本的要求就是基层政府要避免在提供基本公共服务时出现"门难进、脸难看、事难办"的不良作风，更要避免忽略甚至压制民众的正当诉求表达。在转

---

① 刘建军：《居民自治指导手册》，上海人民出版社，2016年，第232页。

② 江正平、赵莹莹、曲春生：《基层政府在城市社区自治中的角色重塑》，《中州学刊》2008年第6期。

变作风的基础上,基层政府要实现内部组织和流程优化,主动发现并解决
问题,以及主动化解矛盾。

(三)秩序渗透功能

秩序渗透是基层"组织再造"的题中之义。"组织再造"意在通过重
构某种秩序化解基层去组织化所产生的风险,而基层政府作为法定国家权
力的代表且拥有人民在法律上的授权,理应主导为基层社会建构一定的秩
序。这种秩序既是党组织路线、方针和政策实现的必需,也是社会组织活
动与民众参与的保障。简言之,秩序渗透主要包含三个要点:

首先,相比于行政指导,秩序渗透带有一定的强制性,也具有上文所
提及的监管与规制特征。因为从政治学的角度来看,秩序渗透属于国家构
建过程的一环,而基层政府组织作为国家权力机器的末端无疑是秩序渗透
的"首要责任者",它必须负责将国家权力触角"无死角"延伸到社会各
个角落。因此从这个意义上说,基层政府对基层社会进行秩序渗透主要是
一个自上而下的过程。

其次,基层政府的秩序渗透也具有"自下而上"的一面。与行政指导
类似,秩序渗透功能的履行也有赖于对基层社会各类信息与知识的占有与
处理。因此,基层政府不仅需要通过自身的"下沉"来获取信息与知识,
而且也需要基层社会主动输送相关的知识与信息。这里,一个基层政府与
基层社会的双向互动模式是不可或缺的。

最后,秩序渗透的实现有赖于对基层社会出现的越轨或违法行为及时
纠偏。纠偏有赖于基层政府的执法能力。在中国当前的语境下,这一能力
既包括对即时越轨或违法行为的识别与纠正,还包括了对以往"违法存
量"的清理能力。

应当说,正在全国各大城市铺开的网格化管理建设能够有效帮助基层
政府组织实现秩序渗透。在下文即将谈到的 M 区 XH 街道网格中心的案例
中,我们发现网格化管理模式可以有效地将国家权力渗透至最基层,提升
基层政府的"存在感",并且还能有助于改善政府实现行政指导与需求回
应功能。

第三节 个案分析：M区XH街道网格中心

一、XH街道网格中心的缘起与实践

网格化管理是地方实践上升为国家实践的典型治理模式，2004年北京市东城区率先采用这种治理模式，之后该模式迅速在全国各大城市铺开。2013年，党的十八届三中全会通过的《中共中央关于全面深化改革若干重大问题的决定》在论及创新社会治理体制时明确提出"以网格化管理、社会化服务为方向，健全基层综合服务管理平台"；[①]2015年，中办与国办印发的《关于加强社会治安防控体系建设的意见》中提出了2020年"实现全国各县（市、区、旗）的中心城区网格化管理全覆盖"的目标。应当说，从最初的制度设计来看，网格化管理所针对的是社会治安与执法问题。但随着各地实践不断扩大，网格化管理已经应用到基层社会治理的方方面面，有的地区已经建立起了多张"网"，而有些地方近年来也开始探索"多网合一"，以实现"城市运行一网统管"的要求。

在上海市委、市政府《关于进一步创新社会治理 加强基层建设的意见》中，提出了"将治安巡逻防控网、武装应急处置网、群防群治守护网与城市综合管理网格充分结合确保城市管理、社会治安等各类网格可相互叠加、减少交叉"的总要求。而在M区的实践中，976个网格块中每一个都整合了基层政府的城市管理、房屋管理、公安民警、市场监管、综合巡管等多个功能，意在实现该区官方所称的基层"全科式治理"，并实现与居村党建网格与自治共治网格之间的对接。

与此同时，上海市委还提出了"做实街镇网格化中心，实现全市214个街镇全覆盖"的要求，而XH街道的网格中心便是这一要求落地的成果。XH街道行政区域面积19.26平方公里，实有人口7.6万人，区域内有

---

① 《中共中央关于全面深化改革若干重大问题的决定》，《人民日报》2013年11月16日。

全球最大的综合交通枢纽网，还拥有一个重要的总部经济商务区，城市治理的复杂性和压力可想而知。为此，XH街道对网格中心工作的改进做了有益的尝试。

一是以网格中心为基础"在上"整合各类网格信息，成立更大规模的城市运行综合管理中心（以下简称城运中心）。根据相关媒体报道的总结，这个2019年末成立的城运中心是M区首家街镇级城运中心，由街道分管政法工作的党工委副书记任主任，街道办事处副主任任常务副主任，网格中心副主任担任专职副主任。XH城运中心以街面、居委会、村委会、楼宇四类网格为基础，依托公安M区分局、区城市网格化综合管理中心等平台，按照"一网统管"的总目标，探索网格、综治、应急、城管"三中心一中队"融合建设。此外，中心还在街道内三个大型居住区设立了城市运行综合管理分中心。

基于城运中心的建设方案和组织架构，我们发现该中心治理有效性的实现在于整合了基层公安与城管两大关键性执法资源，并赋予两者网格内的调度权和综合考核评价权，也就是说两者不仅可以考核街面的管理养护公司，还可以考核小区、楼宇内的物业服务企业，更能够考评居委会、村委会、楼宇工作站的网格化工作。除此之外，中心还纳入了社区平安办、社区管理办、安监所、房管办和水务站等的治理资源，并由这些部门的负责人兼任中心副主任。

二是以既有大网格为基础，以20分钟步行范围为标准进一步细分出22个街面"微网格"。这些"微网格"以城管和公安为核心，整合市容、绿化、养护、环卫、交通等各方管理养护力量，对街面3类11项案件进行全天候巡查处置，特别针对"六乱一跨"（乱设摊、乱堆物、乱拉挂、乱晾晒、乱发宣传品、乱停非机动车、跨门营业）问题。管理者意在将网格资源开发穷尽，形成城市管理"最小作战单元"，提升网格巡查发现和处置问题的效率和精准度。

总而言之，这种以"大合力"来对多个"小单元"实施治理并提供服务的模式为基层政府组织三大功能的实现提供了较佳条件。

二、基于网格化管理模式的秩序渗透

（一）网格、微网格与最小治理单元的空间压缩

网格化管理的初衷就在于从空间上压缩治理单元，让政府治理的力量更具可及性。从横向比较来看，网格的划分在各地方法类似，大小也相似。而XH街道在网格再划分的基础上进一步通过"微网格"再次重构治理空间，在总计约20平方公里的辖区面积内划出100个"微网格"，其中包括上文提到的街面微网格22个和居村"微网格"78个。

"微网格"作为规模适宜的最小治理单元有利于基层政府实现秩序渗透。在XH街道的每个街面"微网格"都是"城管负责制"，即由一名城管执法队员牵头担任"微网格长"，具体负责"微网格"内的各项工作任务。城管作为街道下辖的主要执法力量，专注于对涉及市容环境的一般违法行为进行纠偏，是秩序渗透功能的重要实施载体。"微网格"将市容、绿化、市政、环卫、交通等养护管理力量统一纳入其中，实行"城管+X"的配备，即1名城管执法队员搭配4~6名来自相关单位的巡查员组成工作组。而在居村住宅"微网格"中，每个"微网格长"则由居（村）委会的干部担任，同样体现了基层政府的主导作用；工作组则从业委会、楼组长、物业、党员志愿者和社区民警招募组成。不论何种类型的微网格，在其内部均可以完成"信息采集、任务派遣、任务处理、核查结案、考核评价"的闭环流程。

（二）人力与有效监管治理

从性质上来看，网格化管理的基础仍然是人力，其运行关键在于巡查，与中国传统的基层治理制度具有一定的连续性。但若如上文所言基层最小治理单元划分过大，会使得人力所不能及而难以实现有效的监管与治理。先前在一些很早就试行网格化管理的地区就出现了很多"真空地带"，而秩序渗透的理想状态无疑是"不留死角"。XH街道"微网格"划分则压缩了相关人员巡查的空间与成本，提高了效率与精度。在实践中，"微网格"采取全天候24小时值守，分日、夜两班进行作业，日间根据固定时间安排进

行集中巡查处置，夜间根据实际情况处置应急任务。

有效监管与治理还体现在网格的联动性上。事实上，诸多网格中的案件需要多部门协同处理，因此网格本身能否与基层政府原有的"条块"衔接则是关键，特别是一些违法的存量问题更加需要协同清理。由于"微网格"本身融合了街道主要的执法力量以及其他主要业务部门，因此可以联合街道各职能部门和单位对重点、难点和存量案件进行联动执法处置。就XH街道自身的实践情况来看截至目前最为常见的一种联动形式就是联合城管、公安、市场所、安监所、卫监所和企服办等部门所开展的街面秩序专项整治。还有针对经营性场所违法、重点市场周边乱象等整治行动，都因能够实现网格——条块联动而收到较好的效果。此外，XH街道还在网格——条块联动的基础上开展地下空间巡查和楼宇巡查数百次，发现并整改了问题百余起。

（三）技术与有效监管治理

全天候有效监管治理能力的实现还有赖于信息化建设。城运中心在建立伊始便定位于建设街道智能化城市综合管理平台，通过接入公安、房管、水务等平台数据资源，全面掌握社会面运行状况趋势，在最理想的状态下实现"事前预防、自动预警、指挥调度一体化"。正如前文提到的，当利用信息技术将网格进行智能化改造之后，就可以大大减轻人力的负担，甚至可以在某些情况下实现人力替代。比如XH街道正在结合"微网格"将内部诸如消防栓、路灯或窨井盖这样的部件都纳入"互联网+"数据平台，这样不仅可以实现日常监控与及时报修，而且还可以让巡查人员有更多的时间和精力关注网格内的具体事件。而在全域范围内安装的智能视频监控和各个居住区的微卡口也具有双重功能。一是能够降低巡查的成本，尤其是可以在夜间发挥替代人力的作用。这些智能探头早已不仅仅具有追溯回看功能，而且还具有图像分析和前端感知功能，因而可以实现主动的"智能巡查"。二是能够及时收集数据与信息，强化智能化场景运用，对交通拥堵、人群聚集、非机动车违停、重点人员防控等事件进行智能化预警、降低风险，并对辖区内社会运行的趋势进行研判。

XH街道在城运中心建立后，专门在其下辖的城市综合运行管理中心内部设立了信息保障组来对信息技术的应用提供支持，解决了保障的问题。就信息保障组的职能而言：一是需要及时发现指挥平台设备或电脑系统异常，并与技术团队联系，督促尽快修复；二是需要进行数据分析、智能化视频等系统的开发、升级、维护，负责中心；三是负责指挥平台、电脑系统等设施日常维护管理；四是负责城市运行综合管理平台的各类数据整合、模块更新等。

三、技术、制度与需求回应效能

（一）技术改进与基层政府的主、被动回应

需求回应的第一步是"识别需求"。以往在基层治理之中，因治理能力不足造成了基层政府组织主动"识别需求"的动力不足。对于需求基本上遵循的是被动反应模式，即大量依赖对民众个体性投诉的接收与解决，缺乏系统性、整体性与预见性，也使得资源不足的基层政府组织常常"多点开花"疲于应付，严重影响了需求回应的效率。

XH街道在实行"微网格"化并辅以智能化改造之后，大幅度提升了网格内各类问题对于基层政府的"能见度"。在此基础上，XH街道逐渐开始强调提升"主被动比"，即通过各单元主动通过信息平台上报与群众投诉案件的比例。例如根据网格中心的内部统计数据，2018年1—11月XH街道通过网格内巡查上报的案件有13512件，与之相比群众投诉的案件仅有2082件，主被动比高达6.5：1，先行联系率、办结率与群众满意率也得到了提升。而在城运中心建立之后的100天内，XH街道的城市管理工作主动发现与被动投诉更是实现了"一升两降"的态势，即在安全保障方面，主动发现58起安全隐患，主动发现率提升70.6%；城市管理方面接投诉301件，同比降低24.6%；市容环境方面接投诉336件，同比降低25.8%。高主被动比的背后是网格加信息技术形成的合力所带来的结果。比如街道在其辖区内某大型商务区的核心区中设立了5个"楼宇工作站"，工作站以站长为第一责任人并划分出13个责任片，各责任片由工作站工

作人员负责，除此之外还整合物业人员、楼宇共建员、党员志愿者等社会力量组成了楼宇巡查处置队伍，提升了问题发现的频率。而在居民区的网格中，网格管理人员和居民将微信群打造为整合主动发现问题与被动接受投诉的平台，同样提升了问题发现与解决的效率。

对于传统的民众诉求反映方式，XH街道则同样基于"微网格"实行被动式的三级联动管理，即先由管理人员对发现的问题进行先行处置；如无法当场解决则由网格的轴心——城管执法队员进行协调解决；一旦超出城管执法范围，将由城运中心或分中心牵头开展联合整治。此外，作为基层政府的街道还通过实施"四定"工作机制——定人、定时、定岗、定责——相互逐渐达成工作默契，提高从发现问题、上报问题至解决问题的工作效率。

事实上，主动需求回应的实现很大程度上得到了技术的赋能。比如前文所提到的智能探头可以实现对于事件的预判，对于一些突发性事件也可以实现实时快速定位。这类预警信息可以通过XH街道城运中心的一块大屏幕实现"一屏通览"，无论是街面、居委会、村委会，还是楼宇的网格信息都能够同时被城运中心所掌握。由此观之，技术的改进对于基层政府需求回应的意义主要有三点：一是可以实现对于民众关心或涉及民众切身利益的事件进行快速处置；二是可以主动实现对于可能风险点的预判并预先解决，降低可能出现的民众投诉甚至是不满，提升民众对政府的满意度与信任度；三是在问题未发生或"露头"之时进行解决可以防止形成新的违法存量，避免今后在问题趋严时再进行大规模、运动式的"专项整治"，从而降低行政成本。

（二）政府内部制度改进与需求回应

如果说技术改进或赋能仅仅解决的是基层政府回应能力不足问题的话，那么制度改进则应当着眼于提升基层政府回应民众需求的动力，毕竟制度对于政府过程来说是内生的，而且在很大程度上决定了技术使用的结果。以XH街道城运中心为例，主要有三种制度上的改进值得注意：

一是建立了案件跟踪与催办、督办的专门机构。以往基层的治理效能常常被政府部门"条块分割"所牵绊,部门之间的推诿往往导致问题拖而不决,甚至到最后积重难返。为了解决这类问题,XH街道城运中心在其指挥中心内设立了案件受理组。案件受理组的首要任务就是明确城市运行综合管理工作的业务流程和各处置单位相关职责,完成案件与责任部门之间的"匹配",并贯穿于案件处理的全过程。在案件受理并转交处理之后,案件受理组则转而与各部门及时对接,全程跟踪相关的案件处置情况和结果。在面对案件未按时处理的问题上,案件受理组有三种不同的方案:一是对处置部门提出的延期要求,经其批准后可以给予延期,但会督促处置单位在规定时限内完成;二是对未在规定时限内处理完毕的案件,受理组会进行催办;三是对于处置部门超时未回复的,受理组会进行二次催办并进行跟踪督办。在案件结案时,案件受理组则会根据立(结)案标准,对案件办理的质量进行审核,并落实结案案件的核查以及回访等工作。总体而言,案件受理组并不直接处理民众的需求,但它却能以案件为中心和抓手来推动政府各职能部门对民众的需求进行有效与及时的回应。

二是结合技术改进所带来的成果,通过多层次的会议机制对重难点问题进行提炼、预判。即便是通过最为尖端的技术所收集到的海量数据与信息,在被人所使用之前都是毫无意义的。因此,XH街道城运中心的一个核心业务就是对相关设备在网格与微网格中收集到的数据和信息进行分析与处理。指挥中心下设的分析协调组会对主动发现、被动投诉和自动发现等各类动态数据进行统计分析,形成报告后呈报城运中心领导层。后者则通过不同层次的会议机制对辖区内社会运行的现状与趋势进行研判。

这些会议机制包含四个层次:第一层次是由中心主任召集的城市运行管理领导小组会议,该会议每季度召开一次,主要目的是研究面上共性问题和疑难杂症,明确大的工作方向;第二层次是由中心常务副主任召集的城市运行管理成员单位联席会议,该会议每月召开一次,目的是研究城市运行综合管理工作推进情况,制定细化下月工作重点和计划;第三层次是由中心专职副主任召集的专题研判会,该会议每两周召开一次,遇特殊情况可随时增加,目的则是研究市民重复投诉和重点难点问题,建立健全工作机制;第四层次则是中心每周召开的城运中心工作例会,其目的在于梳理、分析每周市民反映的热点问题,监督处置单位的处置效能。从会议层次的设置及其对应的目标设定来看,这些会议机制的落脚点无疑是加强与改善基层政府对民众需求的回应能力。

三是通过建立实训机制,提升基层政府需求回应的质量。由于上海市各街道大部分的基层一线人员,比如网格巡查员,大都来自政府委托或出资的第三方公司的社会招聘,因此这些基层工作人员水平参差不齐,有时还存在着诸如仪容、纪律性较差以及对市容环卫、街面秩序、突发事件等未做到应发现尽发现这类问题。然而事实上这些人员又处在基层行政的末梢,常常被认为是政府的代表并完成一些政府交办的任务。因此,如何提升这些人员的素质,统一其工作流程与质量则是影响基层政府需求回应的重要因素。聚焦于这些问题,XH街道在辖区内的城市绿地之中建立了由网格中心牵头的"城市精细化管理实训基地"。基地按照分类分层的原则,对基层工作人员开展全覆盖精细化管理培训,通过设计制作城市管理"负面清单""可视化模型教学"和"标准化操作手册",确保一线工作人员全面掌握各项管理业务。实训基地中设有微缩的各类场景模型,能够模拟市政道路和设施养护、排水管道养护服务、城市绿化养护、环卫清扫作业服务、城市市容保障服务、违法用地控制和违法施工管理服务、安全生产管理服务、环境保护服务共八个专项领域内的多种状况,让一线工作人员能够得到最为直观的体验,并结合相关知识的讲解可以以最有效率的方式掌握统一、标准化的处置方法。据统计在2019年,XH街道的这一城市精细化管理实训基地得到市、区各部门领导现场调研指导10余次,共开展精细化管理培训20余次,累计培训1500余人次。此外,实训基地还在当年9月开展了一次"技能比武大赛",创新培训模式。

四、在柔性与强制之间的行政指导

行政指导是基层政府在"组织再造"中一大关键功能调适。从上文的分析中来看,行政指导从性质上来说是相对柔性的一种功能,它的前提是基层政府承认其与自治组织、社会组织之间的分工，并能够与其合作。在XH街道的案例中，我们看到不论是网格化管理还是城运中心的建立都为行政指导功能的实现提供了良好的基础。然而，在实践中仍然无法阻止行政指导在某些方面嵌入强制的因素，使其与柔性化的特质之间发生了偏离，其中很大一部分原因还是在街居体制本身上。

（一）街居分工与行政指导功能

不论是XH街道的网格中心，还是新近成立的升级版的城运中心，都积极支持、鼓励社会力量参与网格化管理。除此之外，XH街道意在将正式政府权力在大多数时间限制在法定自治组织之外，提出要实现居、村实现"前端管理"和"前端发现"，并在网格中心联合各职能部门、执法单位的基础上，给予居村网格力量支持，基本实现了案件在居村网格内获得处理。统计数据显示，XH街道2019年在居村网格中受理的案件数量为5710件，其中最终实现自行处置的案件为5589件，自行处置率高达97.9%——而这个数字相比2018年上升了2.3%。可以说，XH街道的居村在一定程度上实现了自治，大多数的事务并不需要转交正式政府组织即街道来处理。当然，在居村自治尤其是处理辖区内案件这个问题上，街道的功能更确切地来说应当是"行政支持"。除此之外，XH街道还通过多种方式提升指导的精细化。比如依托上文提到的城市管理精细化实训基地的培训也覆盖了街面、居村、居村、楼宇网格内的社会巡查管理力量。这类培训本身就可以视作一种行政指导的形式，并强调其定期性、层次性与差异化。

（二）行政指导的精准化

正如"指导"一词字面含义所示，行政指导本身也应当是精准的，否则就会沦为"瞎指挥"，因此其基础在于基层政府对于所指导的事务以及对象有着充分的了解。而这一点在XH街道的案例中同样是通过城运中心的数据分析技术来实现的。

前文提到的XH城运中心所属指挥中心内的分析协调组，在对各类动态数据进行统计分析时重点分析高发、疑难案件，并形成城市运行综合管理周报和月报。分析组除了会将这些报表推送给各分中心、街道相关职能部门及领导为相关决策提供信息基础之外，还会基于分析结果为街面微网格、居委会、村委会和楼宇网格提供业务指导与服务，帮助研究和解决居村前端管理和案件办理等工作中存在的问题。基于实时数据分析所进行的行政指导无疑是精准和高效的，它不仅可以提供一定的"问题解决"方案，更可以为自治组织和其他类型的社会组织提供个性化的预测、预判与预警。

（三）难以摆脱的行政控制

然而，XH街道城运中心的建立并不涉及基础性的制度变迁。尽管行政指导的效能有所提高，但这并不意味着对街居体制的修正，也没有改变街道与居委会之间事实上的依附关系，居委会并没有与街道"脱钩"转型成自治组织。因此，上文提到的街居分工还是较为有限的。由于在网格化管理实施的过程中，街道仍旧通过对督查权、考核权，以及奖惩权的掌握实现了对关键资源的独占，因此其与居（村）委会和其他社会组织的关系远非平等合作关系。相反，规制、控制甚至强制依旧存在。

作为城运中心和网格化管理的枢纽，XH街道不仅掌握了对相关下辖部门以及下沉式执法人员的考核与督查权力，而且拥有对居（村）委会、楼宇网格负责人和巡查人员的考核权，因此后者在事实上是对基层政府负责，并在日常巡查与处置案件的过程中是以政府权力衍生物的角色行事。比如，网格巡查人员的日常考勤、轨迹管理与督查都是由街道负责；而街道还负责对街面、居委会、村委会与楼宇四类网格的主被动比、主责案件、办结报告的真实性进行督查；若出现了不满意案件或者所谓"红灯案件"，街道也会履行督查职责。

从一般意义上来说，督查权与考核权是捆绑在一起的，两者的结合可以衍生出第三种权力即奖惩权——它从根本上来说是一种对于激励的调控，其可以让权力行使主体通过调节相对方的行为从而实现规制的效果。在XH街道的案例中，城运中心包括三个地区的分中心以赋予城管与公安的综合考核评价权为核心，分别以周、月为单位做出城市运行综合管理方面的考核统计与汇总，考核的指标包括日常督查工作结果、群众投诉案件办理和安全检查等情况。这些考核与测评结果可以成为街道对职能部门和相关街面、居委会、村委会（合作社）、楼宇网格开具"督查提示单"的基础，也是评选"星级网格"和优秀执法人员的重要依据，这些都可以进一步影响到企事业单位、居民区、行政村和楼宇工作站的年终绩效结果。更为重要的是，这些考核评价的结果直接构成了物质奖惩的标准。比如XH街道针对市容管理、非机动车管理等工作是按照"月考、月兑、月付"考核办法来对相关单位进行奖惩的。据统计，2019年以来街道已经扣除考核费近30万元。此外，这些考核结果还是街道向相关第三方公司实施全额考核兑付的依据。

尽管直接强制性的行政命令在基层政府工作中已经较为罕见，但是像XH街道这样通过较为"软性"或"柔性"的强制权力对居委会和其他企业、社会组织实施管制，甚至是控制的方式是十分常见的。因此，行政指导功能的加强与改变并不能改变街居体制本身，也无法改变居委会作为城市基层政府衍生物的事实。

五、结论与讨论

当然，仅仅作为一个案例的XH街道有其特殊性。因为其辖区内有吞吐量排名世界第七的国际机场，也是中国国际进口博览会会址所在地，因此街道内部城市治理的各种做法包括成立区内首家城运中心的背后都有来自上级的坚定支持和资源配备。从这个角度来说，XH街道的案例并不具有普遍代表性。然而，我们从这样的"极端"案例中可以看出基层政府在基层"组织再造"背景下如何进行功能调适的目标与趋势。社会多元化与利益分析带来的不仅仅是自治需求的增长，而且也会随之伴生出治理风险与目标的复杂性，而作为行使法定行政权力的基层政府组织既无法回到"大包大揽"的全能统制模式，也不能完全"置身事外"放权自治。在XH街道的案例中，我们清楚地看到，在既有网格中心基础上成立的城运中心，能够真正帮助基层政府更好地履行行政指导、秩序渗透功能，并在此基础上提升了对于民众需求的回应能力。这在很大程度上重新定义了新时代基层政府的"有为"标准。

在上一章论述党组织功能调适时，我们发现"认同—共益型"的基层主体关系正在出现，然而在本章谈到基层政府的正式行政过程时，这种主体关系就变得复杂了。具体而言，一方面，我们的确看到了基层政府与基层自治组织、社会组织之间的分工，居委会纯粹执行的色彩不断淡化，也看到了基层政府开始善用非强制性的行政指导介入基层治理；但在另一方面，传统的街居体制并没有因此消解，基层政府与基层自治组织之间事实上的支配与被支配关系，以及基层政府与基层社会的管制与被管制关系仍然存在。因此，从基层政府的视角上来看，基层治理主体间是一种"认同—共益型"与"资源—依赖型"的混合关系，而这也反映了无论在理论上还是实践中，行政机关转向完全的协同、协调的"自由主义"式机构都是不可行的。不过，在"资源—依赖型"关系的理想形态中，上级组织也并不通过"越俎代庖"的形式推动基层组织的治理过程；相反，它更多通过要素分配的形式激励基层组织参与上级组织的目标设定与任务分配，同时结合惩戒机制确保上一级目标和任务的有效实现，从而将基层组织再次纳入一致性的目标框架中，这在XH街道的案例中着实可见一斑。当然，相比于改革前广泛存在的"替代—支配性"主体间关系，"资源—依赖型"主体间关系最大的特性是自主性的生长，但这种自主性仍旧处于一种行政的竞争关系之中，并最终指向上一层级政府的目标任务。

此外，在XH街道的案例中还有一些问题值得进一步思考或反思。一是需对网格化管理模式中管制与服务关系进行再思考。毫无疑问，网格化管理的提出源自政法系统对于社会管控与执法的需求，它从本质上来说是一种管制性制度。尽管XH街道"微网格"与城运中心的设立对于民众需求回应的效能有所提升，但它主要仍服务于对违法行为的精准识别与处置，并没有过多着墨于利用"网格"或"微网格"精细化公共服务的提供过程。事实上，诸如垃圾回收处理、养老看护、民政救助等服务都可以纳入网格之中。

　　二是需对制度与技术关系进行再思考。在人工智能、大数据等技术大发展的今天，许多人寄希望于通过它们来重构人类社会。但正如先前互联网发展的经验所示，技术本身是中性的，它会受到制度进而是人的约束。因此，技术无法单独起作用，我们最好把治理包括基层治理的结果看成技术与技术组合的函数。网格化管理是一种制度，即便是对其进行智能化改造，最终的结果依旧无法完全由技术所决定。在XH街道的案例中，我们发现存在诸如居村党组织书记对网格化管理工作重视程度不够以及街道职能部门对平台下派案件处置不及时等等诸如此类的问题，这事实上会削弱技术改进所带来的红利。由是观之，技术改进必须与制度改进同行并进。

　　三是需对基层政府执法与居民自治关系进行再思考。在以往"去管制化"或"治理"的话语之下，有论者倾向于认为所有的"基层"事务都应当与"自治"相联系，后者成了某种意义上的"万灵丹"，甚至认为基层自治可以解决政府无法解决的问题。然而，在XH街道的案例中我们发现，当下有一些事务通过自治组织或"自治"的方式来实施治理并不容易。有时自治的成本不仅高昂而且效果也不尽如人意。比如在居村网格内像群租、楼道堆物等顽疾反复整治率较高，导致网格被动整治成本上升；还有在商务区核心区中，由于非机动车停放点有限，在面对用车需求不断上涨的时候会导致街面网格非机动车乱停现象时有发生，外加共享单车企业运行维护不及时和车主文明停车意识薄弱等因素叠加，最终导致非机动车反复整治率也居高不下。这意味着谈"自治"也不能搞"一刀切"，而是要区分具体事务的性质，构建一种分层、分类与多种治理工具交替使用的基层治理过程。换言之，政府管制与居民自治之间并非严格的替代关系，而是能在一定程度上实现互补。

第五章　M区社区"组织再造"中的社会组织及其功能调适

当前中国社会组织已经走过了数量激增、野蛮生长的初始发展阶段，随着国家治理体系的完善和社会结构性分化的形成，各类社会组织通过功能扩展和功能分化逐渐厘清了自身的角色定位和发展战略，成了协同治理的重要力量和社会再组织化的重要载体。

在宏观层面，这一功能定位和战略转向肇始于党的十八届三中全会及系列政策文件的出台。党的十八届三中全会明确提出："创新社会治理，改进社会治理方式，激发社会组织活力。"[1]《关于加强社会组织党的建设工作的意见（试行）》《关于改革社会组织管理制度促进社会组织健康有序发展的意见》《中共中央 国务院关于加强和完善城乡社区治理的意见》《民政部关于大力培育发展社区社会组织的意见》等其后出台的系列文件从社会组织的功能性质、内容范围、方式手段等多层面给予了政策方位的界定。这一过程既体现了国家对社会组织建设与发展的规范管理和适应性指导，也提供了社会组织的政策空间和发展机遇。因而有学者认为，政策文件的变迁反映出这样一种趋势，"政府的社会组织发展策略正转向更加柔性和激励导向的控制，以及更加实用的赋权"，而"这些变化使中国的社会体制更加多元，正试图形成一种国家领导下的社会组织繁荣"。[2]

在构建基层社会治理新格局中，社会组织已然成为不可缺失的重要主体，而社会组织建设发展的重心不再仅是其自身发展能力，更在于如何实

---

[1] 《中共中央关于全面深化改革若干重大问题的决定》，《人民日报》2013年11月16日。

[2] 敬乂嘉：《控制与赋权：中国政府的社会组织发展策略》，《学海》2016年第1期。

现与其他主体的协调互构、确立自身在治理格局中的协同方位。在社区"组织再造"的过程中，社会组织的协同作用及功能定位随着政府边界的定义与体系化建设，必要也要求社会性、自主性和专业性的增强。但是，这种能力的生长并不是倒向自由主义的放任政策，它需要明晰政府与社会的边界，并纳入制度化轨道中。社会组织作为社会服务的提供者和党政主体的合作者，不应该只做一个简单的职能延伸者，它需要致力于集结与汇合社会力量，强化自身在组织间关系网络中的影响力和组织力，通过服务能力的建制性增长，真正发挥社会协同作用。

另外，在本书第二章关于社区"组织再造"中的主体构成中，笔者已经交代，社区"组织再造"中，协同主体其实应该包括人民团体、行业协会、社会服务机构、草根社会组织甚至各种媒体等多种性质的社会组织和社会力量。但社会组织是承担非行政类公共事务的主要载体，一方面他们可以在政治主体和民众参与主体之间发挥居间融合、承上启下的互动衔接作用，另一方面，他们所拥有的凝聚社会资源的资金优势、组织形式行为的专业优势等因素，都可以有效回应基层社会成员的"具体"需求。基于研究涉及和组织属性的考虑，本章主要讨论的是登记类社区社会组织，即以基层社区作为主要活动范围，按照业务类型主要包括公益慈善类、专业调处类、文体活动类及生活服务类。

第一节　社区"组织再造"中社会组织
面临的现实挑战

社会组织本身对于中国来说是一个新的概念。从概念本身来说，中国传统意义上的结社型社会组织在新中国成立后迅速被强大的国家体系所取代。到"文革"期间，社会组织可以说已经全部消亡。现有的社会组织的发生发展是在改革开放以后中国共产党重新思考政治与社会关系的基础上产生的。而"社区"这一概念的提出，实际上本身就与社会组织得以在中国出现并发展是几乎相同的逻辑。因此，社会组织是在探索中发展的。于是，我们可以不难觉察当前社会组织发展中的吊诡之处：一方面，社会组织的数量、规模、承接项目、服务范围不断扩张，其作为不可或缺的社会治理主体地位已被实务界和学术界确证；另一方面，由于组织身份、治理能力、资源依赖等问题的存在，社会组织到底能在社会治理中发挥多大作用未有共识，行业协会商会违规涉企收费问题等事件的发生更引发了关于社会组织正当性和规范性议题的讨论。总而言之，至今社会组织自身还面临一些困境和问题，而在城市社区"组织再造"过程中，要成为基层社会治理的协同者，社会组织在与社区治理相互嵌合的过程中，还面临着双向调适和双向选择的困境，有以下三个现实挑战不容回避。

一、社会组织的"自主性"问题

组织的自主性，意味着组织可以按照自己的目标来行事（在组织有自我管理的能力的前提下），其目标设定及自身运作过程中的决策方式都是自行确定的。[①]一般来说，社会组织的自主性被默认为是组织能够发挥功能的前提条件。从当前典型性的社区治理创新案例来看，除武汉的百步亭社区之外，其余所有模式都建立在行政性质组织的平台之上，表现为"1+X"的模式。其中，行政性的平台主要是街道及居委会。[②]在这样一个体系下，社会组织如何与街居模式下的行政性平台之间双向互动，换言之，社会组织如何在准行政性平台主导的模式下发挥自主性，是存在风险与挑战的。

一方面，从社会组织的主体角度出发，社会组织在进入社区后面临被官方收编，成为官办组织的风险。社会组织在社区治理的场域中处于三方关系之中，上承政府，下接民众，三方的互动可能会以一种失衡，即以一方为主导的形式展开。在调研中我们发现，为数不少的社会组织从进入社

---

① 王诗宗、宋程成：《独立抑或自主：中国社会组织特征问题重思》，《中国社会科学》2013年第5期。

② 宋道雷：《国家治理的基层逻辑：社区治理的理论、阶段与模式》，《行政论坛》2017年第5期。

区到服务社区的全过程中，起关键作用的往往是政策的引导与扶持、政府的信任与准入。也就是说，社会组织在与政府的结合中能够获得组织发展最为需要的合法性身份和资源。前者意味着社会组织尤其是草根或民间社会组织的行为有了政府的背书，解决了社区治理参与者的身份危机。后者则是影响社会组织生存发展的基础性和关键性要素，资源有很多类型，如场地、人力、关系网络等，资金无疑是资源中最为重要的一种。社会组织的资金获取渠道主要包括政府支持、社会捐赠、服务收费、成员自筹等，其中，政府购买服务项目是许多社会组织的主要来源渠道。如此，社会组织对政府的资源依赖便不可避免，这就造成社会组织所提供的公共服务趋向于迎合政府的意图，而非社区居民所需，组织的自主性和独立性的缺乏成为必然。与此同时，还有另外一种情况，即出于保护自身独立性、自主性的考虑，有一些草根社会组织矫枉过正，拒绝与政府的互动交流，或走向了异化或难以为继。

另一方面，街道和居委会等准行政组织仍然倾向于以一种工具化的视角看待社会组织。其中，一个最大的风险是街居和社会组织的互动仅仅停留在政府向社会组织购买服务的阶段。应该说，政府向社会组织购买服务改变了社区制在20世纪90年代雏形阶段中出现的"居办企业"在财权和管理权等方面存在的扯皮等问题，是一个有效的进步。[1]但其中仍然存在服务项目以行政为导向等问题。这些问题的出现，与行政组织主导社会组织工作的传统制度模式是分不开的。[2]政府向社会组织购买服务本来是两者共赢的设计初衷，却因为机制不够完善产生了诸多问题。上海社区公益购买服务的一大特点就是采用项目制方式，即以具体的类别型项目作为标的，适配各个街镇和社区的实际需求，由社会组织竞标承接。这样的操作方式虽然易于实践操作和匹配社区需要，但"项目制细化、专业化会造成

① 敬乂嘉：《从购买服务到合作治理——政社合作的形态与发展》，《中国行政管理》2014年第7期。

② 周晓梅、任雷：《社区基金会的兴起与基层社会治理共同体的构建：从参与主体多元到资源渠道多元》，《华东理工大学学报（社会科学版）》2019年第6期。

社会组织分割,而购买主体的分割性使社会组织无法联合,购买类型的选择性则造成社会组织类型的失衡"①。这一问题落在社区层面,出现了一些社会组织的发展短视和忽视服务对象的行为,发展短视主要指社会组织由于项目制服务形式而无法形成长远发展预期,忽视服务对象主要指目光聚焦在如何竞标成功而非回应社区民众的需求,最后的结果必然导致社会组织发展式微。

二、社会组织的"社会性"问题

社会组织的"社会性"是它区别于其他组织的基本属性,社会对社会组织的认可,建立在其具有"社会性"的基础上,而"特定"的社会需求和"薄弱"的社会参与是社会组织的"社会性"问题的具体表征。

其一,社会组织未能满足"特定"的社会需求。在街居制的准行政化模式下,地方政府的压力性体制不可避免地将基层治理的压力传导进社区中,致使社区内部管理长期存在行政化问题,社会组织也不免沾染上这一问题。现实情境往往表现为,通过行政通道硬性捏合社会组织和社区,仍然是社会组织走进社区的一个重要渠道。这种渠道一般通过两种形式来完成搭建联系:其一是宣传部门或者社会建设部门挑选出优质民间社会组织,其二是相关行政部门以及社区自己培育孵化的社会组织。相关部门主动接洽这两类社会组织,给予支持,帮助树立社会品牌,扩大社会影响力。而在社会组织与社区融合的过程中,预先设定目标,再由街居或上级政府主导"达标"的现象是普遍的。这种预设目标不仅包括方针路线上的宏观目标,甚至还有具体的细化指标。②因此在社会组织日常的运作中,社会真正的需求就不那么"举足轻重"了,取而代之的是各种从上至下的行政压力。

于是乎,在社会治理的具体情境中,政府与社会组织之间"失衡"与

---

① 王向民:《中国社会组织的项目制治理》,《经济社会体制比较》2014年第5期。

② 如2011年国务院提出的每个社区建立五个以上社区社会组织的任务目标。参考国务院办公厅印发的《社区服务体系建设规划(2011—2015年)》。

"错位"的关系，使得社会组织无法真正满足社会的"特定"需求。代表国家的政府力量在治理过程中具有天然优势，在资源配置过程中占据主导地位，因此社会力量参与社区治理的范围将变得非常局限。在调研中我们发现，M区的242个社区社会组织当中，公益慈善类、生活服务类和文体类的社会组织占主流，其参与治理的职能范围更多地集中在为老、弱、病、残开展社会服务和各类文体活动等。对于居民真正关心的社区安全、社区事务等社会性、政治性的议题，社会组织未能满足居民的实质性需求。特定的社会需求是社会组织诞生和发展的动力，是社会组织促进政府职能转型的根本，社会组织缺乏服务社会的能力，也就失去了自身的独特价值。

其二，社会组织面临"薄弱"的社会参与问题。要发挥社会组织真正的社会性，离不开居民群众的广泛参与。从目前来看，社会组织面临的普遍挑战是社会和服务对象对其的认可度不高、公信力欠缺，进而导致居民参与意识薄弱，内生动力不足。大多数的社会组织未能改变社区成员的"原子化"状态，而没有具象的、组织化的联结，成员参与社区治理就成了"纸上谈兵"。在M区的社区调研中，"新上海人"或青年人参与社区公共事务管理的比例不高，且主动性不强。尤其是在郊区和近郊区那些以老年人为常住人口的社区，更难见到"新面孔"。

与自然形成的农村社区不同的是，城市社区是人为构建的商业化社区和陌生人社会。居民难以对社区及社会组织产生强烈的归属感，难以被有效组织和动员，因此参与社区治理的热情度也相对较低，这会导致社区志愿者这一社会组织的重要人力资源力量匮乏。与此同时，社会组织高效运作的各类专业人才一直处于紧缺状态。许多社区社会组织都缺乏优秀的宣传文案工作者、财务审计工作者、运营规划设计者等各类专业人才，比如心理咨询服务组织如果缺乏专业心理咨询师，组织的公信力和专业度必然大打折扣。造成上述问题的原因有两点：一为待遇低，较多社会组织规模小、筹资困难，生存压力大，难以给专职人员开出有竞争力的工资；二为发展空间较小，社会组织的高级管理人员与其他行业差距较大，上升空间小。

三、社会组织的"专业性"问题

社会组织的"专业性"是社会组织的立身之本，能够提供专业性的社区服务是社会组织持续参与基层社会治理的必要条件。在协同社区治理的过程中，社会组织参与社区治理的治理能力比较薄弱，提供公共服务的专业化能力还有待提升。

在简政放权、转变职能的过程中，政府需要将适合社会组织承接的功能交由专业的组织来承接。但在实际运作过程中，不匹配性是当前普遍存在的问题，即政府想要购买服务，想要转移职能，可是社会组织接不住或接不好。社会组织需要具备极强的专业性才能满足社会服务的高质量要求，这种专业性不仅表现在社会组织的专业治理能力，还表现在能够统筹运作专业精英人士和社区志愿者、社区居民等人员的有效配合。许多社会组织对自己的定位是模糊的，具体应该向什么人群提供服务、提供什么样的服务、组织什么类型的社区活动、达到什么样的活动效果等都没有清晰的工作思路和规划。社会组织的大量甚至全部工作是和上级行政部门保持密切的联系，特别是在决策层面紧跟政策，因此专业能力和专业知识的发挥严重受限。直接后果是社会组织缺乏专业价值观的统领，缺乏以特有的理论、方法和技术，对服务对象进行高质量服务的能力，服务丧失了"公共性"。同时，专业社工嵌入公共服务，参与基层社区治理的过程又很容易出现外部服务行政化、社会治理内卷化现象。[1]当前社区中文体活动类的社会组织占主流，公共需求旺盛的维权服务功能不断萎缩，社会组织朝着同质化方向发展。

社会组织内部治理结构和成员构成所存在的问题，也是导致社会组织出现"专业性"问题的重要原因。社会组织内部治理结构的变动性和脆弱

---

[1] 罗强强：《"嵌入式"发展中的"内卷化"——社会工作参与基层社会治理的个案分析》，《江西师范大学学报（哲学社会科学版）》2018年第4期。

性使得社会组织的发展缺乏稳定性和持续性，这和社会组织获取资源的状况密切相关，也因此导致了社会组织治理能力的缺失。由于大多数社会组织生存困难，资源匮乏，难以保障组织成员的薪酬待遇和职业上升通道，致使组织成员流动性大，年龄结构趋于老化，难以聚焦专业业务。另外，在政府层面，缺少面对基层社区社会组织人员进行专业统一培训的机构，现有的培训机构要么鱼龙混杂，要么跟不上社会形势的发展和需求，要么没有建立系统化专业化的培训体系，培训内容知识陈旧、形式单一，无法满足和匹配基层社会治理的需要。

第二节　社区"组织再造"中社会组织的功能调适

基层社会在经历了"去组织化"后，要想实现再组织化，就不再是简单的行政手段抑或外在的动员策略所能解决的，只有通过"组织再造"这种内生性且顺应现代化发展的革新才能真正实现多元主体共生的基层治理格局。进一步来说，社会组织和公众的自发参与就是内生性力量，尤其是在新技术的条件下，他们是驱动治理过程的主要参与组成，但在公共事务复杂化的背景下，他们"有心、有力"却"力量不够"。那么，这种"内生性"的优化过程实质上就是功能调适的过程。于社会组织而言，他们必须处理好与政治行政类主体、市场类主体之间的关系，才能共同推动社区空间的治理目标达成。

一、社会组织参与社会治理的重要性

市场化改革之后，社会组织参与基层社会治理在我国主要经历了两个阶段：第一阶段表现为社会组织能力较弱，发展不成熟，与之相伴的是对于政府主体的依赖，它参与社会治理的方式主要是通过承接政府职能的部分转移，通过某种形式（授权、人力、物力主要来源于政府）完成公共产品和公共服务的供给。这一阶段的社会协同并不具备充分的自主性和独立性，原因也直接来源于组织发展的不成熟。

第二阶段是较为成熟的社会组织发展和参与公共事务治理，在与政府主体关系的处理中，它们呈现为一种政府职能的延伸，而不是有学者描述的竞争关系，或者由竞争走向合作的关系。因为，不管是对于社会组织的发展政策、业务开展、监督审查等各个方面，社会组织处于政府规制之下，而不是根源于公共事务的变化逐渐生成全新的治理问题和治理领域。因此，这是一种类似于法团主义意义上的政府与社会之间的关系模式。

法团主义社会协同最典型的表现是，"有一个强有力政府，但并不一定是一个全能主义的国家。社会组织非竞争性，但结社自由多少受到限制和规范；各类各种社团并不完全独立于国家，但同时也不是国家的内在组成部分"①。这一处于自由主义和国家主义之间的社会角色—功能，实质意义上构成了政府职能的延伸，具体表现为社会组织承接部分社会公共职能。这其实也是我国再组织化过程中的一个普遍问题。

政策层面的指令确证了上述社会组织参与社会治理的变迁历程。党的十九大报告明确指出："加强社区治理体系建设，推动社会治理重心向基层下移，发挥社会组织作用，实现政府治理和社会调节、居民自治良性互动。"②也就是说，社会组织是社会治理体系中的重要环节，推动社会治理重心向基层下移的要求有赖社会组织的参与。学术界对当前基层社会治理中社会组织作为协同主体的功能定位的判断与国家的政策方向相契合。有学者认为，最为理想的情景是发展兼具政治忠诚和专业能力的社会组织，即"社会组织既不再被要求和被期望成为一个由政治驱动或捆绑的无效率组织，也不允许成为政治体制的对立面"③。更进一步地说，政府对社会组织呈现出新的应对态度，不仅仅像原先那样依靠其补充社会产品和服务

① Howard J. Wiarda, *Corporatismand National Development in Latin America*, Boulder: Westview Press, 1981.

② 习近平：《决胜全面建成小康社会 夺取新时代中国特色社会主义伟大胜利——在中国共产党第十九次全国代表大会上的报告》，《人民日报》2017年10月28日。

③ 敬乂嘉：《控制与赋权：中国政府的社会组织发展策略》，《学海》2016年第1期。

的供给，更致力于通过社会组织来进行社会整合和价值观传递。①总而言之，无论是实务界还是理论界，对于社会组织参与社会治理都有了新的认识和期待。

二、"组织再造"背景下社会组织的功能调适

当前，社会组织作为社区"组织再造"中的重要协同主体，在参与社区治理中发挥的作用与功能越来越突出。社会组织需要具备起源于基层、扎根于基层、融入进社区的重要特征，能够对社区居民的需要和诉求进行及时回应。具体到M区的实践中，我们发现在社区"组织再造"的过程中，能够扮演好社会协同角色的社会组织基于其能够发挥社会服务、社会黏性、网络节点三大功能。

（一）社会服务功能

社会组织是现代基层社会中维系社会运作的重要组成部分。莱斯特·萨拉蒙曾在其关于第三政府理论的描述中指出社会组织的功能在于社会组织与政府在功能上具有互补性。针对政府在提供公共产品和服务方面存在的不足，公共服务的传递必须依靠社会组织。社会组织应进一步发挥公共服务提供者的作用。②由是观之，社会服务功能是社会组织的核心功能。而中共中央办公厅、国务院办公厅印发的《关于改革社会组织管理制度 促进社会组织健康有序发展的意见》也确证了这一点，该文件提出，要"大力培育发展社区社会组织，增强服务功能，发挥社区社会组织在创新基层社会治理中的积极作用，推动建立多元主体参与的社区治理格局"③。重点发展服务性社会组织的政策指向是与服务型政府建设相伴而生的，陆续出台的培育发展服务性社会组织的制度安排和政策措施，都是为了支持社

---

① 纪莺莺：《从"双向嵌入"到"双向赋权"：以N市社区社会组织为例——兼论当代中国国家与社会关系的重构》，《浙江学刊》2017年第1期。

② L. M. Salamom, *Rethinking Public Management: Third-Party Government and the Changing Forms of Government Action*, Public Policy, 1981, pp.255-275.

③ 《中共中央办公厅 国务院办公厅印发〈关于改革社会组织管理制度 促进社会组织健康有序发展的意见〉》，《中华人民共和国国务院公报》2016年9月10日。

会组织提供政府部门不宜行使、适合市场和社会提供的事务性管理工作及公共服务。

M区的社区社会组织分布于14个街镇，共有2994家，其中登记类社区社会组织242家，备案类社区社会组织2752家，所有社会组织总体上可以分为四类：公益慈善类、专业调处类、文体活动类、生活服务类。社区社会组织的组织性质和服务范围就是聚焦于服务基层社区、满足社区居民相关民生需求。

一方面利用社会组织专业化优势提供专业性服务。社会组织在一定程度上可以被看作社会对于解决一定公共事务所进行资源配置的团体。社区社会组织以社区内部居民关于某些专业性的问题或需求为导向，在参与社区治理过程中向居民提供专业性服务。例如，专业调处类社会组织通常为社区提供如下服务：企业提供咨询、培训、协调服务；开展本社区工作者事务的综合服务；查处非法民间组织活动；化解矛盾纠纷；为社区居民提供法律宣传、法律咨询、法律援助，等等。社会组织凭借自身的专业性，运用自己的专业知识，对社区居民的相关需求提供力所能及的帮助。

另一方面发挥社会组织公共性优势提供公益性服务。社会组织非营利性和自愿性的特征能够在很大程度上帮助社会组织进入到社区治理中，并且在回应社区居民需求方面提供公益性服务。随着市场经济不断发展、政府职能转变，社会公共服务领域（尤其是社区公共服务领域）出现空白，而社会组织就扮演了填补这一空白的重要力量。政府力量的退出，为社会组织的进入提供了活动空间。而社会组织的存续也与其公共服务质量密切相关。这时，社会组织的非营利性和自愿性特征就发挥出来。社会组织在社区建设过程中，可以为居民提供公益慈善、文体活动和生活服务等公益性服务：为老、弱、病、残开展社会活动；举办各类学习培训；组织环保宣传活动；社区文化活动的咨询、策划、开展、推广、管理服务；组织各项体育活动、比赛、文化娱乐活动；社区生活便民服务；社区信息化综合；儿童、青少年心理健康咨询服务；亲子关系；等等。社区社会组织在社区建设过程中，积极回应社区居民的需求，既能为社区居民提供专业性服务，也能提供公益性服务，在很大程度上弥补政府行动的不足。

（二）社会黏性功能

社区社会组织的社会黏性功能与其在社区中的位置密切相关。社会组织接近于社区，社区社会组织起源于社区，又服务于社区。M区内的社区社会组织基本是居民自发成立或通过发动社区居民进而形成的居民活动团体。这样就为动员居民开展活动提供了平台，把社区居民组织起来、"粘连起来"。

其一，社区社会组织能够把社区成员重新组织起来。社区社会组织通过不同方式把社区成员最大程度地组织起来。首先，拥有不同的兴趣爱好的社区居民，通过加入文体活动类社区社会组织（如足球培训班、精油制品制作班、沪剧表演班等），在活动开展中促进居民交往，加强社会联系，推动社区内部社会资本的形成。其次，拥有不同需要和诉求的社区居民，通过加入生活服务类社区社会组织（社区生活便民服务站、青少年社区探索营、社区失能失智老人关爱服务项目、盆栽联盟、垃圾分类指导队等），积极参与解决社区居民的生活诉求，逐渐培养社区居民的主人意识、参与意识。再次，各种慈善类、调解类、培训类社区文化组织（居家养老项目、环保宣传、家庭矛盾调解、食品安全知识竞赛、妇女维权等）通过不同的社会公益活动与社区居民产生联系，既提供了相关社会服务，又促进了社区居民的社会整合。社区社会组织把原子化的社区居民粘连起来，逐步形成社区共同体，为推进市民社会的形成提供了组织基础。

其二，社区社会组织能够为社区成员提供活动平台。社区社会组织在参与社区治理过程中，为社区成员提供了活动空间、权益维护和社会参与的平台。第一，社区社会组织为居民提供开展社区活动的社会空间。在原子化社会，社区居民的活动空间局限于家庭与工作地点，可以说是家庭—工作"两点一线"。社区社会组织的形成与发展为社区居民开拓了活动空间，扩大了活动范围，形成了"家庭—社区—工作"的活动轨迹。如文体活动类等社区社会组织，可以帮助居民在空闲时间参与社区活动，主动融入社区活动空间。第二，社区社会组织是居民权益维护的重要途径。社区居民在生活过程中难免会出现家庭纠纷、邻里纠葛，或者是法律诉讼等社会问题。M区的专业调处类社会组织提供家庭调解、化解矛盾纠纷，为社区居民提供法律宣传、法律咨询、法律援助等方面的服务，在解决家庭、邻里矛盾中发挥了重要作用，维护了居民利益，也促进了社区和谐。第三，社区社会组织是社区居民社会参与的重要平台。帕特南指出，社区团体（社区社会组织）能够推动社区团结、公民参与和合作。①社区居民参与城市社区治理是发挥公民参与权的重要方式。而社区社会组织的出现为公民参与社区治理、发挥自身社会参与的权利提供了新的平台。社区居民可以借助社区社会组织参与到各种社区活动中，同时社区社会组织也能带动社区居民参与社区内外的各种活动，促进社会团结与社会整合。

其三，社区社会组织能够把社区资源再次分配。社区社会组织通常都具备专业的社会技能，掌握一定的社会资源，能够在服务社区居民过程中，发挥自身专业的社工技能，满足居民的基本需求，实现资源再分配。社区社会组织在分配资源过程中，通常扮演了"增能者""调节器"和"中间人"的角色。第一，社区社会组织的"增能者"角色。社会组织利用自身具备的专业化技能，积极主动回应居民的需求，并对居民需求进行专业化引导与组织化设置，为居民提供具有现代治理理念的方式方法，促进社区治理方式规范化。第二，社区社会组织"调节器"的角色。社区社会组织的调节器功能主要体现在居民与社区发生矛盾时，专业调解类社会组织就能够发挥作用；如果社区内有老弱病残的居民，公益慈善类就发挥作用。第三，社区社会组织"中间人"的角色。这种"中间人"的社会角色正是法团主义所强调的，即社会组织位于国家和公民社会之间的利益组织的协调作用，亦即"中介"（intermediation）和"调整"（regulation）功能。②过去，居民与社区之间、居民与社会之间是直接联系，居民有什么需求或困难直接诉诸社区或政府。随着社区社会组织的发展，其"中间

---

① ［英］罗伯特·D. 帕特南：《使民主运转起来：现代意大利的公民传统》，王列、赖海榕译，江西人民出版社，2001年，第133页。

② 张静：《法团主义及其与多元主义的分歧》，中国社会科学出版社，2005年，第23页。

人"的角色逐渐在居民与社区之间、居民与社会之间成长起来。社区社会组织利用自身的资源，主动承担起居民与社区、居民与社会的中介，协调多方利益，如居家养老项目、万人就业项目、临终关怀项目等。社区社会组织的这种中介、调整作用的最大意义便是改变过去国家与社会对立关系，促进二者合作以实现共赢，避免冲突导致社会失序。

（三）网络节点功能

社区社会组织作为承接国家与社会的中坚力量，在社区治理中也相应地承担协调社会中不同组织的责任。当前，社会结构日趋复杂、社会矛盾日益凸显，人与人之间、社会与国家之间的利益冲突日益多样化，这就为如何处理矛盾、协调各方利益提出了新的要求。社区社会组织的发展壮大为更和谐地处理该类社会问题提供了新的途径。换言之，社区社会组织发挥其网络节点功能，在"国家—社会组织—社会"和"社区—社区社会组织—个人"的网络关系中，充分发挥其社区民情汇集点、政府信息传递点、居民矛盾协调点的作用。

第一，社区民情的汇集点。社区社会组织作为社区民情的收集点，不是出于凌驾于社会民众之上的权力欲，也不是追求最大化的市场、经济效益，而是为了最大程度地贴近居民生活实际、了解民众基本诉求，并通过自组织的方式，基于共同的利益诉求，汇集社区民情，达成集体意愿。具体包括：一是社区社会组织汇集居民生活诉求。M区的公益慈善类、生活服务类、文体活动类社区社会组织都是在回应居民生活诉求的基础上成立的。例如，在社区生活便民服务站、健康讲堂、兴趣班等，都能第一时间汇集居民生活需要，并提供相应的社会服务。二是社区社会组织汇集居民法律诉求。M区的专业调处类经常为居民提供"查处非法民间组织活动，为社区居民提供法律宣传、法律咨询、法律援助"等法律服务，增加居民法律意识，推动社区治理法治化。

第二，信息交流的传递点。社区社会组织的节点作用还体现在对于社区民情的上传与政府信息的下达，以及发挥社会监督作用。具体包括：一是社区民情的上传。社区社会组织通过民情汇集，形成社区集体志愿，通过社区社会组织上传给社区党组织与相关政府部门。以公益慈善类组织为例，社区居民中对于养老服务、老弱病残人群照料的需求逐步增加，居家养老、日间照料等组织把该类需求汇总，并提交到社区党组织和政府民政部门，通过协同合作共同解决相关民生问题。二是政府信息的下达。同样，以公益慈善类社会组织为例，对于M区出台的关于公益慈善类的方针、政策、文件精神，该类组织能够及时、合理、准确、全面地对社区居民进行解读，让居民充分了解当前M区的相关政策，减少误读带来的麻烦。通过社区社会组织的上传下达，构建了政府与居民之间的制度化沟通渠道，推动政府与居民的密切、有效交流；发挥社会监督作用。社区社会组织作为政治参与的重要力量，经常发挥民主监督的作用，对政府权力进行制约和监督，对当前权力制约的失效起到了补偿作用，[1]从而推动社区民主政治的发展。

第三，居民关系的协调点。社区社会组织在社会关系网络中另一个重要作用是协调居民关系。社区社会组织出于公共精神，利用自身专业化优势，整合社会资源为居民协调关系。具体包括：提供协调空间，社区社会组织在协调居民关系过程中依旧扮演"中间人"角色。当居民之间、个人与政府部门之间出现矛盾或冲突时，社区社会组织通过其公信力和利他主义公共精神，推动双方或几方在理解、平等、尊重的前提下，采用沟通、协商的方式解决问题，提供专业指导。社区社会组织的专业化优势为居民关系协调提供技术基础。以民事纠纷处理为例，社区专业调处类社会组织通过提供法律咨询与援助，积极维护居民权益。通过这些社会组织，既能够形成平等协商机制，又能避免公权力滥用，最终形成政府—社区社会组织—个人的良性沟通机制。

---

① 郭道久：《以社会制约权力：民主的一种解析视角》，天津人民出版社，2005年，第70页。

第三节　个案分析：HP公益与XB家维

根据西方增权赋能理论，有学者提出了社区赋权论，认为社区赋权具有双重指向，作为过程的社区赋权可以被当成一种社区能力培育的过程，作为结果的社区赋权指通过培育社区而获得的能力，目标都是提升社区的自治能力。[①]但在中国当前治理语境中，学者大都持"工具论"视角审视社区社会组织的功能效用，通俗地说，社会组织俨然成了党政机构的"登山杖"，仅在登山爬坡或者说有需要的时候作为辅助工具。中国的社会组织，尤其是社区社会组织有着自主性弱、规模小、能力不足等先天缺陷，加之政府监管严格和政府财政充裕等外在条件，造就了当前依附型、资源依赖型社会组织居多的现状。但随着社会治理创新的发展，多元主体互动共生的治理格局有赖社会组织的协同作用，也使得社区自身主体性进一步觉醒。本节试图通过两个社区社会组织的对比分析来审视社区"组织再造"中社会组织的运作实际，力图描绘和呈现社区与社会组织的关系结构及互动调适实践。

一、"和而不同"的HP公益与XB家维

我们在调研了M区多个社区和社会组织后，选择了两家能够通过社区与社会组织双向"调适"而在社区"组织再造"中发挥协同功能的社区社会组织作为个案：M区HP青少年服务中心（以下简称HP公益）与M区XB家电便民服务中心（以下简称XB家维）。

（一）HP公益概况

HP公益是一家专注为青少年提供心理健康服务的社区公益组织，成立于2009年，2013年正式在M区民政局完成注册，2016年升级为共青团中央的"青年之家"，HP公益拥有15个社区俱乐部，40余位项目经理，

---

① 吴晓林、张慧敏：《社区赋权引论》，《国外理论动态》2016年第9期。

各类志愿活动覆盖20余个社区。HP公益的常规工作内容主要包括两块：一是扎根社区，组织居民区公益活动，关注亲友关系和邻里关系，关注青少年的健康成长；二是心理、法律、医疗、急救等远程公益课项目，通过零距离的远程视频课堂，除了为偏远地区的孩子提供优秀的教育资源，更希望带去课本之外的拓展，为其探索闲暇空余之时的多样生活打开视窗。

HP公益的由来源于海归心理咨询师周文秀回应儿子的"微笑"困惑。2009年，周文秀全家从英国回到上海，从小在英国长大的两个孩子对社区内主动和陌生人微笑却得不到回应的现象很困惑，周文秀因此开始了她认为的可以进行"爱的传播"的工作，即社区公益活动。她的公益之路肇始于社区论坛的发帖，因此聚集了以26位全职妈妈为核心的社团骨干。除了一呼百应的动员能力，周文秀还被M区一家街道基金会聘为秘书长，担任了JCH镇社会组织联合党支部书记，接下来她还筹划创办一家社会企业，公益之路她还有许多宏图伟愿。

HP公益的组织发展历程有两个关键节点，其一是2013年在社区的帮助支持下正式注册，从一家发端于社区业主论坛的公益心理咨询社团转变为社区公益组织。其二是2016年与团市委、团区委、镇团委共同参与打造"3.5 YOUNG SPACE青年中心"，实现了场地、资源、人力"自由"。这家青年中心在运营上采用四级联动、公建民营、众筹发展的模式，四级联动即团市委落地亲子书屋项目；区、镇团委进行基础装修，镇政府免费提供用房；附近居委会开展活动共建。公建民营即镇团委委托HP公益团队作为青年中心运营方，团委对其开展活动场次、覆盖青少年人次等提出要求，并年度考核。众筹发展，即青年中心内所有能带走的家具、家电都是青年社团、社区达人众筹捐赠而来，活动也由青年社团工作众筹参与。

（二）XB家维概况

与HP公益的组织属性不一样，XB家维是"寄居"在上海XB实业有限公司下的社会组织，2003年注册成立了便民服务类社区社会组织，坚持定期走进社区提供各类家电维修和保养服务，定期为特殊群体提供免费服务，建立起了逾70人的志愿服务团队。其服务范围覆盖M区各街镇319个居委会、867个小区，在M区各街镇邻里中心有18个驻点签约中心，累计惠民维修家电22万余件，让利近300万元。他们的服务项目主要为政府购买服务项目，如固定形态的各街镇的"便民服务进社区"项目，区社团局、促进会和相关职能部门的社区服务活动，各街镇的针对不同群体（如独居老年人、离休干部、困难家庭等）开展的关爱项目。

XB家维的前身为菜场内成立的一家家电便民维修部，创办者刘显保是一名来自安徽的打工者。从空调安装工到维修工，从维修工到自己创业，这位全凭自己摸爬滚打出来的打工者如今已是拥有年营业额七八百万企业的老总，在2010年加入了中国共产党，2015年开始担任M区QB镇社会组织服务中心联合党支部书记。10多年来，刘显保获得了许多荣誉称号：2008年度的"全国优秀农民工"、2010—2014年度的"上海市劳动模范"、2013年度的M区第一届"凡人·民星"、2014年度的第八届"可爱的M区人"、2016年度的上海市"优秀共产党员"、2017年度的"中国好人"，等等。

XB家维还在街镇的推动下成立了XB文化，其简介这样表述：与社区共建参与社会治理，丰富服务内容；以推动社区文化复兴为使命，以给居民创造快乐为目标；配合居民区党总支、居委会，策划组织系列主题活动，为居民提供表演的舞台，给社区带来快乐的源泉，向社会展示百姓的风采。基于此，用心打造上海最具规模最具影响力的社区文化综合服务平台。

（三）两家社区社会组织的"和而不同"

一般来说，社会组织的培育发展机制可以分为三种类型，市场培育型、政府引导型和社会自发型，但由于互动过程的差异，个案也会表现出不同的发展逻辑，这三种模式也会走向对方或混杂存在，如自主生发型最终走向市场资源配置，政府引导型最终走向社会自主。[1]HP公益和XB家

---

① 王向民、李小艺、肖越：《当前中国的社会组织培育发展研究：从结构分析到过程互动》，《华东师范大学学报（哲学社会科学版）》2018年第6期。

维能够从众多社会组织中脱颖而出，充分发挥出协同功能，必有其"过人之处"，这里所谓的"过人之处"可以从二者"和而不同"的具体表现窥知一二。

首先，二者的共同点在于：其一，从产生过程来看，二者都是敏锐地察觉到社会问题，从问题中发现了需求，又从需求中捕捉到社会生存空间，加上他们都能主动积极地应对需求，通过提供专业化的服务拓展了生存发展空间，如此，其能够回应社会需求的服务内容就有了持续性和存在价值。其二，从建设目标来看，两者都是不以营利为直接目的的社区社会组织，但事实上，无论是组织本身还是组织领袖，都收获了社会效益和经济效益。其三，从合作机制来看，二者都与社区治理的其他主体尤其是政府建立了通畅的沟通、协调渠道。其四，从运行效果来看，两者都为社区社会组织参与基层社会治理提供了优秀样板，尤其是回应了社区社会组织的核心问题，如何增强自我造血能力。

其次，二者的差异在于：一是服务内容的不一样，HP公益着力于青少年心理健康，XB家维聚焦于便民服务。二是运作方式的不一样，HP公益是相对松散的内部治理结构，服务内容通过各个社区分部和项目组完成，往往借助共同的理念和价值来召集项目成员和志愿者，而XB家维的内部治理结构和企业重叠，其服务内容对志愿者有专业技能要求，本质上是经济利益和工作岗位在起纽带作用。三是目标诉求的不一样，XB家维的生成与企业生存息息相关，提供便民服务的同时也增进了企业的经济效益，而HP公益的成立更多的是基于自我实现的需要，不管是组织领袖周文秀，还是占绝大多数核心成员的全职妈妈，都把HP公益视为拓展人生的社会空间。四是服务成效和社会影响不一样，XB家维提供的服务方便了社区居民，更多的是物质支持，政府也比较容易监管，而HP公益提供的是思想文化和价值理念，影响深远但有不可控的"隐患"①。

_____

① HP公益曾经发起过保护春申塘的群体诉求表达事件，组织了春申塘沿岸18个社区的青少年一起到河边画画，直接参与者达万人之多，虽然现场安静有序，但引起了政府的重大关切。

二、社区社会组织的关系结构：自主性的形成

社区社会组织走进社区参与社会治理，就自然会面临以下三重关系：党组织—社区社会组织间关系、政府与社区社会组织间关系，以及社区社会组织与社区居民间关系。这三重关系共同构建了社区社会组织的内部结构及其组织自主性。

其一，引领与被引领是党组织与社区社会组织间的关系形态。社会组织是基层社会重要的组织化载体，也是执政党联系群众的重要渠道。党组织和社会组织之间的良性互动能够实现双向增能赋权。党组织在基层社会治理中的领导地位，并不是仅仅强化领导机制所能实现的，更重要的是真正成为治理结构中的主导力量。强调社会组织党建的根本意图在于打破原先固化的治理结构，厚植执政党的社会基础，促进多元主体的沟通整合。从有效执政的视角出发，当前社会组织党建的着力点应当从片面强调党组织的覆盖率转向党组织的影响力和渗透力方面，突出执政党对社会组织的有效政治整合。[1]换言之，党组织应该发挥其政治优势和关系统合功能，实现其在社会组织中的政治引领、价值引领、思想引领。这一点，从HP公益与XB家维两家社会组织的领袖分别担任两个街镇的社会组织联合会的党支部书记一职可以看出。

其二，监管与被监管是政府与社区社会组织间的关系形态。双重管理体制的放松使得政府与社区社会组织之间的监管关系主要表现在政府购买社会服务项目中，亦即采用财政控制手段进行监管，一定意义上说，这种手段是柔性且有诱导性的，更多的是以支持或激励的面孔出现。要知道，这种侧重市场或准市场的手段并不意味着政府监管能力的削弱，政府的社会服务购买经费已被纳入财政规划中，虽然保证了资金的延续性，但严苛且频繁的绩效评估和审计让许多社会组织苦不堪言。例如，在调研中发

---

[1] 陈家喜、左瑞婷：《强化组织渗透性：社会组织党建的发展方向》，《中国党政干部论坛》2015年第10期。

现,"数人头"已成为常态,而有些审计项目甚至按照活动照片里有多少人来计算经费,一些社会组织专门聘请了专职或兼职的审计人员协助申报表格的填写。HP公益负责人则表示,随着组织本身的影响力扩大,对政府采购项目兴趣不大,因为这将导致很难全神贯注地聚焦项目本身,需要去处理过多的行政事务和各种关系。而针对已获得的政府采购项目,组织内部的内控管理就有四级审计,出纳、财务加外聘审计老师,再加年检。

其三,服务与被服务是社区社会组织与社区居民间的关系形态。社会组织作为公众参与社会治理的组织化载体,为居民提供社会服务是其本质属性和主要职责。这种服务是多层面的,不仅仅表现在社会组织本身提供给居民的公益慈善或生活服务等项目,还要能够扮演好动员和组织居民参与基层社会治理的角色。更为关键的是,能够在党政组织与居民间的利益表达和利益协调过程中做好网络节点和中间枢纽的工作。这种服务从来都不应该是单向的,因为社会组织能够进入社区、留在社区离不开居民的认同、监督与支持,居民的志愿服务可以减少社会组织的用人成本,居民的财物支持可以补充社会组织的资源短缺,居民的监督参与可以推动社会组织的健康发展。

社会组织的自主性是其发挥自我能动性和基层社会治理协同作用的重要支撑,而这种自主性是存在于关系结构之中的,是相对的自主,综上所述,建立上述三重关系的良性互动与结构调适机制有助于社区组织的自主性发育和推进社区治理的秩序与活力,

三、社会组织与社区的双向"调适"

由于宏观政策信号的模糊性,"技术主义"的治理方式在基层得到普遍使用,一方面政府对社会组织采用了更为柔性和灵活的控制与赋权策略;另一方面政府的制度环境的复杂和非系统性诱发了社会组织采用各种

组织策略来发展自主性。①而关于这一点，已经有学者搭建了"调适性合作"的概念架构，这种"调适性合作"有赖于政府与社会组织的互动，一方主动调适，另一方策略性能动回应。具体表现为：政府通过资源依赖与制度构建等方式实现与社会组织开展合作实践，而社会组织也在合作实践中影响政府行动。②那么从"社会组织—社区"的关系维度来看，两者的双向选择与双向"调适"的运作逻辑可以清晰地凸显社会组织在参与基层社会治理中的结构性空间。本节所选取的两个社会组织案例都"原生"于社会，虽然基于社会需求或价值诉求而自发出现，但无论在组织的早期阶段还是后来的发展过程中，都得到了政府部门尤其是社区的支持，以他们为切入点观察社会组织与社区的双向"调适"，不失为好的中观层次的组织场域视角。社会组织与社区之间的"相遇"与"交往"，主要取决于社区党组织和居委会的积极支持与认可，街镇行政组织则"乐见其成"两者的互动合作。

从社区来说，其与社会组织的调适性合作主要通过以下三种策略来完成：

其一，让渡空间。让渡空间指的是一方将原来属于自己的职能领域转让给另一方而形成的活动空间，与社区而言，主要是在政府职能改革的背景下，将原先自己管理的一些具体事务转交给社会组织来完成，社区愿意让渡空间主要基于两个因素的考虑，一是他们忙于应付各项社会事务，毕竟，诸如城市市容、市场监管等政府职能部门各条线上的压力最终都落在基层社区。二是他们满足居民需求的能力不足，于是，社区大多鼓励社会组织来承接一些社区公共服务事项。

其二，开放资源。这里的资源是多种形式的汇总，首先是社会组织最为看重的合法性资源，这也是社会组织能够进入社区的"入门证"，在调

---

① 黄晓春、嵇欣：《非协同治理与策略性应对——社会组织自主性研究的一个理论框架》，《社会学研究》2014年第6期。

② 郁建兴、沈永东：《调适性合作：十八大以来中国政府与社会组织关系的策略性变革》，《政治学研究》2017年第3期。

研中，XB家维表示，并不需要政府或社区提供其他什么资源，能让其进入就是最重要的资源。党政部门和社区通过多种方式开放给社会组织这种合法性资源，比如吸纳其加入社区治理体系中，比如参加多方联席会议等，再比如通过各种评优排名、活动赛事等正式或非正式的活动使得社会组织能够获得知名度与声誉。其次是资金和物资资源，XB家维每年从QB镇政府购买服务中得到的项目经费约40万元，HP公益的亲子书屋由团市委赠予，两家社会组织的场地也均由所在街镇免费提供。此外，社区还能协调许多外部资源协助社会组织的服务，比如驻区单位，专家律师等等。

其三，领袖动员。这里的领袖动员主要指借助社会组织领袖的首创效应来推动和保障社会组织有效有序参与基层社会治理。社会组织的诞生与发展往往是基于魅力型领袖的行动力及其构建的人际和资源获取网络，HP公益的周文秀和XB家维的刘显保都是这样的人物，有专业技能，有行动意愿，有理想情怀，有号召力和组织力。目前的社区社会组织，绝大多数还是精英治理型的内部组织架构，理事会等科层化的治理结构更多地表现在形式意义上，由于社会组织成员和志愿者的高流动性，对社会组织领袖的动员吸纳无疑是决定社区与社会组织合作的重要因素。社区的领袖动员策略表现在给予政治身份、授予荣誉称号、提供发展平台等多个层面。两家社会组织的负责人都为所在街镇的社会组织联合会党支部书记，发展好自己的社会组织之外，还承担了一定意义上的政治责任，如刘显保在其所在党支部开展的能力建设培训项目，帮助不同类型的社会组织从更精准的角度参与社会治理。

从社会组织来说，其与社区的调适性合作主要通过以下三种策略来完成：

其一，追求共益。社会组织在协同社区进行治理的过程中，只有基于居民需求驱动而提供的社会服务，才能得到多元主体的认同与助力，换言之，社会组织的利益追求、居民的利益需求以及党政倡导的公共利益应该通过整合协调，三者形成交汇融合的共同目标。XB家维的党政支持、社会认同即得益于此，家电维修保养本该是市场机制中的服务内容，但一则居民区附近难寻小维修部，二则家电维修市场鱼龙混杂欺诈行为时有发生。于是，居民有家电维修保养的诉求，社区需要放心的便民服务，XB家维需要市场和社会认可，三者一拍即合，有效供给多元主体都认可的社会服务。

其二，管理创新。社会组织内部的治理结构和治理过程决定了社会组织的社会性、自主性和专业性，如果一直停留在仅靠魅力型领袖作为组织发展的动力，那么早晚会遭遇来自政府外部管理、组织间交往、组织资源获取以及组织"继承人"危机的压力和挑战。[1]因而，社会组织在发展过程中需要开展管理制度的优化与创新，以维持组织的长效运转，拓展组织的资源渠道，建立民主化、科层化的组织结构分工与管理制度意义重大。HP公益的组织内部管理看似松散，实质有极强的韧性，具体的工作由各社区点负责人和项目主管全权负责，而不需要周文秀亲自维系、参与多个项目的具体服务过程。XB家维则是在了解街镇与社区的行政意图后，以市场机制化运作推进发展成特定的、有极强专业性和大规模服务能力的组织治理结构。

其三，需求互换。社区与社会组织之间实质是一场"资源"与"绩效"的互换，社会组织通过参与社会治理与社区服务获得地位合法性、组织活动资源、社会影响力与公信力。社区由于公共服务供给与行政任务的需要对社会组织的专业性服务、工作效率等产生了依赖，其中，不同的主体关注的是不同的"绩效"，比如政府职能部门关注的是社会组织提供公共产品和服务的水平，将社会组织定位为"服务外包承接者"，而党群组织需要的是通过对社会组织的引领来提升对社会的整合力和组织力，将社会组织定义为"党的群众工作载体"。[2]在HP公益的发展过程中，共青团组织对其有着"知遇之恩"，周文秀表示，团组织能给HP公益的都给了，

---

① 崔月琴、袁泉、王嘉渊：《社会组织治理结构的转型——基于草根组织卡理斯玛现象的反思》，《学习与探索》2014年第7期。

② 黄晓春、嵇欣：《非协同治理与策略性应对——社会组织自主性研究的一个理论框架》，《社会学研究》2014年第6期。

上海市第一批5A级青年中心（共21家），团中央青年之家（当时上海仅有4个），第一间房子是团委帮忙争取的，包括现在的四间活动场地也是。

四、结论与讨论

在M区的调研中，关于社会组织的功能发挥，我们听到了居委书记们这样一种声音，社区需要适配性的社会组织，这种适配性表现为这样一些特性：一是嵌入性，即社会组织在准确把握社区需求的基础上提供专业服务；二是稳定性，即组织结构、人员构成、业务能力等多维度的服务持续能力；三是协同性，即社会组织能够处理好与社区多元主体间的关系和合作机制。理论观点也契合了实务人士的经验，"在西方国家的历史经验中，社会组织发挥功能都有一些独特甚至苛刻的社会和制度条件作为支撑"①，换言之，在当前社会治理的语境下，内生性因素一方面会影响社会组织与其服务对象之间的紧密关系，另一方面还会影响组织的资源和支持力量的来源。②

社会组织的这种内生性因素其实就是指组织的关系结构和功能发挥要能够适应环境的变迁。中国传统的基层治理以血缘基础上的家长制或宗族制为单位，基层社会结构以所谓的差序格局建立起来。在这个结构中，并没有社会组织的角色存在。1949年以来，中国长期以单位制构建基层管理和基层服务体系。"跑关系""走后门"等现象的泛化意味着这一时期的单位制实际上进一步巩固了基层群众的权力格局观，即所谓的新传统主义。在单位制解体并由街居制加以取代的这一阶段中，社区建设仍然是以行政性机构为主导的，因而中国社区治理中会出现重行政轻社会的现象。而当前在提倡服务型政府转型和打造共建共治共享的社会治理格局的社会背景下，社会治理主体间关系就是一种组织自主性的生产机制。

---

① 黄晓春、张东苏：《十字路口的中国社会组织——政策选择与发展路径》，上海人民出版社，2013年，第4—5页。

② 林磊：《在地内生性：社会组织自主性的微观生产机制——以福建省Q市A社工组织为例》，《中国行政管理》2018年第7期。

相比于社会组织的关系结构形成的组织自主性生产，社会组织与社区间的双向"调适"机制则是行动策略层面的自主性生产。它生发于实践，又塑造着实践，是适应当前社会发展情境的中国社会组织自主性生产机制。这也是社区"组织再造"过程中社会组织能够真正契合社区公共性与公众多元诉求、发挥其社会协同功能的基础性、机制性实现路径。

另外，我们应有这样一种共识，由于社会需求是多元分化的，所以社会组织本身就该是多形态、多模式的。如何发挥好社会组织在基层社会治理中的功能效用，最大的障碍还是理念上的挑战。制度是在一定的文化和理念基础上形成的，其发展和完善需要制度理念的支撑。在一个习惯于通过行政手段调节社会关系的制度理念基础上，社会组织融入社区的过程中必然会出现人为设置准入门槛等障碍。"添乱说"就是错误的执政理念的产物，政府不是万能的，对自身无法介入的需求引导扶持社会组织帮助"划桨"，何乐而不为。

第六章 M区社区"组织再造"中的 公众及其功能调适

在社区"组织再造"的过程中，公众参与具有核心价值。但是这种核心价值与基层党组织的核心作用并不矛盾，因为公众的核心价值主要体现在基层"组织再造"的最终实现中，即缺乏公众参与，或者说公众参与不充分的基层社会组织结构依然是旧故的。对于市场经济条件下早已分化和解体的基层社会来说，想要进行再组织化改造是极其困难的，更不要说重建当代中国的社会秩序与结构。因此，作为基层社会治理中"组织再造"的责任主体之一，对公众的关注和研究应当更加深入且审慎。

第一节 社区"组织再造"中公众面临的现实挑战

就公众层面而言，"组织再造"意味着在社区生活中将居民重新"组织起来"，实现社区居民的再组织化，并以社区为载体进行公共性建设。在某种程度上，这种公共性建设既是新时代城市基层社区"组织再造"的前提，也是其内在要求和题中之义。改革开放以来，随着"单位制"的解体、社会主义市场经济的发展，以及互联网时代的到来，社会公众逐渐从组织化的、整合性的、强制性的力量中剥离出来，这意味着个体的"解放"，但同时面临着社会公众公共品质的不足和公共的组织化精神的缺乏。新时代城市社区"组织再造"中公众面临的现实挑战主要有以下三点：

一、"后单位制"时代的个体化生存

改革开放前，为适应计划经济发展需要，党和国家通过计划管理体制，将行政管理的范围扩展到社会的方方面面，以此推动基层社会的组织

化建设，由此，"单位"成了彼时中国城市基层社会的基本形态。在"单位制"时代，城市主要基于单位来构建单位中的职工及其家属的生产、生活空间，打造生产生活共同体。工作的稳定意味着居住和活动空间的稳定，工作的密切联系则意味着人与人之间的密切交往和联结。因此，在城市生活社区形成了类似乡村秩序的"单位熟人社会"，其基本特征是：基于业缘关系呈现出高度相互依赖的集体意识和社会认同。[①]改革开放之后，高度集中的计划经济向社会主义市场经济转轨，"单位制"开始逐渐解体，"单位人"逐渐走出单位并转变为"社会人"，人与单位之间、人与人之间的联系出现松动和疏离。而随着社会主义市场经济的进一步深入发展和住房体制改革，人的流动性不断加剧，城市社区居民的业缘关系不再明显并持续淡化，公众越来越呈现出个体化、原子化的生存状态。这种情况反映在城市基层社区中，表现为社区居民构成复杂化，邻里关系区隔化，以及居民对社区认同感的降低。

（一）居民构成复杂化

在"单位制"时代，城市生活社区的居民基于相同的业缘关系生活在一起，并在日常的生产活动中被赋予身份，因此他们的构成是单一的、简单的。这样的居民构成也是"单位制"下实现有效的组织化社会管理的重要条件。然而在"后单位制"时代，在市场经济条件下，人们不再基于业缘关系而有计划地生活在同一社区，而是依据个体自身的购买能力，以及生活、工作、子女求学等现实需要自发集聚。由此，居民高度同质性的传统城市社区几乎不复存在，而居民异质化的社区则遍地生花。比如，在对M区的调研中发现，城市社区居民的构成呈现出高度的复杂性、异质性特征：从阶层来看，涵盖着市民中产阶层、农村市民化阶层、外来务工阶层等；从职业背景来看，包括个体经营者、私营和外资企业从业者、国企和机关事业单位工作者等；从社会身份来看，则有企业主、农民、工人、教

[①] 芦恒、蔡重阳：《"单位人"再组织化：城市社区重建的治理创新——以长春市C社区为例》，《新视野》2015年第6期。

师、干部等。而居民构成复杂化使得城市基层社区成为众多"异质性个体的地域集合"①。在城市社区之中，居民之间相同的东西，以及基于这些相同的东西而自然存在的可通约之处越来越少；伴随阶层、身份、职业、成长环境等差异而存在的日常生活习惯、基本需求、利益诉求等诸多不同则越来越显著。可以说，一种潜在的分化和冲突的力量在撕扯着当前城市社区以及生活在其中的人们，这种境况不仅会加大基层社区治理的难度，而且会阻碍社区"组织再造"的实现。毕竟，"组织再造"意味着整合性力量的运用和贯彻，这显然与当前那种分化和冲突的力量相悖。

（二）邻里关系区隔化

基于生产、生活的紧密联系而形成的密切的邻里关系是"单位制"时代城市生活社区的显著特征，它表现为频繁的人际交往、友善的守望互助以及日常信任、情感依赖等。与此不同，当前的城市社区中出现了显著的邻里关系区隔化问题，其形成原因是多方面的：

其一，在现代城市社区生活中，居民生活呈现出高度的市场化倾向，衣食住行等基本生活需求依靠市场化供给均可得到满足，生活饮食通过外卖网络平台订购并送货上门、家务依靠家政公司上门打理、居住安全有物业服务企业的保安人员提供保障。总之，足不出户亦可实现自给自足。其二，随着业缘关系在现代城市社区中的消退，原子化的个人散居在社区之中，日常关联的缺乏使得"老死不相往来"成为现实，在天然的自我保护意识驱动下，互相防范最终成为主流的居民心理状态。

因此，密集的楼宇住房之间的真实生活状态表现为，人们比邻而居，不期而遇，但终究是"隔着两扇防盗门"的陌生人。要知道，密切的邻里关系意味着社区中丰富的社会资本存量，这些社会资本源于社区中邻里之间的互信和互助以及日常交往中的重复互动。②然而，在当前邻里关系区隔化的城市社区中，个体化、原子化的居民自我"隔离"在狭窄的居住空间

---

① 王欣、杨君：《再组织化、公共性与社区治理》，《长白学刊》2017年第1期。

② 熊易寒：《社区共同体何以可能：人格化社会交往的消失与重建》，《南京社会科学》2019年第8期。

中，并不过多走出家庭，人际关系出现疏离，居民与居民之间是冷淡的，缺乏日常交往和频繁互动。因此，相应的整合性的社会资本受到抑制，而社会资源也散落在一个个家庭之中。"社会资本是社区前进车轮的润滑剂"①，邻里关系的区隔化却意味着社区中社会资本的某种衰落。

（三）社区认同感降低

社区认同是社区居民对于社区的心理归属状态，包括对社区的空间、人际、文化及管理模式等共有价值的认可、珍视和信任。②"单位制"时代，城市生活社区是围绕相关单位建构，是单位职工及其家属的生产、生活空间，相应的，单位所承载的住房、医疗、教育等社会功能全部体现在城市生活社区中。因此，居于其中的居民基于自发的情感认同和功能认同，自然转化为对于城市生活社区的认同，并且随着生产活动的开展和日常生活的进行而不断增强。然而，随着"单位制"解体，在社会主义市场经济下，一方面，基于业缘关系而建立的熟人生活社区，在城市空间巨型化和频繁的人员流动中最终解体；另一方面，单位所承载的社会功能也逐步解析出去，其中不少职能向市场转移，由市场力量承担，比如生活设施、休闲娱乐、安全保障等。因此，当前的城市社区不再是一个社群概念，而更多地表现为一个地域性集合，相较于前者，它很难在短期内培育出居民对于社区的情感认同。与此同时，功能性满足上的缺陷，也使得居民的归属感不强。社区中最难看到的是年轻人的身影，朝九晚五甚至"996"的工作状态使得社区生活对他们而言似乎仅具有睡觉功能，偶有闲暇时光也大都用来走亲访友或外出旅游，因而"走出社区"状态才是居民的日常。

概而言之，社区认同往往意味着社区中居民的集体意识和公共参与精神，对于推动居民积极参与社区事务、达成共识、实现社区自治发挥着重要作用，更是推动社区"组织再造"最终得以实现的重要条件，社区认同

---

① ［美］罗伯特·帕特南：《独自打保龄：美国社区的衰落与复兴》，刘波等译，北京大学出版社，2011年。

② 闵学勤：《社区认同的缺失与仿企业化建构》，《南京社会科学》2008年第9期。

缺乏或社区认同感低下已成为当前城市社区的重要问题之一。

二、互联网时代的生活方式变迁

综观人类历史，任何一次重大技术变革都会引起相应的社会革新，互联网技术亦不例外。根据中国互联网信息中心（CNNIC）发布的《第44次中国互联网络发展状况统计报告》，截至2019年6月，我国网民规模已达8.54亿，其中移动通信网民数量高达8.47亿，互联网普及率为61.2%，基于互联网络的电子商务、在线教育、网络娱乐、在线政务等蓬勃发展。[①]可以说，经过二十多年的发展，互联网不仅进一步深化和普及，而且几乎嵌入到社会的方方面面，成为人们日常生活不可分割的一部分。对于社区来说，互联网的影响无疑也是巨大的，甚至是颠覆性的。当然，其影响首先是通过对人的影响，尤其是人们的生活方式。互联网时代的人类生活方式发生了巨大的变迁，这种变迁是多方面、多层次、多维度的，但总体上凸显出三大特征，即"线上"依赖、"脱域"连接、"缺场"交往。

（一）"线上"依赖

"线上"依赖，即网络依赖。互联网以数字化、电子化、信息化为基础的技术构造，能够迅速实现图文、视频、资料等的迅速传递和分享，这种巨大的技术能力在互联网络应用中又衍生出传播、交易、社交等社会功能。在市场和资本力量推动下，互联网所具备的这些社会功能不断转化为媒体、购物、社交等应用平台，以至于在网络上实际再造出一个内容极为丰富和精彩的人类生活空间。它不仅能够满足人们日常生活的几乎全部需求，而且由于极具便捷性、隐蔽性、开放性、交互性、多元性等特征，极易与现代人之间产生共情。可以说，互联网天然具备一种裹挟一切的力量，因此，互联网时代的一个简单而又显著的事实就是曼努尔·卡斯塔尔

---

① 中国互联网信息中心：《第44次中国互联网发展状况统计报告》，http://www.cnnic.net.cn/hlwfzyj/。

（Manuel Castells）所总结的——"联网很重要"，[1]这也就说明"线上"依赖或网络依赖成为人们日常生活的显著特征之一。一些调查数据有力地证明了互联网时代人们对"线上"生活依赖的严重性，比如，2010年英国邮政局所做的一项社会调查显示，有20%的人表示"宁可一周走路不穿鞋，也不能一周没有智能手机"[2]；而中国互联网络信息中心的调查显示，我国网民人均每周上网时长达27.9小时。[3]

"线上"依赖的问题在于，互联网将人们从现实的生活中抽离的同时，人们也逐渐对现实生活产生了疏离感。换言之，人们通过互联网络能够极其便利地满足各种需求乃至沉醉其中，不必要或不愿过多回归、参与现实生活。对于社区"组织再造"而言，互联网时代人们的"线上"依赖由此成为一种障碍因素，因为前者要求社区居民回归社区并参与到社区公共事务的治理中，而后者在这一点上显然是与前者背道而驰的。

（二）"脱域"连接

"脱域"连接，是互联网时代社会生活的另一个重要特征。按照吉登斯的观点，"脱域"即"社会关系从彼此互动的地域关联中，从通过对不确定的时间的无限穿越而被重构的关联中'脱离出来'"[4]。客观地讲，"脱域"并非互联网时代所独有的特征，而是伴随现代化发展而存在的现象和趋势。只不过，互联网时代网络技术超越空间、时间的特性和能力，使得"脱域"变得更加普遍和前所未有的显著。在这里，我们所需要关注的是人们的"脱域"连接，因为互联网的基本构成要素是终端、人、内容和服务，人作为社会化的动物，人与人之间连接的始终是处于互联网"连

---

① 转引自［美］霍华德·莱茵戈特：《网络素养：数字公民、集体智慧和互联网的力量》，张子凌、老卡译，电子工业出版社，2013年，第12页。

② 转引自董晨宇、张恬：《反思"孤独社交"：社交媒体真的让我们更加疏离吗》，《新闻与写作》2019年第6期。

③ 中国互联网信息中心：《第44次中国互联网络发展状况统计报告》，http://www.cnnic.net.cn/hlwfzyj/。

④ ［英］安东尼·吉登斯：《现代性的后果》，田禾译，译林出版社，2000年，第18页。

接一切"的核心地位。①

总的来说，互联网时代人们的"脱域"连接表现为，人不再局限在受空间限制的地域性约束中，而是能够几乎突破任何物理界限，建立起人与人之间的连接关系，它具备三大特征：一是极度便利和频繁；二是可以跨地域，甚至囊括整个全球范围；三是基于共同的兴趣爱好、沟通的需要或自我意愿而形成。它的能量是巨大的，也是需要关注的，对于现实社区治理来说更是如此。其原因在于，一方面，无论任何时候包括"单位制"时代及其解体之后，共同的地域或共同的物理空间都是现实社区形成的核心前提之一，社区居民的地缘关系或强或弱依然存在，并持续或潜在发挥着凝聚性的力量，而互联网时代人们的"脱域"连接则将其进一步消解掉了。另一方面，它在消解地缘关系的同时，又似乎提供了一种网络的替代方案，即基于趣缘关系而建构的虚拟社区，并实际地将人们吸引、聚集其中。在这种情况下，作为地域集合的现实社区该如何与互联网时代的人们相处就成为一个现实问题。相应地，社区"组织再造"也必然面临着互联网时代人们"脱域"连接的现实挑战。

（三）"缺场"交往

交往是人类活动的两种基本实践形式之一。一般来说，交往实践以"在场"交往为其常态形式。尽管在社会生活中，以"缺场"为表现形式的交往，也时有发生，但总体上却是一种特例性的实践选择。互联网时代，尤其基于智能手机、平板电脑等微型化便捷终端所建构的移动互联网时代，随着各种各样的社交软件的不断开发和广泛应用，人们的交往形态发生了急剧转变。在这里，"缺场"交往似乎逐渐成为一种常态，而"在场"交往尽管严格意义上没有沦为特例性的实践选择，但事实上也已经开始呈现出相关趋势。实际上，从近年来微博、微信等网络社交和即时通信行业的迅速发展和用户规模的急剧膨胀，即可窥知一斑。

---

① 喻国明等：《趣缘：互联网连接的新兴范式——试论算法逻辑下的隐性连接与隐性社区》，《新闻爱好者》2020年第1期。

通常来说，互联网时代的"缺场"交往不仅能够极大地扩展交往范围，同时能够增强交往主体的存在感和自由度，甚至增加精神交往的嵌入性与覆盖性。①但问题在于，对于现实生活它也会造成一定程度的隐忧。一方面，它使人们陷入抽象的符号依赖，"一切沟通形式都奠基于符号的生产和消费"②，其结果必然意味着对周围的现实人的依赖的降低和减弱；另一方面，互联网时代的"缺场"交往由于缺乏面对面的直接沟通和交流，交往双方又通常是隐匿的，因此它只有在网络上才是极其活跃的。当然，实践中它的确可以投射进人们的现实生活，但它所建立的始终是人与人之间的弱关系。简而言之，互联网时代人们的"缺场"交往常态化，必然会出现现实社交空间受到挤压以及人际疏离的结果。要知道，密切的人际关系和基于社区的频繁的社交活动，往往是推动居民参与社区公共事务的重要条件，因此互联网时代"缺场"交往的常态化，必然会在这一点上进一步增加社区治理的难度，阻碍社区"组织再造"的实现。

三、市场经济条件下的利益分化

中国正式开启改革开放进程后，最为核心的内容就是探索社会主义制度下的市场经济之路，并逐步实现从传统社会主义计划经济向有中国特色的社会主义市场经济的转轨，从而最大限度地激发社会活力，合理调动资源配置，推动社会经济快速发展。改革开放四十多年来，中国社会发展和经济建设等领域取得的巨大成就，有力地证明了大力发展社会主义市场经济的重要性和正确性。然而，我们也应当看到，改革开放四十多年后的今天，市场经济的"另一面"也逐步显现出来，这就是：盲目的、自发的利益驱动导致的利益分化不断加剧。诸多研究就这一观点已经达成共识，即严重的利益分化，甚至利益失衡已经成为当前中国社会领域的一个显著特

---

① 王立娟、戴艳军：《网络化社会"缺场交往"性质透视：兼论马克思主义交往理论》，《中国领导科学》2017年第5期。

② [美] 曼纽尔·卡斯特：《网络社会的崛起》，夏铸九等译，社会科学文献出版社，2006年，第350页。

征。①随着市场经济的深入发展，严重的利益分化问题也呈现在城市社区生活之中，并造成了居民多元利益之间的冲突，以及居民私人利益与社区公共利益之间的冲突。

（一）多元利益间的冲突

市场经济的深入发展使得人员的流动加剧，与此相适应，城市社区成为诸多异质性个体的集合场域，这在前文已经有过论述。从利益视角来看，这种情况所呈现出的则是居民之间的利益分化：一是利益主体多元化，二是利益诉求多样化。前者自不待言，异质化的居民个体居住在社区之中，与社区之间存在不同的利益关联，因此本身就是分散的利益主体。而就后者而言，不同的利益主体必然意味着利益诉求的差异，当前城市社区中的居民，由于不同的阶层、职业、身份等而面临着不同的现实需求，其相应的利益偏好也差之甚远。事实上，社区中居民的利益分化本身不是问题，问题在于利益分化的不断加剧，以及进而引发的多元利益间的冲突。

市场经济的深入发展，在某种程度上撕掉了传统社会生活"温情脉脉的面纱"，使得利益成为社会经济领域中最普遍、最敏感的问题，追求利益是人们一切活动的主要动因。②这种情况正如马克思在《第六届莱茵省议会的辩论》一文中所言及的那样："人们所为之奋斗的一切，都与他们的利益有关。"③当这种盲目而激烈的利益驱动遭遇当前城市社区中居民的利益分化，其结果就是利益分化的持续加剧和居民多元利益间不断产生碰撞和冲突。例如，M区的一些小区中，外来务工者出于居住不稳定性和居住成本的考虑并不期待也不关心社区环境的改善，与之相反，社区常住居民则往往对社区环境整体改善表现出巨大的热情并愿意为之付出一定的经济成本。这种状况，增加了社区治理的难度，因为"没有一个由共同的根本目标所

---

① 赵磊：《改革30年：面临的问题与出路》，《江汉论坛》2008年第4期。

② 叶继红、杨鹏程：《利益分化、差异共融与城中村治理》，《理论与改革》2019年第4期。

③ ［德］马克思：《第六届莱茵省议会的辩论（第一篇论文）》（1842年2月），《马克思恩格斯全集》（第1卷），人民出版社，1956年，第82页。

维系的真正的社会"①。换言之，社区居民多元利益间的冲突，同样使得当前的城市社区中缺乏共同的利益和相应的共同目标，这不仅影响社区居民参与社区治理的积极性，也造成社区居民参与力量的内耗和消解。

（二）私益与公益间的张力

市场经济深入发展带来的利益分化问题一旦投射到城市社区之中，便不可避免地带来居民私人利益与社区公共利益之间的张力。这主要源于两方面的影响：

其一，大多数城市社区中的居民具有高度流动性特征。一般来说，无论是工作单位和地点的改变，还是家庭中子女就读学校的变化，都会促使居民搬出原居住社区，相应地，也会有新的居民搬入，这一点尤其在以"暂居"为目的的外来务工群体中表现最为明显。当前城市社区中居民的这种高度流动性，意味着两点转变：一是不少居民实质上游离在社区之外，居民与社区之间的利益关联在弱化；二是居民私人利益与社区公共利益的契合度也相应地降低了。其二，随着市场经济的深入发展，经济理性即"成本—收益"观念和功利性的算计与考量，已成为人们头脑中根深蒂固的痼疾。

上述两点所造成的结果是，居民要么不关心社区公共事务，对于社区治理中以公共利益为中心的议题，秉持冷眼旁观、漠然视之的态度。要么基于私人利益的实现而参与到相关议题中去，但在此过程中一旦发现自己所要承担的成本较高，超出了期待收益，就会选择退出参与，回归到"各扫门前雪"的状态，或以一种"搭便车""看门人"的心态敷衍了事。更有甚者，当私人利益与公共利益之间发生紧张和冲突时，居民通常会选择积极参与到相关议题中。但在参与过程中过分主张和强调自身的私人利益，而漠视甚至敌视社区公共利益，导致沟通、对话和协商演变成紧张的争论或零和博弈。这种情况在当前城市社区中并不鲜见，M区"五违四

---

① ［英］柏特兰·罗素：《社会改造原理》，张师竹译，上海人民出版社，1959年，第12页。

必"整治中，社区、出租户、租户三者围绕违章建筑所产生的利益纠葛和相互博弈就是最好的例证。总之，当前城市社区中，由于市场经济条件下利益分化所引起的居民私益与社区公益间的张力，已然成为影响社区治理的重要因素。

第二节 社区"组织再造"中公众的功能调适

当前城市社区中的居民整体上缺乏一种自主性、组织化的公共精神，这也必然带来居民参与社区公共事务、参与社区治理的积极性不足的后果，甚至出现无序参与的问题。正如罗伯特·帕特南所指出的："如果我们把政治当作民主的审慎思考过程，疏离公众就错失了政治实践的全部要点"[①]，公众参与基层社会的政治实践关乎社区"组织再造"的实现程度和治理效能。因此，不可回避的最重要的议题为，如何在新的现实条件下推动居民积极参与到社区公共事务和社区治理中来，并实现有序且有效参与。这是一个如何在实践中培育公众自主性、组织化的公共精神的问题，更是基层社区"组织再造"中如何有效发挥公众参与功能的问题。

一、从再组织化到公众参与社会治理的提出

综观新中国成立以来基层社会管理或治理的历史，组织化建设及相应地围绕公众所进行的公共性建设几乎一以贯之。只不过，随着整体性的社会管理或治理体制、方式的变迁与变革，这一任务会呈现出不同的阶段性特征。

改革开放之前，为了在共产主义意识形态下实现政治社会最大程度的整合，发挥社会主义集中力量办大事的制度优势，国家以"单位"为

---

① ［美］罗伯特·帕特南：《独自打保龄：美国社区的衰落与复兴》，刘波等译，北京大学出版社，2011年，第32页。

中介建构起一套较为完整的"把人民组织起来的体系"①。在这套组织体系中，国家拥有社会资源掌控和分配的绝对权威，并通过"单位"这一资源汲取和分配的组织化渠道与力量，实现对公众的政治控制和社会管理。相应地，公众则深深依附在"单位"之中，处于被管制、被组织的状态，表现为严格的被管理者。与此同时，由于体制内资源供给的严重不足，党和政府又往往迫切需要通过动员群众、开展群众运动来有效实现资源整合和社会管理。这样一来，在某些特定条件下，公众似乎拥有了另一个面相，即社会公共事务或治理活动的参与者。但总体来看，改革开放前我国基层社会管理组织化建设中，公众始终处于被动的状态，要么被管控着，要么被动员着，缺乏主体性和自立能力，主动性严重不足。

改革开放之后，随着社会主义市场经济发展，"单位制"式微并逐步解体，社会流动性、多元性、异质性日趋加强，公众的主体意识和权利意识苏醒，基层社会生态呈现出前所未有的复杂局面。这种社情民意的新变化，使党和政府在基层社会治理中面临捉襟见肘和应对乏力的问题。为了解决这一问题，国家启动了街居制改革，即通过恢复并赋予城市街道办事处和居委会管理、服务等新的职能，试图重建基层组织体系。具体到实践中，这样的思路又逐渐演化出两种社区建设的模式：

一是以"上海模式"为代表的基层社区管理模式。它主要从政府管理的立场出发，推动行政力量不断下沉，并逐步扩大行政权力网络，其目的是在城市社区中重塑政府权威和强化政府基础性权力。如此，一方面可以通过完善社区规划和制度建设，开展社区服务，从而有效承接"单位制"所转移出的社会职能和公共事务；另一方面又能够根据需要通过社区动员居民参与到社会管理中去。

二是以"沈阳模式"为代表的社区民主自治模式。这种模式与"上海模式"的不同之处在于，它立足于市场经济条件下民间社会力量发育的现

①　郝宇青：《从分化到整合：改革开放40年社会变迁的动力及其转换》，《江西师范大学学报（哲学社会科学版）》2018年第5期。

实，尝试充分利用市场社会中的各方资源，构建具有一定自主性的"自组织空间"。①

因此，在实践中，通过政府授权，它以居委会为依托，组建社区公共管理和服务网络，强调居民自我管理、自我服务、自我教育、自我约束，以及社会各方力量的积极参与。伴随着街居制改革之后而产生的这两种基层社区建设模式，实际上是"单位制"解体后两种不同的社区再组织化尝试。两者虽有许多不同之处，但共同点也是显著的：首先，它们都是政府主导下的再组织化，行政色彩依然浓厚。其次，都具有片面性和单一性的特征，比如，前者仅仅把社区管理看作一项行政工作，而忽视了居民的自主和独立参与；后者则过分强调社会力量的参与，而忽视了政府所应当扮演的角色和承担的职能。于是，这些改革探索在积累实践经验的同时也暴露出不少问题，在公众层面集中呈现为：居民要么对于社区的认同度不高，不愿参与到社区管理中，要么流于形式化参与、应景式参与，甚至无序参与。

新时代的中国社会处于急剧的转型过程中，随着市场经济的深入发展，叠加互联网等新技术、新平台的广泛应用，城市基层社区治理面临着更加突出的问题。这些问题的解决，需要通过创新社会治理方式，实现城市社区治理"组织再造"来实现。只是问题在于，我们该选择怎样的道路？

首先，可以肯定的是，我们不能回到"单位制"时代那种"去个人"的组织化。因为相较于改革开放前的"单位制"时代，当前无论是整体的经济、政治、社会结构，还是公众的心理结构、情感依赖和价值取向，都发生了巨大的变化。比如，经济领域市场开始在资源配置中起决定性作用，社会领域的意识形态出现多元化，以及公众的个体自由意识迅速增长，等等。这些变化使得那种"只有社会整体结构的宏大发展，而看不到微观的个人形象"②的"去个人"的组织化不再必要，也基本不再可能。

① 杨君、徐选国、徐永祥：《迈向服务型社区治理：整体性治理与社会再组织化》，《中国农业大学学报（社会科学版）》2015年第3期。

② 王欣、杨君：《再组织化、公共性与社区治理》，《长白学刊》2017年第1期。

其次，我们还需要走出行政力量牵制下的再组织化。客观地说，这种再组织化尝试，看到了改革开放之后随着社会主义市场经济的不断发展所带来的社会力量发育和社会资源积累，尤其是公众个体的自主能力、权利意识、个性化需求。但由于估计不足或估计过高，导致它并没有很好地得到回应。

因此，在城市社区治理中，我们看到的是公众或者参与积极性不高，以及在动员中做形式化的、应景式的参与，或者带着极高的热情参与到社区公共事务中去，但呈现出来的却是无序和混乱。以上两种路径的不合理性，要求新时代城市社区"组织再造"必须是新的再组织化，它既要能够满足国家重建基层社会秩序和结构的需要，又要能够回应社会主义市场经济深入发展和互联网等新技术广泛应用等条件下公众的一系列新变化。换言之，新时代城市社区"组织再造"必须兼顾整体的组织化改造和对公众主体地位的尊重、个体利益的维护、个性化需求的实现等。这是一个治理问题，更关涉到在治理中对公众进行组织化的公共精神建设的问题，其内在的根本的要求为公众的主体性参与地位。正因为此，党的十八届三中全会提出了"推进国家治理体系和治理能力现代化"的目标，明确要创新社会治理体制，改进社会治理方式，鼓励多主体参与和多主体良性互动。从"管理"到"治理"的一字之差，意味着强调多元主体参与和互动协商的治理理念的正式形成。"党委领导、政府负责、社会协同、公众参与、法治保障"的20字方针在《中共中央关于坚持和完善中国特色社会主义制度、推进国家治理体系和治理能力现代化若干重大问题的决定》中又完善为"党委领导、政府负责、民主协商、社会协同、公众参与、法治保障、科技支撑"28字方针，这一转变彰显出适应时代发展的社会治理理念的革新与优化。

二、"组织再造"中公众的功能调适及其实现

综上所述，公众被赋予主体资格是新时代完善社会治理结构、提高治理效能的题中应有之义。可以说，在社会治理中，公众的角色发生了前所

未有的变化。而这种治理角色的变化，也意味着相应地在社区"组织再造"中的责任承担和功能承载的转换。其一，公众作为社会治理的主体，内在地要求公众必须参与到城市基层社区治理中去，充分发挥自身的治理动能，在参与治理中切实担负起社区"组织再造"的主体责任。其二，作为社会治理的多元主体之一，公众处于与党组织、政府、社会组织平等的地位，因此公众参与的形式需要作出相应的改变。一方面，公众参与必须走出"单位制"时代的动员式参与、"单位制"解体后带有个体表达倾向的无序化参与的窠臼，从而走向主动参与和有序参与；另一方面，公众参与也要克服和避免再组织化过程中，在政府行政力量约束和干扰下出现的形式化和"应景式"参与的困境，而实现实质参与和有效参与。换言之，公众参与必须内在地具备自主性和独立性的品质。上述两点说明，公众的功能发挥应当在与其他责任主体进行平等的、互动的合作治理中体现，在与其他责任主体的"关系重构"中展开。

（一）参与决策功能

在社区"组织再造"过程中，党组织是社区治理的领导者。作为领导者，党组织的领导作用体现在多个方面，比如，保证治理活动遵循基本的政治原则和正确的政治方向，协调多元主体间的关系以凝聚治理的有机整体，明确治理活动的主要内容，等等。一般来说，这些作用的发挥又主要通过党组织领导决策，即在宏观层面上领导制定社区治理的政策方针来实现。然而，政策制定是复杂的，需要其他治理主体提供系统性的支持。因此，党组织需要公众参与其中，借以明确公众所关注的是什么、公众的需求是什么，以此更好地做出调整，并奠定决策的合法性和合理性。[①]同时，就公众而言，因为社区治理活动直接关涉到自身的利益维护和实现，所以公众本身也需要参与到相关治理政策的制定过程中，实现与自己作为社区治理主体相适应的政策话语权。故此，社区"组织再造"中，公众所承载

---

① 陈振明、[加]安德鲁·桑克顿主编：《地方治理中的公民参与：中国与加拿大比较研究视角》，中国人民大学出版社，2016年，导论第3页。

的功能首先应表现为参与决策。

在具体实践中，公众参与决策一般要通过与党组织的沟通、反馈来完成。就前者而言，无论是在政策议题的提出，还是政策内容的整合，以及政策的最终决定等各个环节，公众都要与党组织之间建立科学合理的沟通机制，并展开一个有效的沟通过程。通常，沟通应当包括三个环节：

其一，公众向党组织表达诉求。即社区居民通过社区论坛、社情民意恳谈会等渠道，或者借助党组织决策调研的机会，甚至以上门的形式，向基层党组织充分表达真实诉求，包括个体利益诉求和对于社区公共事务的意见建议等。

其二，公众与党组织进行民主协商。除表达自身诉求外，公众也应当认真听取基层党组织关于相关问题的看法和态度，并在此基础上通过充分的对话、交流等形式开展民主协商，以发展双方对于社区公共事务和公共利益的理解。

其三，公众与党组织达成共识。沟通的目的不是一方压倒另一方，而在于聚合与平衡不同的利益、寻求能够有效解决问题的最优办法，即在互相妥协的过程中实现求同存异的政策结果。①

概言之，科学的沟通机制和有效的沟通过程，需要表达诉求、民主协商、达成共识三个环节依次展开，并在各个环节取得实质性进展。就后者而言，所谓反馈，即公众就相关政策在社区治理中实施的效果，及时向党组织反映。与沟通的不同之处在于，反馈主要体现在决策之后的具体实施阶段。如果在这一阶段中能够得到有效信息，那么目的也往往能够达成，所以说，公众的政策反馈过程是保证党组织发挥"拾遗补阙"的弹性作用，合理调整治理政策的重要条件。当然，公众开展政策反馈，除自身要具备足够的积极性外，还需要具备两个基本条件：一是畅通的反馈通道和完善的反馈机制，以保证公众能够将自身对于相关政策实施效果的感受，

---

① 赵闯、姜昀含：《环境决策中公众参与的有效性及其实现》，《大连理工大学学报（社会科学版）》2019年第1期。

以及发现的问题，及时并真实地反映给基层党组织；二是党组织具有回应性品质，即对于公众所反映的问题不是置之不理，而是要能够认真听取，并积极分析和研判，及时向公众作出回复或进行相应的政策调整。

（二）监督规范功能

社区"组织再造"中政府的角色被定义为负责者，这里的负责者指的是社区治理公共政策的具体实施者和公共服务的提供者。在新的社会治理体制和治理格局下，政府负责做好四个方面的内容：一是制定规则，根据党组织决策，制定具体的社区治理规划；二是让渡空间，在不适宜政府介入的领域，主动退出，释放其他治理主体参与治理的公共空间；三是搭建平台，创建和搭建社会组织、社区居民参与治理的机制、平台，保证其能够积极、有序参与到社区治理中来；四是提供保障，一方面为社会组织、社区居民参与治理提供资源和能力支持，另一方面在职权范围内为社区提供基本公共服务和公共产品供给。这四方面内容意味着政府在基层治理中必须对自身做出调整和改变，即从权力政府转向责任政府和服务型政府、从全能型政府转向有限政府。然而，政府天生是权力的倾慕者，"无论它在表面上如何宣传尊重权利，而在实质上则必然对权利有着天然的排斥倾向"[①]。换言之，无论新时代的社会治理体制赋予政府怎样的角色，政府都潜在地存在权力膨胀和抵触权利的倾向，进而破坏自身在治理中的角色设定或侵犯其他治理主体的权利。类似问题的解决，显然需要通过公众在参与社区治理过程中对政府开展有效的监督规范来实现。

公众作为治理主体对政府及其派出机构进行监督规范主要包括以下三个方面：其一，监督政府治理边界，防止政府越位或缺位。在基层社区治理中，政府的治理边界应当有明确的既定规则，即什么该管、什么不能管，做到清晰可见、有章可循。这就要求政府应当不断增强自身的服务意识和服务能力，在需要管理的领域，积极介入，也应当自觉意识到自身能力的有限性，在不能管的领域，积极释放社区治理的公共空间，在市场经

---

① 张康之：《对"参与治理"理论的质疑》，《吉林大学社会科学学报》2007年第1期。

济条件下交由具备专业资格和能力的社会组织来完成。然而，由于长期以来在计划经济时代所形成的"家长式"作风和全能型价值取向，使得掌控权力的政府往往难以实现这一要求。在具体的治理活动中，政府要么容易在需要积极介入的领域缺位，要么轻易在需要撤出的领域越位。这就需要公众发挥监督规范作用，即在政府缺位的时候，呼吁政府介入；在发现政府越位的时候，要求政府退出。

其二，监督政府权力行使，防止权力寻租。格伦·蒂德有这样一句经典论断："一切权力在道德上都是可疑的——难以论证其正当性，却容易发生腐蚀作用。"①在基层社区治理中，政府是唯一的权力主体，这意味着政府存在权力腐化可能。尤其是在新的治理体制和格局下，社区中大量的公共服务和公共产品将由政府通过委托、承包、采购等方式交予市场和社会承担。权力遭遇经济必然难逃寻租的可能。因此，在社区治理活动中，政府的权力行使必须纳入公众监督规范的视野，保证政府权力行使合理合法，避免权力寻租现象的发生。

其三，监督规范政府基本公共服务和公共产品供给。在基层社区治理中，政府担负着基本公共服务和相应的公共产品的供给，这也是维护社会稳定、促进社会公平正义的基础。这就要求，相关公共服务和公共产品既是公平的、普惠的、均等的，又要能够满足不同群体的需求。因此，它不能单纯依靠政府的决策和选择来保障，还应当有公众的监督规范，以保障服务和产品的公共性和适用性。

故此，在基层社区治理中，公众一方面要督促政府及时供给公共服务及相应的公共产品；另一方面要对其内容和品质进行评估，并提出意见建议，以保证政府公共服务和公共产品供给的及时有效。

（三）互助合作功能

所谓互助合作，是指公众与社会组织之间在基层社区治理活动中的互

---

① ［美］格伦·蒂德：《政治思维：永恒的困惑》，潘世强译，浙江人民出版社，1988年，第103页。

助合作。社会组织在城市社区"组织再造"中扮演着协调者的角色，一方面，社会组织要协助政府完成公共服务和公共产品的有效供给；另一方面，社会组织也要架起公众与党组织、政府之间沟通的桥梁，发挥枢纽性作用，实现公众有序、有效参与。然而，社会组织作为治理主体进入社区，往往面临着诸多障碍，政府设置的门槛过高、排斥社会组织参与或抑制社会组织发展就是其中一个主要问题。对于社会组织来说，解决问题的办法只能是目光向下，即寻求社区居民的支持。同样，对于公众来说，在具体的社区治理参与中它也存在许多先天不足。毕竟公众是个体的集合体，它的力量总是分散的，并不足以应付复杂多样的公共性事务，也更难以应对外部环境涌入的破坏性力量；①再比如，作为异质性的集合，公众中存在利益分化的问题。这些问题，同样需要通过公众与社会组织结成多层次的互助合作关系，利用社会组织力量聚合和利益整合的能力来解决。因此，城市社区的"组织再造"中，公众应当承担起与社会组织间互助合作的功能，既要通过互助合作支持社会组织参与社区治理，并推动社会组织不断发育和壮大，又要通过互助合作借助社会组织的力量和优势，使得自身更好地、有序有效地参与社区治理。

公众与社会组织进行互助合作应当包括两个向度：支持和借力。前者要求公众给予社会组织参与社区治理以必要的支持和协助：其一，支持或协助社会组织进入社区治理的场域。在以往的基层社区治理中，社会组织一直处于被边缘化的状态，这种情况依据社会组织的性质和类别又分为两种：一是作为社区内自发形成的草根型社会组织，它们在社区中的活动范围通常被限定在一些文体活动和帮扶活动中，基本难以介入涉及政治性和社会性的公共议题；②二是产生于社区外部的社会组织，它们一般通过政府委托或购买服务的方式进入社区，但由于政府的警惕或抑制，往往面临着过高的门槛和繁杂的程序限制。因此，社会组织如何真正进入社区治理

---

① 王欣、杨君：《再组织化、公共性与社区治理》，《长白学刊》2017年第1期。

② 陈科霖、张演锋：《政社关系的理顺与法治化塑造——社会组织参与社区治理的空间与进路》，《北京行政学院学报》2020年第1期。

的场域是最为关键的问题。单靠社会组织是难以解决这个问题的，还需要公众的支持和协助，在需要的时候，启动社区居民自治程序，在居民自治的范围内要求社会组织参与，同时也能够尽量减少不必要的手续，实现社会组织灵活入场的目的。

其二，协助社会组织提升参与社区治理的效能。非内生性社会组织，其公共服务和公共产品的供给一般由政府在购买服务时所制定，这样就难以避免出现"供需适配偏差"[①]的问题。对此，政府需要做好前端工作，但更为重要的是由公众在社会组织提供服务的中端和终端进行有效的、高质量的回应和反馈。比如，在社会组织进行服务调查或回访时，社区居民能够及时提出合理的意见建议以及改进措施。只有公众协助，社会组织才能不断成长和优化公共服务和公共产品的供给。

其三，推动社会组织发育壮大。对于社会组织来说，其培育、发展、壮大均离不开政府的合理引导，但重中之重还是要获得公众的支持，公众的多样化需求是社会组织成长的原动力，公众也是构成社会组织的成员。作为社会力量和专业能力的代表，社会组织的发展壮大对于完善社区治理格局、提升社区治理能效，具有十分重要的意义。因此，社区居民有必要通过组建、参加等形式，推动社区内社会组织的发育和壮大来发挥更加重要的作用。

就后者而言，它要求公众借助社会组织有序参与到社区治理中去。公众参与社区治理的具体实践，固然可以通过个体直接参与的形式展开，比如以志愿者的身份进行社区志愿活动，或借助社区搭建的新媒体沟通平台发表意见。然而，个体的直接参与却往往面临着专业能力不足、治理资源匮乏的问题，尽管个别社区能人或社区精英具备专业能力和治理资源的优势，但在代表性上却存在合法性问题，即究竟能不能代表全体社区居民尤其是处于弱势居民的利益和诉求的问题。同时，个体的直接参与也往往由

---

① 倪咸霖：《政府购买社会组织服务"供需适配偏差"及其矫正——基于江苏省N市Q区的实证分析》，《中国行政管理》2018年第7期。

于不能够协调一致而陷入无序和混乱。因此，在社区"组织再造"中，公众具体参与社区治理的实践应当通过借助社会组织的途径有效、有序展开。一方面，公众可以根据参与需要，组建自己的社区组织，将分散的资源和利益聚合或整合起来，发挥组织整合的优势，从而增强参与社区治理的能力；另一方面，公众可以通过参加社会组织的方式，将自身的意志和目标嵌入到相关社会组织中，借助社会组织的专业能力和统筹运作能力，提升其参与社区治理的效率和质量。

第三节　个案分析：居民共建"七彩银都"

在社区"组织再造"中，诸如党组织、政府、社会组织等多元主体，严格地讲，只不过是社区治理的助推力。社区治理的有效实现，关键还是"以人为核心"，即以公众为主体参与其中，所以必须以社区居民的需求为导向，以居民自治及其公共利益为重心，无论是党组织、政府，还是社会组织都不宜也不能喧宾夺主。因此，在具体的社区治理实践中，公众应当参与党组织决策、对政府进行监督规范、与社会组织互助合作，即通过这种与其他多元主体间的关系重构，保证公众在自主性、独立性和有序性的基础上，全过程或全要素参与社区公共事务，与其他主体进行平等的合作治理。如此，不仅有助于其他主体在社区治理中的功能发挥，而且能够充分尊重社区自治的本质，同时还可以在这一过程中，通过参与实践培育社区居民的组织化的公共精神。M区YDY社区依靠和发动社区居民建设"七彩银都"的个案，可以说明社区居民是如何全过程参与社区治理，并通过全过程参与实践培养自身组织化的公共精神，使得社区"组织再造"成为现实可能。

一、居民共建"七彩银都"的缘起与主要实践

YDY社区是M区ZHQ镇最早一批的动迁安置型社区，也是当地城市化最早、规模最大的小区之一，小区始建于1995年，共管辖7个新村，近

4700户居民，总人口约2万人。YDY社区的居民主要以中心城区动迁安置居民、新市民和外来务工人员为主，呈现出"七多一少"的特征。所谓"七多"，即老年人多、困难群众多、支疆支内退休人员多、残疾人多、刑释解教人员多、少数民族多、外来务工人员多；而"一少"是指居民整体就业能力弱而导致相应的收入较少。繁杂的居民构成，意味着多元的居民诉求和复杂的居民素质结构。再加上该社区位于城郊接合部，周边配套不全、管理能力不足，致使YDY社区曾经乱象丛生。调研中有居住多年的老党员直言不讳过往体验："社区内没有一条路不是坏的，没有一个房顶不是漏的，没有一个围墙不是有破洞的；成群的鸡、鸭、鹅招摇过市，到处乱窜；环路东面是蔬菜街，环路西面是古董街，环路南面是饮食街，环路北面是服装街，就是一个都市里的村庄。"

整个社区治安环境差，偷盗情况频发，违规搭建、非法经营、卫生环境糟糕等现象更为普遍，居民整体缺乏安全感和对社区的归属感、认同感。对于社区的脏、乱、差漠不关心，只希望有机会换房子、找个好小区，这是当时大多数居民的心态，社区越糟糕也是居民多年置换房产"逆淘汰"的结果。因此，YDY社区也曾一度被戏称为"沪上最烂小区"。这一状况得以改善的契机就是新任居民区党组织书记的到来，通过走访社区居民，新的社区领导班子敏锐地捕捉到居民共同最关心的"12件大事"。以此为开端，从凝聚人心入手，开始了发动和依靠社区居民共建"七彩银都"的社区治理工作。自2012年至今，经过多年的发展，YDY社区创造了一片"翻天覆地、七彩银都"的新景象。当前，该小区不仅环境卫生情况显著改善，社区治安条件显著提高，而且居民的社区归属感和认同感普遍强化、参与意识普遍提高，社区治理进入了良性循环，成为创新社会治理加强基层建设的示范小区，并成功创建上海市文明小区，以及上海市志愿者服务先进集体、上海市妇女之家、M区民主法治示范区。

实际上，"七彩银都"并非基于理论和蓝图构想出来的，而是在发动居民参与社区治理、依靠居民创新社区治理的实践过程中逐步形成和完善的。总的来说，它主要包括以下三个阶段：

一是适应新形势，主动试点和拓展"田园模式"。面对社区乱象，YDY社区党组织积极争取，率先承担了M区"田园模式"试点任务。一方面，在田园派出所支持下和党组织积极沟通下，将物业公司、业主委员会、周边驻区单位和政府职能部门等纳入社区协同治理范围；另一方面，以换届选举为契机，把顾大局识大体、组织宣传能力强、群众威信高的居民选入业主委员会，通过合法程序把具备党员身份的业主委员会主任和物业公司董事长选入社区党组织，以此形成包含居委会、派出所、业主委员会、物业公司四家单位成员的党组织格局和"四位一体"的组织合力，构建服务型和回应型党组织。同时，在"田园模式"的基础上，建立"1+3+X+N"工作体系，即以党组织为领导核心，居委会、业主委员会和物业公司各司其职，居民组长、楼组长、志愿者为基石，各政府职能部门为支撑，调动各方力量共同参与的居民区网格化管理。

二是探索新机制，引入和培育社会组织助力社区治理。培育"蔷薇工作室"这一民非社会组织，并通过"蔷薇工作室"引入专家律师后援团，为社区居民面对面提供人民调解、法律咨询等服务；基于"蔷薇工作室"组建的"六心"俱乐部①，通过广泛开展自治活动，在自我服务的同时服务社区建设和治理；筹建"蔷薇关爱基金"，开展特殊困难群体帮扶，以此传递爱心，形成社区内自助互助的良性循环。

三是构建常态化的"七嘴八舌"议好社区事。针对尚有部分居民对小区建设不关心，对小区公共事务不理解、不支持甚至反对的情况，以问题为导向，搭建"有事好商量"居民议事会，引导居民真正参与到社区治理中。"有事好商量"居民议事会通过聚焦热点民生问题，引导居民走出来，了解社区情况，提出各自需求与想法；通过制定科学的议事规则，引导居民在"好商量"中体现尊重、回归理性、理解公正、懂得回馈；通过完善制度规范，形成从治理议题提出到方案公示、执行和反馈的制度闭环，保

———————

① "六心"俱乐部指以癌症居民为主的"开心"俱乐部、以残疾居民为主的"舒心"俱乐部、以少数民族为主的"同心"俱乐部、以空巢老人为主的"悦心"俱乐部、以新上海媳妇为主的"美心"俱乐部和以社区少年儿童为主的"稚心"俱乐部。

证社区居民尤其是直接的利益相关人能够全过程参与相关公共事务，并在参与过程中与其他治理主体开展广泛的互动合作。

社区"组织再造"的过程中，公众承载着参与党组织决策、对政府职能部门进行监督规范、与社会组织开展互助合作等基本功能。这就意味着，公众参与社区治理是全过程的参与，即公众参与到社区治理的各个环节，并在各个环节中与其他治理主体进行充分的互动和合作，借此实现功能互补，促使社区治理达到合理状态。那么，在"七彩银都"的治理实践中，这一点是如何体现的呢？

二、全过程参与决策：从议题设置到政策制定

通常来讲，决策是一个复杂的系统工程，包括问题的提出、目标的设定、问题讨论，以及方案的设计与选择等，也就是说，议题设置、决策协商、政策制定等构成了一个完整的决策过程。在M区YDY社区的"七彩银都"治理实践中，公众参与社区治理首先表现为参与党组织决策，并且是从议题设置到决策协商，再到政策最终制定的全过程参与。具体来说：

首先是参与议题设置。YDY社区中，关于社区如何治理的议题，一般都来源于社区居民，甚至由社区居民直接提出。这两种情况的不同，跟社区治理推进的不同阶段有关。起初，由于对社区的归属感、认同感较低，居民对社区公共事务并不过于关心，尽管有问题但也并不期望能通过社区治理而在短期内解决。恰如一位居民所谈及的："那时候小区脏、乱、差，我也是不关心，心想等退休后还是换套房子，换个好小区。"对此，居民区党组织通过创新服务型党组织的方式，直接到居民中，通过走访交流搜集居民的问题和诉求，再通过分析整合形成治理议题，由此保证决策议题源于社区居民。而随着社区治理实践的推进，居民对于社区公共事务具有一定的热情和参与积极性，此时，围绕社区公共事务的相关决策议题则往往由居民直接提出，而党组织必须重视，即通过召开两委班子会议将居民集中提出的问题拟定为议事主题。

其次，参与决策协商。为形成"大事共商、实事共做、协作共赢"的

互动机制，YDY社区在党组织领导下，建立了以党组织为核心，居委会、业委会和物业公司为主体的"四位一体"协商会议。协商会议每周召开一次，围绕确定的议题进行沟通交流、民主协商，并进行决策。协商会议议事规则明确规定，由居民、业主等为主体构成的志愿者团队、"三长"、驻区单位、相关职能部门等也应当参与其中。此外，近年来YDY社区还建立了"有事好商量"议事平台，对于直接涉及社区公共事务的议题，置于"有事好商量"议事平台进行协商。一方面，在相关议题确定后，必须进行为期5天的公示，确保居民广泛知晓；另一方面，确立了"干系人健全"原则，即社区居民中，利益相关人、正反双方都必须有代表参加，当然也只有利益相关人、正反双方代表都参加的情况下，议事会才能正式进行。通过这两方面的规则，保证社区居民真正参与到相关公共事务议题的决策协商中。

最后，参与政策的最终制定。在YDY社区中，任何涉及社区公共事务的政策的最终制定，都离不开社区居民的参与。比如，通过"有事好商量"议事平台所制定的政策，本身就是通过居民中的利益相关人员、正反方代表，在有规则辩论和沟通协商的基础上，最终达成共识做出的，本质就是社区居民参与的结果。再比如，由"四位一体"协商会议做出的决策，一旦涉及全体居民和业主公共利益，则必须按社区重大事项决策程序，提交居民代表会议或业主代表会议最终决定。

三、全过程监督规范：从信息公开到效果反馈

公众对政府进行监督规范，应当尽量避免监督盲点，以此保证政府在社区治理中权力行使的正当性和有效性。在"七彩银都"治理实践中，经过不断探索，形成了社区居民对于相关政府职能部门全过程监督规范的模式，建立了从信息公开到政策具体执行，再到执行效果反馈的闭环式监督规范机制。具体来说：

首先，推动信息公开透明。推动和实现信息公开是社区居民监督规范政府相关职能部门权力行使的前提和基础。一般来说，与社区治理有关的

政府职能部门都会按照要求和既定程序，通过社区信息公开栏、微信公众号平台等，定期公开公共服务购买情况或所辖事务管理情况。比如，辖区派出所需要通过社区微信公众号和平安小区建设工作栏，每月向全体社区居民公布社区警情、社区平安季度评定结果等情况；在"五违四必"整治中，综合行政执法部门要对社区内无证经营取缔、违法建筑拆除等情况进行公示；在"综合改造"中，有关职能部门要对公共服务和公共产品购买情况进行公示，等等。

其次，监督规范政策执行。为避免社区居民对于社区公共事务只是发挥"举举手、表表态"的作用，避免最终"不理解、不支持、不赞成"的情况发生，一方面，在党组织领导下，建立了政策执行情况追踪督办机制，在要求对政策具体执行情况进行详细公开的基础上，赋予社区居民追踪督办的权利；另一方面，在相对重大的政策事项，邀请社区居民组成志愿团队或顾问团队，全过程参与相关政策事项的落地和实施。比如具有典型意义的社区"综合改造"工程。在居民区"一号工程"——空调滴水管安装工程项目落实后，社区党组织邀请了马国庆等3名具有基建专业知识和工作经验的退休居民，组建成立"综合改造"质量把关顾问团，从工程招标设计、现场监理、安全检查协调处理等全程参与进行监督规范；此后，3名老师傅及8名居民"市民监督员"又组成团队，全程参与社区"综合改造"工程，进行协调、监督工作。

最后，效果反馈。效果反馈的目的在于使居民的监督规范作用发挥到底、到边，形成闭环。YDY社区规定，涉及社区公共事务的议题及相关政策，其最终执行情况包括问题的解决和处置结果，都必须向社区居民反馈，并根据需要进行评估、修正。

四、全过程互助合作：从组织培育到组织增能

与社区组织进行互助合作，是公众实现组织化、有序化参与社区治理，并在社区治理中有效提升自身参与能力和参与质效的重要途径。在"七彩银都"的治理实践中，社区居民与社会组织的互助合作，具有全过

程互助合作的显著特征，即在社区居民中培育社会组织，通过社区居民的加入或对其吸纳不断壮大社会组织，并且根据社区居民的需要为社会组织进行增能。具体来说：

一是在居民中培育社会组织。2014年，YDY社区争取到星河湾上海公司45万元的全额捐款，在党组织的牵头领导下，将社区内一座破旧的水泵房改建一新，成立了"蔷薇工作室"这一民非社区组织。"蔷薇工作室"并非凭空创造的，而是根据社区居民现实需要，从社区居民中培育而来的。一方面，它筹建的目的是解决社区内居民之间的各种法律纠纷和家庭矛盾，同时也为社区居民创造交流互动、法律咨询的"客堂间"；另一方面，无论组织负责人还是工作人员，都以社区居民为主，即社区居民构成其组织主体，比如"蔷薇工作室"的倡导者和负责人孔强威女士本身就是社区居民。

二是通过居民参与壮大社会组织。随着社区居民积极参与进来，"蔷薇工作室"又根据居民要求，将社区内各类弱势群体归类提供服务，组建成立了"六心俱乐部"。如此一来，不仅"蔷薇工作室"得到发展壮大，而且社区居民能够通过"六心"平台，自发地结对帮扶，更好地开展自治活动。同时，通过争取社会资源与各俱乐部结对扶持，推动自我管理、自主活动等形式，让"六心"俱乐部在推进"熟人社区"、发挥社区治理作用中也起到了积极作用。正如居民区党组织书记所言："'六心'其实就是万众一心。"

三是根据居民需要和支持进行组织增能。针对社区内存在的特殊困难群体，在社区党员、居民参与和各界资助下，"蔷薇工作室"主动跨前一步，正式成立"蔷薇关爱基金"，用于社区内特殊困难群体的帮扶。先后为曾在社区建设作出贡献，如今遭遇家庭变故的33位居民送去温暖。并且，通过"蔷薇关爱基金"的爱心传递，逐渐形成了自助互助的良性循环和好人好报的正向效应。

五、结论与讨论

一直以来,我国的基层社区治理结构大多呈现出典型的"中心—边缘"特征,即在党的领导下,政府主导基层社区治理的规则制定、公共服务供给,以及推动治理效果的实现。换言之,在以往的社区治理结构中,党和政府是中心性要素,主导着基层社区治理的全过程。那么,为了避免和克服这一治理结构的潜在的或在具体治理过程中已表现出的一系列弊端,比如由于忽视公众真实需求而导致的决策失当和公共服务供给错位等,一度引入了民主参与机制,强调社会、市场和公众参与社会管理。然而,"中心—边缘"的社会治理结构并未发生实质上的改变,也没有起到预想中的治理效果。因此,就公众层面而言,尽管一再强调公众要参与社会管理或居民自治,但由于原先治理结构先天的权力偏好导致的公众参与低效能,所以公众对于社区公共事务治理总体上依然是冷漠的。

这一过程中,由于市场经济条件下的利益驱动,或许某种情况下,特殊利益终究会激发公众个体或特定群体参与的激情,但往往走向无序或陷入混乱。这也是"单位制"解体后,再组织化不成功的关键所在。而党的十八届四中全会以来,新的社会治理体制和共建共治共享的社会治理格局的相继提出,为解决这一问题提供了出路。新的社会治理体制和格局,本质上意味着、并导向合作治理或者说整体性治理。无论是合作治理还是整体性治理,都是将治理结构视作一个共生系统,其中的每个治理主体都是不可或缺的组成部分,治理的有效性取决于每个主体的功能发挥最大化及主体之间的协同融洽关系。因此,只有通过相互参与,即通过彼此合作,各个治理主体才能获得新的主体性层次,并在环境中建立起更高的协调系统。①所谓合作治理,能够打破"中心—边缘"的治理结构,使得整体的治理结构变得更加平等,各个治理主体能够在地位平等的基础上,展开充

---

① [美]埃里克·詹奇:《自组织的宇宙观》,曾国屏等译,中国社会科学出版社,1992年,第231页。

分的互动合作，并通过互动合作实现功能互补。社区"组织再造"，是社区治理中治理主体的角色、功能的动态调适，是治理主体间关系的重构，也是各主体参与社区治理的规则的重塑。因此，只有走向合作治理和整体性治理，才能寻求到社区"组织再造"的真实方案。

对于公众来说，也只有在社区中通过与党组织、政府职能部门、社会组织等开展平等的合作治理，并在此过程中培育自身组织化的公共精神，才算担负起新时代社区"组织再造"的主体责任，才能推动新时代社区"组织再造"的最终实现。而YDY社区"七彩银都"的治理实践，恰恰是抓住了这一点。它推动社区居民全过程参与社区治理的各个环节，并保证居民自主性、独立性的基础上与党组织、政府职能部门、社会组织等治理主体开展平等的互动合作。因此，一方面充分地合理释放了其他治理主体的功能；另一方面，又充分尊重了社区居民自治的本质；此外，更在这一过程中，在参与实践中培育了社区居民公共的组织化精神。换言之，YDY社区"七彩银都"治理实践的成功、社区"组织再造"的实现，关键在于它把社区治理体系建构的着眼点放在了治理主体间关系上，把治理主体的功能调适放在了支持合作上。

第七章 社区"组织再造"的
有效性评估

基于前述章节关于社区"组织再造"的分析，社区"组织再造"的有效性到底如何，需要考虑三个层面的问题：第一，主体间合力的形成，包括其运行条件、运行机制和理想模型的建构，运行条件是指主体间合力形成的基本条件，这类条件构成了"组织再造"的生长土壤，是后续主体间合力形成整体性治理态势的基础性条件；运行机制，即基层组织通过什么样的方式参与治理过程并有效回应需求、问题和挑战，这显然是实现"组织再造"的具体内容；理想类型划分是对于治理实践的抽象，有助于我们厘清中国基层治理的变化趋势和发展路径。第二，主体间合力形成基础上的整体性社会治理的发展态势，整体性治理应用于基层社会治理在实践上已被证实成为可能，在结构、过程和功能层面上体现出中国基层社区治理的再造属性。第三，基于社区"组织再造"很大程度上就是信息技术应用于社区合作治理的过程这一现实，我们需要明晰信息技术作为中介介入社区治理过程的作用及其局限性，因为基层"组织再造"的过程，既不是简单应用信息技术的过程，也不是完全依赖信息技术应用的过程。

第一节 主体间合力的形成

一、主体间合力形成的基本条件

在社区"组织再造"的过程中，基层治理主体间合力形成的基础条件构成主体间关系重塑的生长土壤，它并不是要"脱钩"于市场化改革，特别是再组织化所产生的结构体系。相反，它主要是理顺其逻辑进路、梳理治理困境、回应治理问题，从而根据时代变化作出适应性转变。因此，基层治理主体间合力形成的基础条件包含两个层面的内容：

第一层面，边界界定。基层社会治理的过程中，主要涵盖四类主体，分别是党委、政府、社会和公众，这四类主体构成公共事务的实际参与者，在基层社会治理结构中分别承担相应的角色与功能。对于党委来说，政治领导特别是在有关民族国家发展方向和历史轨迹的问题上，执政党需要从民族、国家与人民相统一的角度，提供政治基础原则。基层社会治理正是在这一原则指导下的最微观的治理实践。对于政府来说，它的角色—功能定位最为复杂。一方面，它需要保证自身的公共属性，作为主要的公共物品供给者参与基层组织治理过程，不能将公共责任推卸给其他行为体；另一方面，它又需要根据治理情境选择自身的角色—功能定位，比如，在市场化改革初期，政府扮演着市场经济发展的驱动者角色，在再组织化过程中，政府扮演着要素配置的主导者角色，并通过竞争关系实现要素分配。那么，在"组织再造"过程中，政府如何厘清自身的功能领域，进行有差别的治理介入，就显得尤为重要。在基层社会治理过程中，政府主体的介入需要进行功能区分：一是基层区域性公共事务，二是基层区域间公共事务。对于区域性公共事务而言，政府介入更多着眼于制度供给和资源供给，治理行为主要由基层其他主体完成；对于区域间公共事务，政府除了制度和资源约束之外，需要根据事务属性进行一系列的行政管理。对于社会来说，其在专业化、自由度和具体性等领域具有优势，特别是在多样化和个性化公共需求领域，社会主体具有不可替代的位置。相比于党委和政府的政治与行政"整齐划一"的属性，社会类主体显得更为灵活多样。对于公众来说，参与构成基层组织治理合法性的重要来源，但这种参与需要建立在参与能力和参与积极性基础之上，相比于再组织化过程中公众的"卷入"过程，"组织再造"需要公众真实、有效地参与地域性公共事务活动，并形成相应的公共决策。

当然，在四类主体之外，基层社会公共事务治理的公共属性还需要处理与非公共属性之间的关系，特别是对于市场化力量的引入和使用。作为严格意义上的基层社会治理主体而言，市场是被排除在外的。但不管是对于（类）行政主体还是非行政主体，市场力量在专业性、技术性和竞争性领域有其比较优势，限定市场的应用范围显得较为重要。因为在再组织化前后，片面倒向市场化和片面追求非市场化是同时存在的，带有竞争性的公共物品供给可以合理使用市场参与要素配置，但需要有严格的决策依据和规制保障。

第二层面，法治框架。基层社会治理过程中不同类型主体间边界的划分以及主体角色—功能的设定，需要依托制度化的形式，特别是法律的形式加以规定。在市场化改革过程中，治理主体间的关系主要依赖于党政主体的驱动，其他参与主体大多处于依附地位或"卷入"竞争关系，并不能形成一种明晰的权属划分，从而统——般目标规定与地域性任务。这一主体间关系的规范并不完全处于法律框架之中，它更多根据具体经济社会任务的变化而变化，再通过法律形式加以确认，使得主体间关系的规范具有人为性和随意性。在再组织化过程中，基于秩序保障和社会产品供给，（类）行政主体在参与基层治理过程中，仍然习惯于政治动员方式和行政类手段，并不注重制度化建设和法律体系建设，这经常造成治理过程围绕特定治理主体展开，而忽视其他主体的角色—功能。因此，在基层"组织再造"过程中，各类主体间关系的边界划分需要置于法律框架中，构成主体关系的法律体系，以保障基层治理过程始终处于制度约束之中，而不是跟随特定主体意志变化而变化。

二、主体间合力形成的中间机制

在边界界定与法治框架这一基础条件下，基层社会治理过程中四类主体如何产生互动以形成合力，其互动的机制建设如何？这构成基层"组织再造"与治理更新的重要运行机制问题。在基础条件之外，互动机制建设尤其重要。这是因为，基础条件提供的是各类治理主体的基本规范，但是，现实的治理过程同治理规范存在一定的"偏差"，这一"偏差"需要一定的"矫正"机制，而互动机制扮演的正是这一角色。一方面，治理主体间的关系需要通过互动机制完成具体治理过程；另一方面，治理规范与治理实践的差距，需要通过互动机制完成规范的具体解释。可以说，离开了互动机制的支撑，基础条件很难有效转化为"组织再造"的治理过程。那么，对于党委、政府、社会和公众四类主体而言，他们分别具备怎样的互动机制，继而推动基层"组织再造"的治理变革，其实，这是由其边界、角色、功能等基础要素所决定的，特别是由治理情境的变化所带来的变革诉求所决定的。

（一）动力机制

党委领导在基层组织再造的治理变革中，通过动力机制完成基层治理实践。换言之，与执政党的政治领导地位相匹配，它在基层治理过程中，多数时候并不介入具体的治理事务，而是着眼于宏观层面的政治原则、政治规范与政治方向。如何将这一普遍意义上的政治原则融入基层组织治理实践，这是党委领导的核心要义，也是党委通过动力机制介入基层治理过程的重要体现。中国近代以来的革命、建设、改革和今天所提出的全面深化改革，是在中国共产党的驱动下完成的，或正在进行的，这一政治驱动型的发展路径使得基层"组织再造"过程始终处于执政党领导之下，它意味着"在现代化过程中政治领导、政治权威起了主导作用，政治权威掌控和配置着主要的政治社会资源，进而引导和带动经济、政治和社会各个领域相应的改革和变迁，同时促进相关因素各司其职、形成合力，共同铸就现代化的进程"①。这明显不同于计划体制时期的替代模式，也区别于再组织化时期组织形式的简单重塑及所造成的依赖关系，它要求执政党合理使用各类政治工具，推动国家治理并作为国家治理组成部分的基层治理按照历史逻辑和实践方向向前推进。这是党委领导的动力机制的要义所在。关于动力机制，还会在本章第二节进一步深入阐述。

（二）信任机制

政府在基层"组织再造"的治理过程中，主要通过信任机制建设完成

---

① 王金水：《党的领导地位的政治学阐释》，《社会科学》2010年第7期。

基层治理实践。政治信任包含两点内容：第一，"它反映了一个国家（或地方）的政府及其行为在多大程度上得到了一般民众的认可，从而体现了政府执政的合法性（或正当性：legitimacy）"；第二，"政治信任也是政府政策有效性的基础，政治信任过低将意味着目前的政治体系或政府行为丧失了民众的支持，这样的政府在制定和执行政策的时候将会遇到更多的反对和阻力，并付出更大的社会成本"。①首先，政治信任与政府执政的合法性紧密相关，现代意义上的政府，其存在的合法性正是公民赋权与政治信任；其次，政府基于委托—代理的原则，处理具体的公共事务，有效的公共物品供给需要考量行政成本问题，而公众信任是降低行政成本的主要方面。信任机制为什么构成政府主体参与基层组织治理的主要互动机制，其实，原因也较为简单：第一，在计划经济体制条件下，政府的包办并没有充分考虑行政成本问题，即使建立在充分的政治信任基础之上，也无法长时间维系这种动员体制。第二，正是基于计划经济体制条件下对于成本的忽视，以及造成的信任流失，市场化改革直指经济增长问题，政府在治理过程中大量引入竞争机制，也正是对于成本的有效回应。第三，市场化改革对于成本—效率的"片面"强调，使得政府行政的公共性受到忽视，进而造成政治信任的持续流失，以及伴随的公共物品供给不足，这时，与计划经济体制条件下相反的是，流失的信任同样会造成政府公共行政的障碍。第四，正是在前一阶段基础上，重塑信任就成为再组织化的重要考虑，不过，再组织化并没有充分调动其他主体的参与治理，面对日益增长的公共事务，政府并不能通过组织形式扩张覆盖全部成本，换言之，它是不可持续的，从长远来看，这又会回到政治信任—公共事务—行政成本的困境之中。因此，在这一政府参与基层组织治理的逻辑链条中，如何在信任基础上统一公共事务有效治理和行政成本合理支出，就显得尤为重要。

根据这一逻辑链条，政府主体在基层治理过程中的信任机制建设，包含两个方面的内容：一方面，政府主体需要承担公共性的责任，这是信任

---

① 马得勇：《政治信任及其起源》，《经济社会体制比较》2007年第5期。

的正向要求。对于基层社会治理而言，涉及的区域间、非特殊性治理事务，政府主体承担着主要的治理责任，并完成公共物品有效供给；另一方面，政府主体需要解决行政成本的约束，这是信任的负向要求。不管是计划经济体制还是再组织化过程，不解决组织成本问题意味着对于信任基础的侵蚀，政府主体需要将地域化、个性化、具体的公共事务交由基层其他主体参与治理，并完成公共产品供给，政府只负责制度供给和政策规范。这样，可以在培育信任基础的过程中将组织成本纳入治理过程，从而长效推动基层组织治理。

（三）协调机制

协调机制是社会参与基层社会治理的互动机制。社会在基层治理过程中，主要承担的是非行政类公共事务。这类公共事务的产生有其深刻的社会背景。在市场化改革之前，社会成员的公共需求基本是比较单一的，所以，通过单位体制可以一体化供给。但是，市场化改革带来的首先就是需求的多样化、个性化和小众化，面对这样非一致性的公共需求，行政类主体因为各方面的限制，基本无法实现有效、充分供给。这时，各种社会组织开始承担此类非行政性公共需求。社会组织因为其组织形式、行为方式、资金来源等比较优势，可以有效回应基层社会成员的"具体"需求。不过，在中国基层社会治理中，社会类主体也经历过角色变迁和机制更新。社会组织从原初的政府行政职能的延伸逐渐转向自主独立的协调者角色，从开始的管理机制逐渐转向未来的协调机制。

这种角色和机制的变化，有两方面的原因：第一，它来源于基层治理情境变化所带来的各类主体关系变迁，即个性化公共需求的产生；第二，也是最直接的原因，社会组织是公共产品和公共服务供给的非行政化的主要形式。任何一种公共物品的供给，一定是依托一定的组织形式，很少存在个体供给公共物品的情形，因此，如何在非行政主体之外完成公共物品供给，需要针对个性化公共需求，形成相应的组织形式与其匹配，进而完成需求满足。这时，涉及的就是协调机制。社会参与基层治理的协调机制就是完成从党委、政府到公众的过渡形式（或者说中介形式）。

根据社会组织参与基层治理的特点，协调机制的实现方式主要有两类：第一，它主要是一种自发、自主的非行政性、公共组织，具备公共物品供给能力，有效回应基层社会成员的个性化需求，它可以是地域范围内的自主成立，也可以是域外的引入和匹配；第二，它需要处理与行政类主体之间的关系，并从党委、政府获得系列支持，包括制度、政策、规范、资金等方面。由此可见，社会参与治理的协调机制，需要避免两个误区：一是将政府与社会组织割裂开来，即前文所描述的政府对于公共性的忽视；二是将公众需求和公众参与同社会组织割裂开来。只有在不同主体间的中介作用和过渡功能得到有效发挥，社会参与治理的协调机制才是成立的。

（四）参与机制

参与机制是公众参与基层组织治理过程中的主要互动方式。参与机制是基层组织合法性的主要来源，也是完成基层组织自我治理、自我服务的重要形式。在现代政治架构中，基层民主治理是国家民主制度的社会来源，不管是通过间接民主形式包括精英民主、代议制、代表制、委托—代理形式等，还是通过直接民主形式如协商、合作等，都需要获取基层社会成员的赋权，或者直接将基层社会成员纳入民主治理过程之中。在社会成员需求多样化、个性化和具体化的治理情境中，对于直接参与的诉求越发强烈。基层"组织再造"的过程，其实也是实现社会成员参与治理的过程，它从原来的政治从属、市场竞争，逐渐转向回归公共性的政治参与和社会参与。

公众参与机制的实现有两个重要的衡量标准：第一，参与的积极性。参与积极性与普遍参与联系在一起。对于基层地域范围内的公共事务，基层社会成员有权参与其中，并且还需要做到普遍参与其中。从动员体制到市场化改革，从失序和供给不足到再组织化形式，普遍参与一直构成基层治理的主要挑战。在新时代的治理情境中，如何激发社会成员的普遍参与，是完成"组织再造"的重要评价标准。一方面，基层"组织再造"的结果就是完成社会成员的自我治理；另一方面，社会成员的自治又构成"组织再造"成功的重要体现。结合这二者，需要将基层社会成员的参与同自身事务联系起来，并且，个人事务的交集构成基层参与的不同层次。与之前的"卷入"一致化不同，普遍参与一定是存在层次、对象的差异，并将不同类型参与整合进基层空间之中，形成立体交叉的参与模式。第二，参与的有效性。有效性标准主要体现在公共事务的分类治理上。它要求域间公共事务的行政参与，域内公共事务的参与治理。不管是公共物品的自组织供给，还是决策公共物品的中介供给，都建立在社会成员共同决策基础之上。这一决策意味着参与的有效性，它包括共享成果与责任共担。

三、主体间合力形成的多重模式及特性

治理主体间合力形成取决于主体间的关系模式，这种关系模式即使是处于同一制度体系中，在不同历史阶段、不同实践场景中也会表现出明显的差异，这种差异有时候并不是泾渭分明的；相反，它可能融合了各种"相冲突"的要素。为了更好地理解中国基层治理中的主体关系，这里，借用韦伯对于"理想类型"概念的界定，尝试区分治理主体间关系的不同类型。韦伯认为："思想图像将历史活动的某些关系和事件联结到一个自身无矛盾的世界之上面，这个世界是由设想出来的各种联系组成的，这种构成在内容上包含着乌托邦的特征，这种乌托邦是通过在思想中强化实在中的某些因素而获得的。"①因此，基层治理主体间关系的理想类型划分，是对于治理实践的抽象，它并不是现实治理联结关系的具体形态，却又是切入治理主体联结关系的重要入口。

（一）替代—支配型

基层治理主体间关系的第一种理想类型表现为替代—支配型。替代—支配型主体间关系具有两个重要的构成要素：首先，在纵向行政结构中，具备完成的主体构成。比如，基层组织涵盖党委、政府、社会组织、公众

① ［德］马克斯·韦伯：《社会科学方法论》，韩水法、莫茜译，中央编译出版社，1999年，第39页。

等各类主体，上级组织也同时具备法定的各类治理主体，二者共同组成行政体系。其次，纵向行政关系属于支配型关系，这意味着基层治理主体虽然按照规定享有相应的治理权限和参与能力，但是面对上层组织的行政约束，这种治理能力并不能得到有效释放，而是贯彻执行上级行政组织的指令。在这样的纵向行政过程中，上级组织与基层组织基本上按照"一对一"的形式进行机构设置，每一个组成机构都是为了完成上级组织的行政任务。那么，对于基层社会治理而言，它并不存在基于自身地域和问题的治理过程，上级组织替代基层组织完成基层治理过程。

替代—支配型主体间关系在计划体制时期表现得尤为明显，它体现为上级组织的"越俎代庖"。一方面，基层组织扮演上一级行政组织的职能延伸和机构分支；另一方面，基层围绕自身需求的治理能力和治理过程是比较匮乏的。两者结合，就形成了整齐划一的治理模式。当然，替代—支配型主体间关系，需要一系列的配套机制，最典型的要数计划经济模式和政治动员体制。计划经济通过资源要素的分配实现对于基层组织的支配；政治动员体制通过吸纳基层进入上层的政治目标任务实现对于基层组织的替代。由此可见，替代—支配型主体间关系条件下，基层组织主体并不是不存在能动性，而是这种能动性并不来源于基层地域的特性和公共事务，相反，它只是为了完成上一级组织的目标设定与任务划分。这是替代—支配型主体间关系的最典型特征。

（二）资源—依赖型

资源—依赖型是基层治理主体间关系的第二种理想类型。这一类型的主体间关系具备三个方面的组成要素：第一，支配关系的存在。上级组织对于基层组织仍然具备相应的支配力，但是这种支配力不同于计划体制时期，它并不是通过政治动员和要素分配的方式完成约束；相反，它更多地依赖于行政科层制的制度规范和权限划分。第二，基层组织主动性和独立性的空间。资源—依赖型主体关系主要产生于市场化改革的背景下，为了激发基层组织的活力，特别是对于经济增长的积极性，上级组织赋予基层组织较大的自主权。这一自主权的主要内容就是完成地方经济的增长，并通过行政体制的竞争方式推而广之。因此，基层组织在完成经济发展目标任务上，具备充分的自主空间。当然，与经济发展相关的其他行政目标，也会通过类似的竞争形式融入基层组织治理过程中，包括正向约束与负向约束，比如在社会稳定问题上的"一票否决制"。第三，基层组织主动参与竞争关系，指向资源的分配过程。伴随着市场化的推进，上级组织掌握了越来越多的政策资源和市场要素，特别是在政府推动经济增长的过程中，行政力量对于资源配置具有重要的影响。正因为如此，配合行政体系中的竞争关系，基层组织的治理参与过程突出地表现为要素分配诉求。

区别于支配—替代型主体间关系模式，资源—依赖型主体间关系具备相应的自主空间和治理能力。不过，这种空间中的能力存在自身的边界约束条件：一方面，这种自主性并不是纯粹产生于基层地域的特殊性，当然，它与地域性存在一定程度上的关联，即对于经济发展的诉求；另一方面，上级组织并不通过"越俎代庖"的形式推动基层组织的治理过程，相反，它更多地通过要素分配的形式激励基层组织参与上级组织的目标设定与任务分配，同时结合惩戒机制确保上一级目标和任务的有效实现，从而将基层组织再次纳入一致性的目标框架中。资源—依赖型主体间关系最大的特性是自主性的生长（与基层地域的需求存在一定程度的重合），并且，这种自主性处于一种行政的竞争关系之中，并最终指向上一层级的目标任务。

（三）认同—共益型

认同—共益型是基层治理主体间关系的第三种理想类型，事实上，在前文分析基层党组织关系统合功能时已有涉及，它所描述的主体关系包含若干构成要素：第一，认同构成不同组织主体的合作基础。现代政治的合法性基础从原有的赋权逻辑逐渐发展为多主体的合作逻辑，这要求在政治体系中确立不同主体间的重叠共识，这一共识即多主体的共识，它在中国的政治话语中表现为协商民主的理念。第二，在认同和共识的基础上，通过一系列的制度设计，完成上下级之间的职责划分。一方面，上一层级需要与基层主体确立权属关系；另一方面，基层主体的治理过程需要有效回应社会需求，即基层地域范围内的特殊性和公共产品需求。这两方面的内容并不冲突，共同统一于制度体系中。第三，独立空间与自主能力的生成。基于多主体在制度层面的职责划分，使得基层治理主体越来越趋向于独立性和自主性，这种独立空间和自主能力并不依赖于上一层级的支配、调动，而是来源于社会需求的有效激励。第四，基于多主体合作治理基础上的共同利益实现。一方面，公共利益统领纵向不同层级与横向多主体的利益诉求，凝练出普遍的公共意志；另一方面，通过纵向权属划分与横向多主体合作关系，实现共同利益，这种共同利益既指向特定公共空间，也指向一般的公共空间。

在认同—共益型的主体间关系中，基层治理主体不再从属于上一层级的目标设定，也不再依附于上一层级的竞争性"调动"，而是将自身空间与一般意义上的公共空间有机结合起来，表现出强烈的地域特色和独立属性。需要作出约束的是，认同—共益型主体关系虽然形式上强调对于地方的回应性，但这种回应性是包含于整体的共同利益之中，二者不可切割，并不是基于"放任自流"的无序扩张。

第二节　整体性社会治理的发展态势

整体性治理的产生是与西方社会的政府再造运动相伴随的。随着新公共管理改革运动的推进，对于政府运行新模式的诉求表现出整体性治理的态势。这意味着，作为公共权力的政府机关，需要在效率、效益和满意度的目标导向下，通过大量引入信息与通信技术的应用，完成对于政府业务流程、服务供给和管理方式的改革，实现一个高效整体的政府新形态。正因为如此，整体性治理的政府形态与政府再造并无实质性差异，比如有学者就指出，整体性治理是"以满足公民需求为治理的导向，以信息技术为治理工具，将协调、整合和责任作为治理策略，促进各种治理主体的协调

一致，以实现整体性政府组织运作模式"①。由是观之，整体性治理具有
以下方面的构成要件：第一，在治理目标上，它诉求高效、高质量的公共
服务和公共产品供给；第二，在技术使用上，它主张信息和通信技术的使
用，以及企业的理论、技术与方法；第三，在改革内容上，它要求政府原
有行为模式的改革，包括结构、过程、功能等要素组成，实现全新的政府
形态建构。在这一层面上，整体性治理不过是政府再造和新公共管理改革
运动的延续，是对其成熟形态和完整形式的描述。

不过，整体性治理在中国社会治理、特别是基层治理中的应用，与西
方的政府再造运动还是存在一定差异的。并且，这种差异使得整体性治理
的推进，需要考虑不同的侧重点。一方面，中国基层社区治理存在效率、
效益和满意度的目标导向，它与人民的美好生活需要是一致的，这使得整
体性治理应用于基层社会治理成为可能。另一方面，中国基层社会治理的
结构、过程和功能根本区别于西方社会，它需要充分考虑到执政党对于各
类主体的整合，以及整合基础上的参与和"用户满意"，从而达到预期的
政治社会目标。对于后一个方面，它在结构、过程和功能层面体现出中国
基层社区治理的再造属性。

一、中心结构整合

改革开放以来，随着社会主义市场经济的推进和单位体制的逐渐消
退，基层社区治理经历了巨大的转型。在原有的单位体制下，基层社区承
载了政治、经济、文化、社会等生活的方方面面，它是作为居民全部生活
的集中表现形态。在这一高度集中的生活空间中，执政党完成了对于社区
管理的全面介入。但是随着市场经济的发展，原有高度集中的单位制不再
适应基层社区治理，围绕市场支配下的资源要素配置开始形塑基层社区空
间。这种改变剧烈地冲击着原有的社区形态和管理模式。

---

① 韩兆柱、张丹丹：《整体性治理理论研究——历程、现状及发展趋势》，《燕山大学
学报》2017年第1期。

首先，社区集政治、经济、社会、文化等各类功能性需求的满足体系开始瓦解，经济功能第一步脱离原有的社区空间，紧接着，其他功能性需求也逐渐转向市场购买或社会服务。不过，这一消解的过程也出现了公共产品和公共服务供给的短缺、不足和不公正。

其次，执政党在原有社区形态中的全面介入开始收缩，退出了日常功能性需求的供给过程，更多地转向政策制定和行政引导，这使得基层组织出现了某种形式的涣散，乃至失序的风险。因为伴随着原有组织结构的式微，新出现的公共需求需要获得替代性的满足，要知道，转向市场和社会的需求获取模式只是作为基层社区转型的初级形态。较为成熟的市场化条件下的社区治理形态必须完成自身的公共供给与需求回应。那么，政党和政府的收缩只能作为起始阶段的应激性反应，最终还是需要回归到对于自身角色与功能的重新定位，并再次进入社区治理空间，完成与社区居民的有效互动。

对于中国城市社区的"组织再造"而言，正是在这一层面展开的。作为执政党的中国共产党，它具备了对于社会治理的全面领导、组织和服务的功能，这一点是由中国社会的组织化状态所决定的。正如前些年学术界讨论比较多的社会资本问题，中国基层社会一直面临着普遍的社会资本不足状态。当然，这并不是说中国社会不存在如以熟人关系和血缘为中介的社会关联，而是说，对于现代条件下的公共治理来说，传统意义上的血缘或熟人关系主导的社会联系是不够的，并且会造成经常性的封闭、孤立状态，它不利于公共治理的有效实现。中国共产党为这种传统的社会资本及其相互关系提供了替代性的组织形态，即通过政党整合的方式，完成基层社会的再组织化、动员和普遍参与。那么，在市场经济条件下，从计划经济延续下来的全面介入模式变得不太适应，各种收缩、应激和弱化开始出现。这是不是说执政党的组织功能不再需要了，还是说执政党在计划经济时期所推行的组织手段不再适用了？

对于这一问题的回应，是思考当今中国基层社区再组织化的逻辑起点。首先，再组织化对应的是组织弱化、边缘化等各类组织缺失和不足问题，它意味着重新确立组织关系和公共过程。这显然不是对于组织存在的否定，而是对于什么样的组织形式的思考。在目前不少关于再组织化或"组织再造"的讨论中，经常出现一个误区，即将基层"组织再造"理解为政党组织的恢复建设。这意味着市场经济推进过程中，政党组织退出基层治理空间，因此，基于公共性建设的原则，需要恢复政党组织的"在场"。

这种理解显然是错误的，一方面，政党组织始终"在场"，不管是对于改革开放之前还是改革开放之后；另一方面，政党组织的收缩与弱化也是不争的事实，很多基层公共问题处理过程中，政党组织并没有很好地完成对于组织的建构，反而任由组织真空和各类替代性组织形态的介入。从这一层面来看，基层"组织再造"回应的是如何探索适应新时代新条件的政党组织方案供给，这才是问题的关键所在。

其次，既然是延续基层治理中的组织形态，那么，作为执政党的中国共产党居于基层社区治理场域的核心位置则理所当然：一者，它来源于近代以来中国社区组织关系缺失及中国共产党对于中国社会的"组织再造"；二者，中国共产党在完成社会组织重构的基础上，推进现代社会建设的探索，因为时代条件的差异，必然存在组织手段的变迁。因此，中心位置与整合功能是基层党组织在社区"组织再造"中的角色—功能延续。

最后，明确了基层党组织的中心位置与整合功能，对于基层社区"组织再造"而言，需要研究和探索的是如何通过中心位置凝聚各类主体，如何通过整合完成公共供给和需求回应。通过系列案例的分析可以发现，基层党组织的核心位置需要处理好对其他主体的领导力、吸引力和说服力。功能整合需要处理好各领域、各类公共服务和公共产品的供给效率、供给质量和居民满意度，效率、质量和满意度通过基层党组织完成整合和评估，具体的供给过程和需求回应又合理分配到各类参与主体的功能实践中，从而搭建基于基层党组织的中心扩散和供给延展的社区治理结构。

二、参与合作行动

在基层党组织提供的组织载体和治理平台之上，如何完成各类治理围绕基层党组织的治理实践，它涉及治理参与和合作治理的生成。在改革开放之前，基层的治理活动同样涵盖各类型主体的参与，包括团体、群众组织、居民，特别是各种类型的经济单位。在当时的计划经济模式下，经济单位承担了主要社区管理职能，覆盖几乎所有的公共服务供给和需求回应。改革开放以来，特别是随着基层的居民自主能力的成长和外向化需求满足模式的出现，对于基层治理过程的参与出现了明显的参与不足和参与低效。为了有效回应这一问题，围绕基层党组织的"搭台"开始出现。既然基层党组织在社区治理中占据着中心位置，承担着整合功能，那么，基层党组织就需要主动"搭台"，让各类主体上台"唱戏"，继而谱写中国特色基层治理"大合唱"。在这一"合唱"的过程中，生成了基层党组织领导下的各类主体参与和公共服务、公共产品的有效供给。

作为基层社区治理的核心，基层党组织需要做好平台建设，更要做好基层参与治理建设，重点需要从以下三个方面入手：

首先，培育参与意识。"参与意识来源于居民对社区的归属感、认同感以及对自治权利的认知，是'社区是居民的'理念得以践行的基础，是引导居民参与社区发展以及营造社区网络环境的要件。"①社区居民参与意识的培育需求主要来源于居民诉求表达的不足，一方面是社区居民存在普遍的参与取向，另一方面这种参与取向并没有转化为主动参与的意识和行动。这二者之间的落差经常造成一种现象，即社区居民明显存在的参与诉求，但在实际参与过程中表现为参与冷漠和不参与。如何培育社区居民的参与意识，关键是推动基层党组织的动员能力建设：一者，可以通过代表和党员参与的形式作出示范，引导其他居民的参与"围观"，并在不断"围观"的过程中培育起参与热情和主动参与意识；二者，对于中国基层社区普遍存在的低组织化状态，基层党组织的动员能力是确保基层参与有效性的保障，避免因阶段性参与不足而造成的合法性流失危机。通过基层党

---

① 袁方成：《增能居民：社区参与的主体性逻辑与行动路径》，《行政论坛》2019年第1期。

组织的动员机制推动，可以逐步培养起社区居民的参与意识。在居民参与意识之外，还有其他主体的参与意识建设，例如，社会组织参与社区意识的培育，可以通过基层党组织邀请和公开形式，培育社会各类组织介入社区治理的意识；市场主体参与社区治理的意识培育，这可以通过基层党组织牵头的招投标方式加以引导，建立市场主体进入社区治理的能动意识。

其次，训练参与能力。在充分的参与意识基础上，参与能力建设直接影响到参与和协商的质量、效果。很多时候，在基层社区治理的过程中，容易忽视居民的能力建设。基层社区往往认为，只要通过主动或被动的形式吸纳充分的参与，那么，自然可以完成社区民主协商过程并输出相应治理结果。这一结果也是有效的，即形式对于结果的优先性。实际的治理过程却并不局限于此，尤其是基层社区治理，它不仅注重程序的合法性，更注重结果的合理性，而不是刻意通过形式完成对结果的替代。因此，必要的参与能力建设就成为社区治理的构成要件。参与能力以系列的模拟学习、参与实践和案例宣讲等形式完成，它需要基层党组织重视居民的日常能力训练，包括表达方式、沟通方式、协调方式、技术使用、平台使用、结果解读等各个环节和要素。基于一系列的参与能力训练，才能为基层社区的合作治理内容提供充分的保障，避免出现治理结果的"再治理"等治理陷阱。在居民治理能力训练之外，还需要引入其他主体的能力培训，一方面是规范其他主体参与社区治理的能力标准，另一方面是协调其他主体与居民主体的能力对接等方面，从而达成社区治理的能力体系建设。

最后，提供参与途径。在意识和能力的基础上，社区参与还需要充分的渠道和途径保障。这一路径建设至少包括两方面内容：一是以基层党组织为核心的参与平台的整合。不管是基层党组织的参与渠道，还是居民民主协商的制度化机制，抑或社会组织和市场主体的介入机制，都需要整合到统一的平台中，完成参与机制体系化建设。二是需要根据社区区情创新参与渠道和参与机制。比如，对于商品房小区可以更加侧重于新技术应用于参与路径建设；对于混杂性小区，更为重视权威性和规范性参与路径建设；对于城乡接合小区，可以借助原有的社会联系和社会关系，创新非正式化参与渠道与正式化参与形式的有机结合。只有通过参与路径的多样、立体和个性化建设，才能充分释放社区治理中的参与动能，将意识和能力转化为合作治理中的民主协商绩效，输出治理结果。

基层党组织不管是在参与意识培育、参与能力训练还是参与渠道构建方面，都应该发挥与中心位置和功能整合相匹配的治理效能，继而构成围绕基层党组织的基层社区治理新体系。

三、公众满意评估

从"组织再造"的目标导向来看，它是通过技术应用于流程和行为创新，实现效率、效益和满意度的提升。在政府改革应用领域，"组织再造"的主要判断依据在于以公众为中心的评价体系。对于中国的基层社区治理而言，这一评价导向是基本适应的，即以人民是否满意来评价基层社区治理"组织再造"的建设成效。另一方面，对于中国以基层党组织为核心的"组织再造"而言，它有着两个方面的属性，同样需要纳入指标评价之中，分别是基层党组织和公众在效率、效益和满意度评价中的功能设定。那么，建立在结构整合、能力释放基础上的基层社区再造过程，如何围绕公众满意度搭建科学合理的评价指标，以完成对于基层治理的优化和创新，这包括三个层面的内容，分别是服务质量、服务结果和服务创新。

第一，服务质量评价。在服务质量评价维度上，它需要充分考量透明度、专业性和问责机制。对于基层党组织而言，打造公众满意的社区治理形态，其承担着整合基础上的透明责任和追责机制，同时，它需要对于规范化、专业化的服务供给进行刚性约束。这意味着在基层社区公共服务质量评价层面，基层党组织承担着主体责任，覆盖从服务供给到需求满足的全流程质量管控。对于社区居民而言，他们主要参与对于公共产品和公共服务质量的用户反馈，基于反馈数据，基层党组织整合各类主体围绕透明度和专业性进行改进和完善，同时基于问责机制从反向保证透明度和专业性的有效实现。可以说，基层社区公共服务质量评价体系是结合了围绕基层党组织的质量标准体系和居民的用户反馈体系，通过二者之间的长效互动，并结合正反两方面的激励—惩罚机制，实现公共产品和服务的质量保证。

第二，服务结果评价。在服务结果评价维度，它主要考察基层社区公共服务的即时性、响应能力和公平性。其中，对于基层党组织而言，它主要承担各类公共产品和服务的质量监督，这意味着在即时性和响应能力方面，需要保持常态化的监督和监测机制。因为不同主体共同参与到社区产品和服务供给过程中，在响应能力和即时性上存在差异，基层党组织需要解决的正是这一结果的一致性——而不是通过直接全面地参与供给来完成。对于社区居民而言，主要通过其负向反馈来衡量和评价社区治理在即时性和响应能力上的建设效果。至于公平性作为社区治理结果输出的重要环节，最为重要，但评价最为困难。它需要融合主观感受和客观差异：基层党组织在社区治理中，既要设定规范标准，以提供标准化服务；又需要根据对象和问题的差异，进行个性化、具体化和差异化服务供给，这必然形成公众满意的层次性。换言之，公平性与满意度紧密相关，它与无差别供给并不呈现正相关，与有差别供给也并不绝对地呈现负相关，它需要基层党组织与社区居民在信息充分互动的基础上达成较为一致的价值共识。这正是党的群众路线在新时代基层社区治理中的实践要求。

第三，服务创新评价。在服务创新维度，要实现公众满意，它包含一些基础要素，也包含一些差异要素。这里，主要聚焦于基础要素的创新，它更符合一般意义上的社区治理过程。对于基础要素创新而言，它涵盖成本约束、长期影响和根本改变等方面。其中，成本约束是对于社区资源整合与社区治理产出的平衡，长期影响意味着社区治理的优化过程，具备连续性和可见的变化，根本改变包括对于具体问题和需求的回应，以及对于新技术、新工具和新手段应用带来的治理改观。对于基层党组织而言，因为其具备的中心位置、功能整合和能力体系，它需要充分考量社区需求的长期变化趋势，以及社区的"痛点""难点"，将二者结合起来，纳入社区"组织再造"的目标约束之中，避免短期化、功利性和不平衡的投入模式。

这一点在很多基层社区治理和再造过程中，并没有引起足够的重视。对这一问题的忽视，即使短期形成一种社区治理的繁荣景象，也无法保证组织的持续创新动力，从而维持社区治理的高质量发展趋向。对于社区居民而言，创新不仅仅体现在日常公共服务的需求回应之中，更体现在对基础要素的评价中，特别是旧与新的平衡关系。创新涵盖对于既有要素的优化和对于新要素的应用，基层党组织和社区居民需要在这一创新治理过程中达成一种评价的共识。

通过持续推进社区治理质量、结果和创新评价，将基层党组织和社区居民纳入动态的评价体系之中，可以有效推动基层社区治理的整体性治理态势，即结构、过程到结果、评价的完整链条。在这一过程中，组织变化正在发生，并已然深深扎根于中国基层社区治理的区情民意。

第三节 科技在社区"组织再造"中的作用及其局限

一、科技在社区"组织再造"中的作用分析

新兴技术特别是信息技术的使用，在基层"组织再造"过程中发挥着越来越重要的作用。通过社区案例的前述分析也可以发现，新时代社区"组织再造"，很大程度上是信息技术应用于社区合作治理的过程。这里，首先需要明晰信息技术与基层"组织再造"的关系问题。一方面，基层"组织再造"的过程是回应内部治理能力不足和外部治理形势复杂化的治理需求，因此它不得不对各类治理主体的角色—功能进行边界划分与功能释放；另一方面，回应治理需求的基层"组织再造"过程，必须借助于信息技术的应用，才能真正实现效能、效益提升和公众满意度的提高。二者之间存在某种程度的关联性。这种关联性意味着信息技术作为中介，介入社区治理过程，并围绕"组织再造"的治理需求，对原有治理过程和治理方式提出重塑要求。基层"组织再造"的过程，既不是简单应用信息技术的过程（因为它提出了管理方式和管理流程的优化和创新），也不是完全依赖

信息技术应用的过程（因为它是"组织再造"背景下对于信息技术参与治理的技术需求）。

（一）平台整合

信息技术应用于基层"组织再造"的过程，首先要求完成治理平台的整合与统一。在之前的社区治理过程中，治理主体多样，参与方式各异，并且存在不同形式的治理平台和载体。比如，对于党的部门而言，它聚焦于政治领导和服务引领等具体业务指导，因此这需要党的组织能够实现对于不同参与主体及其机构的对接，不同的职能和业务均存在相互独立的平台，并在党的组织内部完成集中统一。对于党的组织而言，此刻它无疑扮演着业务整合的作用。但是基层党组织也存在自身的弱项和短板，这突出表现在治理事务的复杂化和治理对象的多样化。基层党组织要么面对不断扩张的组织结构和人员设置，要么面对不断弱化的整合能力和不断缺位的领导角色。因此，在新时代，以推动党建的方式重塑基层党组织的领导能力和整合能力，不能单纯依赖于组织扩张和人员扩张，这对于海量的基层治理单元而言，是不切实际的，也是无法完成有效的资源供给保障。基于此，通过信息技术完成平台整合就显得尤为必要。M区"红色物业"建设中提及的ML镇社区治理"YI"平台就是一个很好的例证，已经逐步实现集成了业主大会线上表决系统、信息发布、便民服务、咨询调研等9大模块、33项功能，破解了基层治理资源紧缺、流程低效、动员匮乏等诸多难题。

在基层社区"组织再造"过程中，基于党组织的政治领导和关系统合功能，平台的整合依赖于基层党组织对于自身构成单元和各类参与主体的整合。首先，它需要完成线下一站式服务中心的建设，这包括党建服务中心和社区事务服务中心，并保证两个中心的同步运转和平台互通。其次，基层党组织作为政治领导和关系统合的主导者，必须将各类主体纳入统一的线上平台，即以互联网和信息技术为支撑的网上党务政务中心。同时，为各类主体开辟专门入口，将自身构成单元内嵌于网络平台之中。这是平台整合的基础要求。再次，建立党组织构成单元和各类参与主体的互动机制和业务协同机制，这是平台整合基础上"组织再造"的关键。平台整合只是基础,"组织再造"才是关键,只有通过各类参与主体处于党组织统一领导下的业务系统,才能真正完成基层"组织再造"。最后,平台整合需要动态回应治理需求变化,这包括治理事务和治理对象两个方面。对于治理事务复杂化,需要建立党领导下的多主体合作治理模式,实现线上线下联动,即时、高效地回应治理需求。对于治理对象而言,要积极吸纳各类治理对象参与治理过程,特别是各类市场主体、社会组织和公众。相比于之前的分散化治理方式,以信息技术为支撑的平台整合,有能力、有条件、有必要吸纳治理对象的全过程参与,从而实现治理主体与对象的双向互动,推进治理满意度的提升。

(二)效率提升

效率提升是信息技术应用于"组织再造"的直接动因和直观结果。首先,基层"组织再造"的过程产生于治理效率不能有效满足治理需求的现实。在从传统的行政模式向现代、特别是向信息化条件下的治理模式转变过程中,不管是政府机构还是各类组织,都面临着机构臃肿、行动缓慢、无法有效回应问题的困境。为了解决这一问题,20世纪70年代前后,西方社会掀起了新公共管理改革运动。这一政府改革的运动重心正是企业再造的理论、方法和技术应用于政府再造过程,试图打造高效、即时的企业家政府模式。比如,在美国克林顿政府的《从过程到结果:创造一个少花钱多办事的政府》报告中,就明确提出了竞争和需求导向使得既有政府模式失灵。因此,为了解决这一问题,政府不得不进行"组织再造"以提高效率和公众满意度。可以看出,不效率、不经济的问题构成公共类组织再造的直接推动力。对于中国基层组织治理而言,也存在类似的问题,特别是问题激增、关系复杂、需求多样等治理现实,使得原有的组织形态应对乏力,体现出供给效率与社会需求脱节的问题。因此,采用信息化的手段和技术方法,可以有效提升基层组织效率和能力建设,从而回应效率短板。

其次,经过"组织再造"的基层组织,通过大量采用信息技术和类企业的管理方法,可以有效提高组织的运转效率,有效回应治理需求,从而实现需求导向和公众满意度的实质性提高。这是作为信息技术应用于社区

"组织再造"的产出层面。按照戴维·奥斯本和特德·盖布勒有关政府改革的描述,它要求"社区拥有的政府",这是一种授权而不是一种服务。[①]这意味着对于基层组织而言,它需要不断获取本属于政府行政权力范畴的职权和资源配置,并参与一线事务的治理过程。作为上层和上级的政府,更多聚焦于政策供给、赋权赋能和资源配置。随着权力部门退出具体的基层治理过程,基层治理主体被放置到直接的治理事务面前,这就需要一系列的方式完成自身治理能力体系建设,从而有效回应治理需求。那么,基层治理能力体系建设就包含至少三个层面的内容:一是政治方向性的引领,这是由基层党组织的政治领导和功能整合来完成的,它同样离不开信息技术的支撑;二是竞争性、服务型、使命感的治理导向,这要求基层治理主体能够动态回应治理对象的治理需求,并组织调动治理资源,完成治理目标,这一过程同样建立在信息技术的赋能和倍增效应基础之上;三是基于信息技术的绩效评价机制,它包括珍妮特·V.登哈特和罗伯特·B.登哈特所描述的按业绩付酬、按业绩管理、按效果预算,所有的治理资源、治理过程和治理结果,应该建立在可观测、可量化、可测量的科学指标基础上,它意味着基于数字技术的全过程管理方式的实现。[②]经过这一系列过程的改革,从而输出高效率的公共产品和公共服务。所以说,效率提升是作为信息技术应用于基层组织再造的直接结果表现出来。

(三) 智能决策

智能决策是现代信息技术,尤其是大数据技术和云计算技术,应用于基层"组织再造"的未来领域。基层"组织再造"在效率效能提升和公众满意度获取的过程中,组织决策扮演着中枢性角色与作用。

在组织决策之前,它涉及党组织领导下的各类参与主体对于事务数据的有效收集。随着基层治理平台的整合和各类治理主体的介入,基层治

---

① [美] 戴维·奥斯本、特德·盖布勒:《改革政府——企业家精神如何改革着公共部门》,周敦仁等译,上海译文出版社,2013年。

② [美] 珍妮特·哈登特、罗伯特·哈登特:《新公共服务:服务而不是掌舵》,丁煌译,中国人民大学出版社,2004年。

理需要完成全数据的收集、存储和管理过程，需要建立横向层面的数据共享机制和纵向层面的数据流通机制，为后续的组织决策提供充分的数据准备。这是前述信息技术应用于社区"组织再造"的基本要求。在组织决策过程中，需要充分运用数字技术提供科学合理的决策过程。这一点"数据治国""数字治国"方面得到了特别体现，对于基层社区治理而言，它意味着社区治理的数字化过程。在传统的决策模式中，它依赖于有限的样本数据、较低的参与度和有限代表制，这使得有关公共事务的决策最终只能依靠少数领导人物或精英人物。虽然这种决策模式在决策效率上有显性提高，但它的短板也是非常明显的，特别是对于参与的吸纳和对于决策理性的约束。随着大数据时代智能决策的引入，基层组织的决策需要建立在全数据和算法优化基础之上，它一方面依赖于普遍参与，另一方面不以个别人的意志为转移，这就有效回应了决策效率和决策理性的两难问题。最后，在组织决策之后，随着公共决策应用于具体的治理过程，可以通过数据追踪的方式，完成动态评估和矫正，完成基层组织治理全过程的数据驱动。

当然，就目前而言，智能决策和智慧建设是信息技术应用于基层"组织再造"的"短板"，这需要一系列支撑要素的发展，包括信息基础设施、信息能力、平台整合、数据共享、算法优化等。它实质上构成了信息技术应用于社区组织再造的未来发展领域。

二、社区"组织再造"中科技应用的局限

信息技术应用于社区"组织再造"的过程中，既能产生倍增效应和放大效应，有效回应效率、效益和满意度问题，但也不可避免地存在自身的短板和局限。这主要表现在两个层面：第一，信息技术服从于组织再造本身。正如在前文所分析的，信息技术本身承担的是全新治理形势和治理任务背景下的治理工具角色。在"组织再造"的过程，只有借助技术手段才能完成这一再造过程。但是，技术并不能取代再造本身。因此，信息技术的应用应该服从于"组织再造"的目标和原则，这包括建立在公众为中心

基础上的效率提升、效益改善和公众满意度提高。这里特别需要注意的是，要防止出现将传统组织模式中的短板在信息背景下进一步放大的情况。第二，信息技术本身的发展存在不足。这特别表现在信息技术发展的不均衡和信息鸿沟的普遍存在，它使得基层"组织再造"的过程并不是趋于一致的，相反，可能拉大基层治理单元之间的治理差距，进一步放大传统组织治理中的效能差异。

（一）信息发展鸿沟

信息发展鸿沟，是基层"组织再造"过程中在信息技术应用层面存在的普遍基础设施差距。根据《第44次中国互联网络发展状况统计报告》，截至2019年6月，我国城镇地区互联网普及率为73.7%，农村地区互联网普及率为26.3%。①这与发达国家的互联网普及率仍存在较大差距，特别是农村地区和城市经济相对欠发达地区。互联网基础设施是推动信息技术应用于社区"组织再造"的硬件设施，正如同道路建设之于经济要素的有效流通。

普遍存在的信息发展鸿沟，一方面使得我国基层社区的"组织再造"经常性陷入硬件不足的困境；另一方面，它不断制造着新的社区间差异。对于社区在信息技术应用上的差异，它主要表现出三种类型：一是，对于新建商品房小区，基于居民经济能力的匹配性，相应的信息基础设施较为完善，信息技术应用能力和水平也较高，这使得相关社区可以迅速转向信息时代的社区"组织再造"过程，完成从信息基础设施向信息应用能力的转换，在效率、效益和满意度等指标方面，建设效果较为理想。该类小区中蓬勃发展且处于活跃状态的各类线上"拼购群""宝妈群""志愿群"就是例证。二是，对于老旧小区，因为基础设施的陈旧和老化，信息基础设施建设存在资金和资源短板，同时，老旧小区对于信息技术的使用普遍存在活跃度低的情况，这使得信息基础设施的投入—产出极为不平衡，可持

---

① 中国互联网信息中心：《第44次中国互联网络发展状况统计报告》，http://www.cnnic.net.cn/hlwfzyj/。

续性差，进而带来社区"组织再造"过程中效率、效益和满意度被约束在一个较低水平，不但加重了基层工作人员的工作负担，还加剧了线下资源的稀缺性和竞争性。三是，对于混合型社区，包括城乡结合型社区，因为居民经济能力、社会资源等方面的差异性，导致信息基础设施供给存在普遍不足，这严重抑制了信息时代社区"组织再造"过程中对于效率、效益和满意度的释放。因此，推动社区"组织再造"过程中信息技术鸿沟的弥合，必须在一般性和差异性两个维度同时推进，从而有效化解各类社区所存在的鸿沟和短板。

（二）信息能力差异

信息能力差异是基于信息鸿沟的发展层面。本来，信息鸿沟也包含能力要素，正如美国商务部在有关数字鸿沟网的描述中分析的："在所有的国家，总有一些人拥有社会提供的最好的信息技术。他们有最强大的计算机、最好的电话服务、最快的网络服务，也受到了这方面的最好的教育。另外有一部分人，他们出于各种原因不能接入最新的或最好的计算机、最可靠的电话服务或最快、最方便的网络服务。"[1]可见，信息能力的差异包含于信息鸿沟的要素体系之中，但是，这里之所以将信息能力差异独立拿出来讨论，主要是基于我国在信息技术发展领域的具体国情。一方面，我国存在较为普遍的信息鸿沟，地区差异较大；另一方面，在具备一般信息基础设施的基础上，我国不同地区和公民在信息应用方面的差距，更为隐蔽和影响深远。

对于基层社区"组织再造"而言，如何实现效率、效益和满意度的提高，这绝不是一个单纯的信息基础设施建设问题，它更指向信息能力建设。如果社区居民和各类参与主体缺乏相应的信息能力，那么，信息技术的倍增效应和放大效应都无法实现。同样来自《第44次中国互联网络发展状况统计报告》的数据结果显示，截至2019年6月，我国的网民学历结

---

[1] 转引自曹荣湘：《数字鸿沟引论：信息不平等与数字机遇》，《马克思主义与现实》2001年第6期。

构中，初高中学历或相当于高中的学历群体超过半数，初中学历群体占比最高，达38.1%，高中/中专/技校学历群体占比23.8%，受过大学专科、本科及以上教育的网民群体合计占比仅有20.2%。①网民学历结构的差异，间接意味着社区居民在互联网的使用能力上存在非常大的落差。大部分社区居民仅仅是通过互联网实现信息浏览，只有少部分居民将这种信息基础设施转化为治理能力。那么，对于基层治理单元而言，也存在类似情况。经济发达地区的社区在信息技术的能力建设上，可以实现从基础设施到信息能力的转化，而对于大部分社区单元，信息基础设施更多停留于硬件层面，并不能生成信息治理能力。基于这种情况，社区"组织再造"过程中提出的效率、效益和满意度指标，将仍然被约束在原有的治理模式中，无法确立与信息时代相匹配的治理技术和治理能力体系。这要求在推动基层组织再造过程，未来要更加重视信息能力建设，不管是对于治理主体而言还是对于治理对象而言，将原有的组织能力转向"互联网+"和数字能力建设。

（三）人为干预技术过程

人为干预技术过程对应的是技术与"组织再造"的关系问题。一般而言，技术作为新的治理情势下"组织再造"的重要载体和工具，它可以帮助基层"组织再造"有效完成治理目标和治理结构转型。基于这一判断，技术并不能替代原有的流程再造和业务管理模式创新。这里必须强调：第一，组织的流程再造和业务模式创新是统合性的，是居于支配性地位的。相比于传统的基层组织治理模式，新时代的"组织再造"正是回应原有治理形态的不适应性，它来源于治理问题、治理对象、治理事务所发生的变化。因此，它不可避免。第二，技术应用和技术支撑必须建立在组织流程再造和业务流程创新基础上，否则，技术介入并不构成实质性问题。比如，网格化管理中"智慧小区"项目的应用，如若只是在各个小区安装

---

① 中国互联网信息中心：《第44次中国互联网络发展状况统计报告》，http://www.cnnic.net.cn/hlwfzyj/。

"微卡口"硬件，而没有建立起职责明晰、分工负责、信息协同、共建共治的多主体社会治理结构，许多原有治理形态未解决的问题还是无法解决，"智慧小区"项目的有效应用起码有以下问题需要完善，包括：信息数据在不同条线部门的共享问题，信息系统建设管理中的统筹与标准化问题，网格化管理闭环工作流程外的处理突发或疑难问题的部门推诿与合力不足问题，等等。

对于上述第二点关于技术与组织再造的关系问题，在现实的基层"组织再造"过程中，经常存在一个认识和实践误区，即强调人为介入技术治理以完成预期的治理目标设定。首先，技术驱动的治理形态，建立了完整的数据采集、存储、管理、分析和应用全链条，它并不依赖于个别人的理性，相反，它建立在普遍参与的基础上。其次，人为介入技术治理过程以达成特定目标，这是用个别理性取代技术理性的过程，在新时代的社区"组织再造"过程中，并不可取。因为，对于个别理性的依赖产生于原有的组织治理形态，在技术驱动情况下，会造成治理的连锁反应，包括普遍参与层面对于参与效能的挫败感、决策过程中对于数据理性的消解、决策执行过程中对于后果的不可预估性。因此，构建与技术理性相应的介入过程就显得尤为重要。这并不是要求各类治理主体不参与基层治理过程，而是根据技术载体的特性，确立与之相匹配的治理地位和职权范围。比如，对于基层党组织而言，如何充分发挥其领导、引领和统合功能，并不是强制要求技术理性按照人为设定的目标发展，而是顺应技术治理现实，确立与之相匹配的目标导向，并将各类治理主体和参与主体纳入这一目标实现过程中，这才是对于"介入"技术过程的准确理解。

当然，人为介入技术过程在现有的基层"组织再造"过程中，还很难做到全面矫正，特别是对于社区单元之间治理形态的差异性，对于技术应用整体效能较好的社区，可以推动"介入"理性建设。而对于技术应用效能处于转型和过渡的社区，也并不能一味强调对于人为介入的矫正，而造成公共服务和公共产品供给不足，这是一个长时间、多阶段的技术与组织关系的修正过程。

结　语

　　新时代中国城市社区在"组织再造"过程中，通过主体关系及其功能的调适，推进基层组织治理体系和能力的现代化，有效回应公共产品的供给和公共需求的满足。那么，为什么在新的时代背景下，基层社区的"组织再造"显得必要和紧迫？

　　这主要有两个层面的因素。第一个层面，中国基层社区空间面临着从传统向现代的过渡，它经历了从单位体制到街居制，再到社区制的发展过程。在传统的单位体制下，单位空间与基层居住空间是重叠的，单位承接了主要的公共产品供给和公共需求满足；同时，单位与国家机构紧密连接在一起，实现了从国家到社会的一体化。改革开放之后进行了街居制改革，为了避免单位退出基层组织空间所造成的混乱、失序和公共服务供给不足等问题，我们恢复和建设基层组织体系，主要包括居委会和街道办事处等基层单元。但是，面对市场化的冲击，越来越多的公共产品转向市场化供给，基层组织单元在面对居民需求和社会问题解决方面"有心无力"。资源的有限、稀缺，使得基层组织面对市场化的竞争，只能保留形式上的职能定位，甚至形式都在不断萎缩。面对这一挑战，基层治理主体尝试通过社会共治的方式，引入其他治理力量合作实现对于基层居住空间的有效服务，这时，社区治理的观念应运而生。不过，在社区治理中，社会化力量和居民自发力量同样有着资源短板的问题，与此同时，资源向基层的倾斜使得街居体制越发有力，它可以承担不少的公共职能，但只能以从单位制延续下来的"管理"与"监督"方式供给，这使得基层治理主体又出现了"有劲无处使"。这种"有劲"表现在资源供给的充足或相对充足上，而"无处使"则表现在街居主体管得越多、效果并没有越好，社会主体和居民自发力量参与越多、发挥作用越不确定。面对基层治理空间的这一转型与发展，问题很多时候不是出在资源够不够、人员够不够上，而是如何理顺资源配置和人员使用。要理顺资源和人员的配置，则首先需要考虑各类基层治理主体的关系处理，那么以高效率、低成本、满意度为指标的基层"组织再造"这一治理体系和治理能力现代化的过程，核心其实就是在于主体关系及其功能调适。

第二个层面，随着以新技术、新手段、新平台为核心的时代转型和范式演进，基层治理空间面临越来越多的需求、越来越快的需求、越来越个性化的需求。这一系列的需求特征表明从传统的行政模式，经过新公共管理改革的尝试，步入以新公共服务、新公共治理为表征的合作共治阶段。一方面，政治和行政类治理主体退出基层治理空间，已经被证明是失效的，但是，政治和行政类主体的"回归"并不是倒回到传统的"管理"与"监控"上面去，它需要改变自己的角色定位与职能运行方式。另一方面，市场类主体也被证明存在自己的短板，它擅长处理技术类、效率类问题，但并不擅长于公共利益类治理问题，更无法有效回应公平、正义问题。至于社会力量和居民自身，他们属于公共事务复杂化背景下的最典型的"有心、有力"但又"力量不够"的参与主体。社会组织和居民自发力量不可或缺，尤其是在新技术的条件下，他们是驱动治理过程的主要参与组成；但是，他们必须处理好与政治行政类主体、市场类主体之间的关系，才能共同推动社区空间的治理目标达成。治理体系和治理能力现代化对于基层组织治理而言，就是一次"组织再造"的过程，但这一再造不是重复欧美国家在20世纪七八十年代的政府再造运动，而是在回应新技术、新手段、新平台的基础上，实现从传统向现代的转型。这一现代的内涵至少包括五个方面的要素组合：一是传统治理中的基层原则、基本属性，二是市场化改革对于成本、效益、效率的要求，三是政治和行政类主体功能的界定，四是社会组织和居民自发力量的有效参与，五是新兴技术手段与治理效能的释放。这五个方面要素的组合，使得基层"组织再造"是在新技术背景下、面对各类主体崛起、回应社区空间治理的合作进程。如果不能适时完成基层"组织再造"的过程，那么，各类型治理主体虽然都非常积极地参与治理活动，但导致的结果就是普遍的"有心无力""有劲使不上""有劲使错了地方"现象。

正是基于这两个层面的治理现实，不管是对于中国城市社区自身的体制变迁，还是对于外在的治理技术和治理方式所提出的创新要求，都使得我国城市社区治理必须完成"组织再造"的改革。同时，这一"组织再造"过程的核心又在于各类参与主体在新技术、新背景、新需求的条件下重新定义自身的角色—功能，从而共同推动城市社区治理的中国实践。通过一系列的理论梳理和案例分析，可以发现，中国城市社区"组织再造"的过程，以主体关系及其功能调适为核心，以回应公民需求为归宿，同时解决内外两方面的发展与创新需求，逐渐形成了基于中国国情的治理实践。

理解中国城市社区"组织再造"的过程，特别是理解"组织再造"对于治理体制发展和技术创新的意义，进而推动从中国治理走向世界参与，是基层治理研究和实践的发展方向。为了更好地推动中国经验的形成、完成从中国治理向世界参与的发展，我们至少需要回应三个方面的问题，这三个问题既是对这一主题的思考，也是推动这一主题思考的重要动力。

第一，中国基于"组织再造"的社区治理方案，如何区别于其他国家？

中国基层社区中的组织再造过程，在要素构成方面，与国外并不存在太大的差别，比如，不管是国内外的社区治理实践，都需要吸纳政党、政府、社会、市场、居民等各类主体的参与。但是，对于中国的社区组织再造而言，它需要回应要素构成的功能性。这主要是指在原有的基层社会空间中，不管是既存的参与主体还是新兴的主体，它们都出现了各个方面的功能弱化、定位不清、关系模糊，这时，需要重新梳理不同主体之间的关系界定，从而有效回应社会问题的解决和公共需求的增长。

一方面，对于传统的参与主体而言，如执政党、政府、居民等，需要更为精准的定位。对于执政党而言，它一直承担着政治方向的引领和大政方针的制定，在新时代的社区"组织再造"过程中，宏观层面的社区治理政策和方针，必然处于执政党的功能范围，这意味着中国社区治理过程从方向和政策层面来说，是政治驱动的。对于政府而言，它主要是承接执政党方针、政策的具化功能，即如何将有关治理的方向性、原则性规定转化为具体的政府决策和公共政策。在一定阶段，政府不仅参与政策制定，也直接介入基层社区管理过程。随着市场化改革进程的持续推进，这一主动介入管理和大包大揽的做法越来越困难。这时，将政府定位为社区治理的公共政策供给者角色，更为适合。作为具体政策实施的主要供给者，政府需要对基层社区治理负责，提供必要的政策、资源、职权支持，也要在自身职责范围内完成相应的公共产品与公共服务的有效供给。基层社区"组织再造"的过程，是政府负全责向负总责的转变过程。对于社区居民而言，他经历动员式参与逐步向主动式参与的转变。在"组织再造"之前，社区居民的社区生活与政治生活是高度一体化的，并没有相应的边界设定。随着社区居民需求和诉求的多样化、个性化和动态性，使得居民越发强调个体需求的满足，这使得高度一体化的动员式社区治理模式出现困难。但是，基层组织的弱化乃至退出，并不能真正解决这一问题，反而容易带来差异、不平等、混乱等各类问题。再加上居民及其自发力量在资源供给、权威性和协作能力上的短板，它无法取代政党主体、政府主体的功能作用。如何提供基于社区居民主动参与基础上的与政党、政府类主体的有机互动，构成它的发展定位，也是对于其角色转变的精准描述。

另一方面，对于新兴主体而言，如社会组织、市场等，同样需要精准的功能定位。在社区治理过程中，经常出现的一个现象是要么过度依赖新兴参与主体、将责任转嫁给新兴主体，要么又排斥新兴主体的参与，并不能充分认识它们在社区治理过程中不可或缺的作用。对于市场类参与主体而言，它可以参与社区治理过程中公共产品效率的提升，实现资源的有效配置，但是它无法保证资源配置的公平、平等。换言之，市场主体具备自身的功能优势，却不能取代其他主体的功能定位。对于社会组织主体而言，甚至包括居民的自发力量和非政治组织，它们的治理优势体现在专业化、自发性和相关性等方面。比如，特定社会组织在特定社区治理议题上具备专业知识、专业人员、专业方案，这是其他类主体不可取代的治理优势。不过,社会组织类主体也面对普遍的资源约束和人力约束,无法做到普遍、平等、无差异的公共服务供给。特别是居民自发类组织和非正式组织,并不具备持续性的公共产品供给能力。

因此,对于中国基层社区治理过程中的"组织再造"而言,核心就在于各类治理主体关系和功能的界定。既要为各类传统治理主体明晰角色定位,也需要提供新兴主体参与社区治理的活动空间,通过各类主体关系的调适和功能划分,提供回应新时代、新形势、新问题的治理模式。在这一点上,中国基层社区治理的"组织再造",就是结合中国的治理情势,在回应公民需求和社会问题基础上,对于主体关系和功能的重构。相比于美国的社区治理更加强调第三方力量的参与、英国的社区治理更加强调政策驱动、日本的社区治理更加重视的"市民主体"治理模式,①中国的社区治理更为关注主体关系的合理定位与功能发挥,这是适应中国基层治理情势的组织再造需求。

第二,基层"组织再造"如何结合中国的治理语境?

中国基层社区"组织再造"的主体关系与功能界定,为什么显得必要而紧迫,又为什么根本区别于其他国家的社区建设或社区营造,最根本的原因在于产生于中国基层社区空间的治理实践发展的结果。

一方面,对于欧美等发达国家,他们在长期的社会治理过程中,积累了丰富的经验和做法,比如对于第三部门的强调、对于政策驱动的重视、对于市民主体的规定,等等,这一系列的治理经验值得借鉴和学习。但是这类治理经验有其产生的国内背景和问题回应逻辑,它考虑到其所在国家的治理主体、治理问题、治理目标。如果只是简单地照搬这类治理经验和做法,我国的基层"组织再造"很有可能忽视自身的问题指向和实践逻辑,陷入"越学习越不像"的治理困境。另一方面,我们的基层"组织再造"可以学习其他国家某方面的经验做法和技术应用,结合我国治理实

---

① 边防、吕斌:《基于比较视角的美国、英国及日本城市社区治理模式研究》,《国际城市规划》2018年第4期。

践，切实以问题为导向、以需求为导向，基于历史与现实相结合的逻辑，推进中国的治理探索。这才是中国基层社区"组织再造"中的关键所在。

中国基层社区"组织再造"对于主体关系及其功能的回应，实质上是回应中国的基层治理语境。对于政治类主体如党组织而言，经过几十年的改革开放，它已经从传统的全面介入逐步转向全面领导。介入与领导的区别非常明显：介入的中心在于具体事务的处理，它不局限于方向性的规定；相反，领导更加注重方向与规划，在此前提下，充分允许其他类主体和基层主体的自主探索和实践。从改革开放前的全面介入到改革开放后基层党组织的弱化、虚化、边缘化现象，政治类主体需要恢复对于基层社区治理的方向引导，并且这也是推进党建+社区治理的建设目标所在。一方面，它不是回到全面介入具体治理的传统模式，另一方面，它是回应治理发展中政治领导缺失、缺位的现实问题与需求。因此，党委领导的强化就是补齐基层社区治理中的方向性、原则性供给短板。对于政府类主体而言，大部分时候，中国基层社区治理主要由政府领导下的多主体参与具体公共产品和服务的供给，管理思维浓厚。它在科层制的运转体系下，存在上传下达的运行链条。一者，面对基层事务的复杂化、风险化和不确定性增加，政府类主体经常面临供给不足、处理不力、应对不及时等问题；二者，有效应对基层社区治理的发展趋势，政府类主体需要明确自身的权属范围，实现与基层治理主体的职权划分、资源配置和政策协调。换言之，政府类主体参与基层社区治理不是"不闻不问"，而是"闻什么问什么"，非政府类主体和基层主体也需要"又闻又问"，这是一种建立在充分赋权赋能基础上的合作模式。

对于政治和行政类主体之外的其他社区治理参与主体，同样存在对于治理语境的有效回应。比如，市场主体从参与治理，到过度放大市场主体的功效，再到合理规范市场主体的效用发挥，那么，它可以有效弥补其他主体的效率与效益不足。社会组织类主体和居民自发力量在专业性、社会黏性方面具有优势，这是其他类主体所不具备的治理要素。特别是对于中国基层社会而言，社会资本的积累是推动治理效能的重要方面。发挥社会组织类主体的治理效能，需要充分释放他们的先天优势。但是，他们的资源短板也是显而易见的，所以与其他主体的合作显得非常必要。居民类主体的参与经历了从被动到主动的发展变化，但这种变化还处于自在向自为的转化中，它并没有出现类似于日本的"市民主体"现象，所以，一方面需要鼓励公民参与，另一方面，又需要建立公民参与和其他治理主体的合作关系。

中国基层社区治理的"组织再造"在回应治理情境的过程中，发现对于各类参与主体的关系厘定与功能界定，就是对于治理需求和治理问题的有效回应。因此，社区治理的"组织再造"不是单纯复制某种治理模式，它是在回应各个治理主体角色—功能定位基础上，有效实现各类主体之间的合作治理，即一种中国治理情境中的治理模式生成过程。

第三，实践中的基层"组织再造"为世界提供了什么样的治理智慧？

既然中国基层社区治理中的"组织再造"以主体间关系及其功能调适为轴心，以回应中国的治理情境为实质，它一方面积极学习借鉴国外发达国家的治理经验和技术手段，另一方面始终立足于中国的治理问题和治理需求，推动治理实践的探索，这一产生于中国基层空间中的治理模式，是否有助于中国的经验走向世界，参与世界范围内治理、特别是基层治理的方案供给？

我们认为，发起于中国基层社区空间中的治理及其"组织再造"的实践探索，对于世界范围内基层社会治理，至少有三个层面的意义：

首先，中国基层社区治理中的"组织再造"提供了治理方法的经验。不同国家面对现代化转型或现代社会建设中的基层社会治理，既有着共性的内容，也有着个性的差异。对于共性而言，比如新技术、新手段、新形式的普遍采用对于治理效能的提升；治理需求的多样化和个性化对于治理能力提出更高要求；面对形势的风险化、不确定性增多，对于治理结构体系提出更高要求。这一系列的共性要素使得不同国家在基层社会治理中，都存在"组织再造"的迫切需要。对于个性而言，虽然不同国家都面对类似的治理改革需求，但是，如何入手改革，并且推动对于社会问题和社会需求的回应，需要充分考虑本国的治理历史、治理经验和治理问题，特别是处于不同发展阶段的国家，它的治理指向存在较大差异，并不存在可复制、可克隆的通行模式。中国基层社区治理中的"组织再造"就是在新时代背景下，回应中国治理情境的产物，它聚焦主体关系及其功能调适，推进治理体系和治理能力现代化，从而有效回应社会问题和社会需求。这是中国基层社区治理"组织再造"的方法论意义。

其次，中国基层社区治理中的"组织再造"提供了不同于西方历史上新公共管理运动的"政府再造"经验。起源于20世纪末的"政府再造"聚焦传统行政体制的弊端，推出企业理论、方法与技术应用于政府管理活动中。后来，这一改革运动同样滋生出相应的问题，尤其是在公共性问题上的缺失。新公共服务、新公共治理的兴起，都是起源于新公共管理改革运动的后续危机。对于中国的基层"组织再造"来说，并不是单纯地复制企业的理论、方法和技术，而是立足于公共性基础上，如何在组织效能、组织效益和组织效率层面提出切实的改进方案。它聚焦于主体关系及其功能的调适，通过合理分工和合作治理，推动治理问题的解决和治理需求的满足。在这一"组织再造"的过程中，新技术、新手段、新方法的应用只是外在的表征，它需要服从于公共价值的实现，并且是在具体治理情境中的公共性实践。也正因为如此，中国的基层"组织再造"过程，是将治理理论与实践向前推进的重要一环，它有助于在具体情境中认知公共性与公平性的结合。

最后，中国基层社区治理中的"组织再造"，提供了后发国家的治理实践探索，也为发达国家提供了审视治理经验的不同视角。对于后发国家而言，他们普遍存在转型要求，这时，传统意义上的治理主体因为各方面因素的限制，存在普遍的错位、缺位、失位现象。传统治理主体如何适时调整自身的主体定位与功能界定，显得尤为必要。因为面对非政治类和行政类治理主体在能力、资源和政策上的短板——这在后发国家又是普遍存在的治理现实，传统类治理主体必须承担起相应的治理职能，而不是"放任不管"。对于新兴的治理主体和治理需求，他们需要实现与传统治理主体关系的界定，实现有效的互动与合作，共同推动基层治理中的问题解决与服务供给。这一基层组织的再造过程，在后发国家具有一定的共性，因此，中国的治理实践和治理经验对于后发国家无疑是可供选择和学习的中国方案，也彰显出了在全球治理制度变革中的"有效性优势"①。对于发达国家而言，他们的治理经验经常性地陷入西方话语的陷阱，认为基层社会治理的建构只能存在一种标准——西方的标准。但即便是对于发达国家内部，他们也存在形态各异的治理模式，有对第三方力量的重视，有对市民主体的重视，有对政策驱动的重视，有对法团组织的重视，不一而足。因此，在西方国家的基层治理模式之外，提供一种差异化的治理经验与治理实践，同时也有益于发达国家的基层治理创新和发展。毕竟，治理的核心要义并不在于治理要素的构成，而是治理要素的构成如何有效达成治理目标——这无疑是中国基层社区治理中"组织再造"所提供的答案。

---

① 刘勇、王怀信：《全球治理制度变革的中国方案优势》，《江西师范大学学报（哲学社会科学版）》2019年第3期。

附录：主要文档资料

《2017年M区深化城市基层党建工作方案》

《GM路街道"城市家园党建"三年行动计划》

《GM路街道关于加强党建引领业委会建设的实施办法》

《GM路街道物业党建工作方案》

《ML镇村居"三长"职责（试行）》

《ML镇关于加强"三长"队伍建设的实施意见（试行）》

《M区创新社会治理加强基层建设工作专报》2017年第12期（总第76期）

《M区创新社会治理加强基层建设工作专报》2018年第3期（总第85期）

《M区创新社会治理加强基层建设工作专报》2018年第7期（总第94期）

《M区党建引领基层社会治理"应知应会"操作手册》

《M区党建引领基层社会治理"应知应会"政策文件汇编》

《M区党建引领基层社会治理大培训实务教材》

《M区关于促进社区工作者队伍职业化、专业化发展的实施意见》及其6个配套政策

《M区关于党建引领业委会建设的工作方案》

《M区关于加强"党建领航 红色物业"建设的实施意见（试行）》

《M区关于加强党建引领住宅小区物业治理的行动方案》

《M区关于推进邻里中心建设的实施方案》

《M区维修资金（公共收益）管理制度（试行）》

《WJ镇关于进一步做好住宅小区物业管理考评奖励工作的实施意见（试行）》

《城市街道办事处组织条例》

《城市居民委员会组织法》

《城市居民委员会组织条例》

《关于M区加强城市基层党建的行动纲要》

《关于成立中共M区委创新社会治理加强基层建设工作推进领导小组
的通知》

《关于大力培育发展社区社会组织的意见》

《关于改革社会组织管理制度促进社会组织健康有序发展的意见》

《关于加强本区城市管理精细化工作的实施意见》

《关于加强和完善城乡社区治理的意见》

《关于加强社会组织党的建设工作的意见（试行）》

《关于建立健全居（村）协商自治联席会议制度的实施办法（试行）》

《关于进一步创新社会治理 加强基层建设的意见》

《关于进一步加强党建引领业委会建设的若干意见》

《关于进一步完善城市网格化管理的实施意见》

《关于组建城市运行综合管理中心的实施方案》

《贯彻落实〈关于加强本区城市管理精细化工作的实施意见〉三年行
动计划（2018—2020年）》

《加强"红色领航·红色物业"建设试点工作方案》

《居民区党组织"红色物业"创建标准》

《民政部关于在全国推进城市社区建设的意见》

《上海市居民委员会工作条例》

《上海市社会治理"十三五"规划》

《物业管理条例》

《中共M区委关于以党建引领社会治理的工作意见》

参考文献

一、图书

（一）中文图书

1. 马克思恩格斯全集：第1卷［M］.北京：人民出版社，1995.

2. 马克思恩格斯文集：第一卷［M］.北京：人民出版社，2009.

3. 马克思恩格斯文集：第二卷［M］.北京：人民出版社，2009.

4. 马克思恩格斯文集：第八卷［M］.北京：人民出版社，2009.

5. 十八大以来重要文献选编：上［M］.北京：中央文献出版社，2014.

6. 党的十九届四中全会《决定》学习辅导百问［M］.北京：学习出版社，2019.

7. R.E.帕克，等.城市社会学［M］.宋俊岭，等，译，北京：华夏出版社，1987.

8. 埃里克·詹奇.自组织的宇宙观［M］.曾国屏，等，译，北京：中国社会科学出版社，1992.

9. 埃莉诺·奥斯特罗姆.公共事务的治理之道［M］.余逊达，陈旭东，译，上海：上海三联书店，2000.

10. 安东尼·吉登斯.民族–国家与暴力［M］.胡宗泽，等，译，北京：生活·读书·新知三联书店，1998.

11. 安东尼·吉登斯.现代性的后果［M］.田禾，译，南京：译林出版社，2000.

12. 柏特兰·罗素.社会改造原理［M］.张师竹，译，上海：上海人民出版社，1959.

13. 包亚明.布尔迪厄访谈录：文化资本与社会炼金术［M］.上海：上海人民出版社，1997.

14. 薄大伟.单位的前世今生：中国城市的社会空间与治理［M］.柴彦威，等，译，南京：东南大学出版社，2014.

15. 贝克.风险社会［M］.何博闻，译，南京：译林出版社，2004.

16. 彼得·德鲁克.后资本主义社会［M］.傅振焜，译，北京：东方出版社，2009.

17. 陈悦，陈超美，胡志刚，等.引文空间分析原理与应用——CiteSpace实用指南［M］.北京：科学出版社，2014.

18. 陈振明，安德鲁·桑克顿，主编.地方治理中的公民参与：中国与加拿大比较研究视角［M］.北京：中国人民大学出版社，2016.

19. 陈振明.公共管理学：一种不同于传统行政学的研究途径［M］.北京：中国人民大学出版社，2003.

20. 戴维·奥斯本，特德·盖布勒.改革政府：企业家精神如何改革着公共部门［M］.周敦仁，等，译，上海：上海译文出版社，2013.

21. 道格拉斯·诺斯.经济史中的结构与变迁［M］.陈郁，罗华平，等，译，上海：上海人民出版社，1994.

22. 窦泽秀.社区行政［M］.济南：山东人民出版社，2003.

23. 范静思.上海民政志［M］.上海：上海社会科学院出版社，2000.

24. 斐迪南·滕尼斯.共同体与社会［M］.林荣远，译，北京：商务印书馆，1999.

25. 格伦·蒂德.政治思维：永恒的困惑［M］.潘世强，译，杭州：浙江人民出版社，1988.

26. 郭道久.以社会制约权力：民主的一种解析视角［M］.天津：天津人民出版社，2005.

27. 黄晓春，张东苏.十字路口的中国社会组织：政策选择与发展路径［M］.上海：上海人民出版社，2013.

28. 霍华德·莱茵戈特.网络素养：数字公民、集体智慧和联网的力量［M］.张子凌，老卡，译，北京：电子工业出版社，2013.

29. 凯文·凯利.必然［M］.周峰，董理，金阳，译，北京：电子工业出版社，2016.

30. 莱斯特·M.萨拉蒙.政府工具：新治理指南［M］.肖娜，译，北京：北京大学出版社，2016.

31. 李华钰，严强，步惜渔，主编.社会历史理论［M］.南京：南京大学出版社，1994.

32. 李景鹏.中国政治发展的理论研究纲要［M］.哈尔滨：黑龙江人民出版社，2000.

33. 林尚立，马伊里.社区组织与居委会建设：上海浦东新区研究报告［M］.上海：上海大学出版社，2000.

34. 刘春荣，耿曙，陈周旺，主编.中国城市基层治理研究读本［M］.上海：复旦大学出版社，2018.

35. 刘建军.居民自治指导手册［M］.上海：上海人民出版社，2016.

36. 娄成武，孙萍.社区管理学［M］.北京：高等教育出版社，2006.

37. 罗伯特·D.帕特南.使民主运转起来：现代意大利的公民传统［M］.王列，赖海榕，译，南昌：江西人民出版社，2001.

38. 罗伯特·帕特南.独自打保龄：美国社区的衰落与复兴［M］.刘波，等，译，北京：北京大学出版社，2011.

39. 马克斯·韦伯.社会科学方法论［M］.韩水法，莫茜，译，北京：中央编译出版社，1999.

40. 曼纽尔·卡斯特.网络社会的崛起［M］.夏铸九，等，译，北京：社会科学文献出版社，2006.

41. 潘小娟.中国基层社会重构：社区治理研究［M］.北京：中国法制出版社，2004.

42. 乔恩·皮埃尔，盖伊·彼得斯.治理、政治与国家［M］.唐贤兴，等，译，上海：上海人民出版社，2019.

43. 乔纳森·H.特纳.社会学理论的结构［M］.邱泽奇，译，北京：华夏出版社，2001.

44. 吴新叶.社区管理学［M］.北京：北京大学出版社，2008.

45. 吴志华，翟桂萍，汪丹.大都市社区治理研究：以上海为例［M］.上海：复旦大学出版社，2008.

46. 奚从清，沈庚方.社会学原理［M］.杭州：浙江大学出版社，1996.

47. 夏学銮.社区管理概论［M］.北京：中共中央党校出版社，2005.

48. 詹姆斯·罗西瑙.没有政府的治理［M］.张胜军，刘小林，等，译，南昌：江西人民出版社，2001.

49. 张塈，何云峰.社区管理概论［M］.上海：上海三联书店，2006.

50. 张静.法团主义及其与多元主义的分歧［M］.北京：中国社会科学出版社，2005.

51. 张康之.合作的社会及其治理［M］.上海：上海人民出版社，2014.

52. 张雷，宋珊萍，张平，周立.中国城市社区治理报告2018［M］.北京：中国社会出版社，2018.

53. 珍妮特·V.登哈特，罗伯特·B.登哈特.新公共服务：服务，而不是掌舵［M］.丁煌，译，北京：中国人民大学出版社，2016.

54. 郑杭生.社会学概论新编［M］.北京：中国人民大学出版社，2001.

55. 中国社会学：第二卷［M］.上海：上海人民出版社，2003.

56. 周望.理解中国治理［M］.天津：天津人民出版社，2019.

57. 周雪光.组织社会学十讲［M］.北京：社会科学文献出版社，2003.

（二）外文图书

1. A. Comte. *System of Positive Polity*[M]. London: Longmans Green, 1975.

2. Bevir, Mark. *Governance: A Very Short Introduction*[M]. Oxford, UK: Oxford University Press, 2013.

3. H. Spencer. *The Principles of Sociology*, Vol. 1[M]. New York: D. Appleton and Company, 1925.

4. J. Kooiman. *Modern Governance: New Government-Society Interactions*

[M].*London*: Sage Press, 1993.

5. Perri, Diana Leat, Kimberly Seltzer, Derry Stoker. *Towards Holistic Governance: the New Reform Agenda*[M]. New York: Palgrave, 2002.

6. Patrick Dunleavy. *Digital Era Governance: IT Corporations, the State, and E-government*[M]. London: Oxford University Press, 2006.

7. Steven,Goldsmith & William D. Eaters. *Governing by Network: The New Shape of the Public Sector*[M]. New York: Brookings Institution Press, 2004.

8. T. Parsons. *The Social System*[M]. New York: Free Press, 1951.

二、学术期刊

1. 边防，吕斌.基于比较视角的美国、英国及日本城市社区治理模式研究〔J〕.国际城市规划，2018（4）.

2. 蔡小慎，潘加军.制度经济学视角下的城市社区管理体制创新探析〔J〕.求实，2005（3）.

3. 曹海军，鲍操.社区治理共同体建设——新时代社区治理制度化的理论逻辑与实现路径〔J〕.理论探讨，2020（1）.

4. 曹海军，刘少博.新时代"党建+城市社区治理创新"：趋势、形态与动力〔J〕.社会科学，2020（3）.

5. 曹荣湘.数字鸿沟引论：信息不平等与数字机遇〔J〕.马克思主义与现实，2001（6）.

6. 陈家喜，左瑞婷.强化组织渗透性：社会组织党建的发展方向〔J〕.中国党政干部论坛，2015（10）.

7. 陈嘉明.国家与社会关系的重塑及市民社会的发育〔J〕.马克思主义与现实，1995（1）.

8. 陈捷，卢春龙.共通性社会资本与特定性社会资本——社会资本与中国的城市基层治理〔J〕.社会学研究，2009（6）.

9. 陈科霖，张演锋.政社关系的理顺与法治化塑造——社会组织参与社区治理的空间与进路〔J〕.北京行政学院学报，2020（1）.

10. 陈鹏.社区去行政化：主要模式及其运作逻辑——基于全国的经验

观察与分析［J］.学习与实践，2018（2）.

11.陈世香，黄冬季.协同治理：我国城市社区公共文化服务供给机制创新的个案研究［J］.南通大学学报（社会科学版），2018（5）.

12.陈尧.西方参与式民主：理论逻辑与限度［J］.政治学研究，2014（3）.

13.陈毅，阚淑锦.党建引领社区治理：三种类型的分析及其优化——基于上海市的调查［J］.探索，2019（6）.

14.陈周旺.政党"组织化驱动"与国家建设［J］.南京大学学报（哲学·人文科学·社会科学），2019（5）.

15.崔月琴，袁泉，王嘉渊.社会组织治理结构的转型——基于草根组织卡理斯玛现象的反思［J］.学习与探索，2014（7）.

16.董晨宇，张恬.反思"孤独社交"：社交媒体真的让我们更加疏离吗［J］.新闻与写作，2019（6）.

17.范逢春，谭淋丹.城市基层治理70年：从组织化、失组织化到再组织化［J］.上海行政学院学报，2019（5）.

18.方军.公众参与、社区治理与基层党政关系——以"铜陵模式"为例［J］.学术论坛，2012（6）.

19.方亚琴，夏建中.社区治理中的社会资本培育［J］.中国社会科学，2019（7）.

20.冯玲，李志远.中国城市社区治理结构变迁的过程分析——基于资源配置视角［J］.人文杂志，2003（1）.

21.格里·斯托里.作为理论的治理：五个论点［J］.华夏风，编译.国际社会科学杂志（中文版），2019（3）.

22.巩建华.麦肯锡7S系统模型：一种可资借鉴的公共治理方法［J］.湖北社会科学，2009（8）.

23.桂勇，崔之余.行政化进程中的城市居委会体制变迁——对上海市的个案研究［J］.华中理工大学学报（社会科学版），2000（3）.

24.郭圣莉.社区发展中的城市基层群众自治组织及其制度再造——改革开放以来上海市居委会发展研究［J］.复旦政治学评论，2003（1）.

25. 郭为桂."组织起来"：中国近代化进程中的基层治理变迁 [J].党史研究与教学，2015（6）.

26. 韩兆柱，张丹丹.整体性治理理论研究——历程、现状及发展趋势 [J].燕山大学学报，2017（1）.

27. 郝宇青.从分化到整合：改革开放40年社会变迁的动力及其转换 [J].江西师范大学学报（哲学社会科学版），2018（5）.

28. 郝宇青.基层党组织建设的动力探析 [J].江西师范大学学报（哲学社会科学版），2020（1）.

29. 郝宇青.加强基层组织建设的政治逻辑 [J].行政论坛，2018（1）.

30. 何海兵.我国城市基层社会管理体制的变迁：从单位制、街居制到社区制 [J].管理世界，2003（6）.

31. 何绍辉.政策演进与城市社区治理70年（1949—2019）[J].求索，2019（3）.

32. 何云峰.新中国成立初期毛泽东的社会治理思想 [J].湖南科技大学学报（社会科学版），2018（5）.

33. 胡象明，唐波勇.整体性治理：公共管理的新范式 [J].华中师范大学学报（人文社会科学版），2010（1）.

34. 黄晓春，嵇欣.非协同治理与策略性应对——社会组织自主性研究的一个理论框架 [J].社会学研究，2014（6）.

35. 纪莺莺.从"双向嵌入"到"双向赋权"：以N市社区社会组织为例——兼论当代中国国家与社会关系的重构 [J].浙江学刊，2017（1）.

36. 江正平，赵莹莹，曲春生.基层政府在城市社区自治中的角色重塑 [J].中州学刊，2008（6）.

37. 金太军，鹿斌.社区中的政治：协商民主的逻辑与事实 [J].马克思主义与现实，2019（2）.

38. 景维民，张慧君.制度转型与国家治理模式重构：进程、问题与前景 [J].天津社会科学，2009（1）.

39. 敬乂嘉.从购买服务到合作治理——政社合作的形态与发展 [J].

中国行政管理，2014（7）.

40. 敬乂嘉. 控制与赋权：中国政府的社会组织发展策略［J］. 学海，2016（1）.

41. 孔娜娜. "新治理"：新时代城市社区治理的趋势与挑战——以2011—2018年全国社区治理和服务创新实验区为分析对象［J］. 社会主义研究，2019（4）.

42. 蓝志勇，李东泉. 社区发展是社会管理创新与和谐城市建设的重要基础［J］. 中国行政管理，2011（10）.

43. 李浩. 新时代社区复合型治理的基本形态、运转机制与理想目标［J］. 求实，2019（1）.

44. 李慧凤，郁建兴. 基层政府治理改革与发展逻辑［J］. 马克思主义与现实，2014（1）.

45. 李猛，周飞舟，李康. 单位：制度化组织的内部机制［J］. 中国社会科学季刊（香港），1996（秋季卷）。

46. 李强，王莹. 社会治理与基层社区治理论纲［J］. 新视野，2016（6）.

47. 李威利. 从基层重塑政党：改革开放以来城市基层党建形态的发展［J］. 社会主义研究，2019（5）.

48. 李威利. 新单位制：当代中国基层治理结构中的节点政治［J］. 学术月刊，2019（8）.

49. 李永娜，袁校卫. 新时代城市社区治理共同体的建构逻辑与实现路径［J］. 云南社会科学，2020（1）.

50. 李友梅. 社区治理：公民社会的微观基础［J］. 社会，2007（2）.

51. 林磊. 在地内生性：社会组织自主性的微观生产机制——以福建省Q市A社工组织为例［J］. 中国行政管理，2018（7）.

52. 林尚立. 基层群众自治：中国民主政治建设的实践［J］. 政治学研究，1999（4）.

53. 刘波，王力立，姚引良. 整体性治理与网络治理的比较研究［J］. 经济社会体制比较，2011（5）.

54. 刘春荣，汤艳文.告别科层?基层群众自治的组织变迁及其困境 [J].当代中国政治研究报告，2013（00）.

55. 刘冀瑗.对社区居委会与街道办事处关系的思考 [J].中共石家庄市委党校学报，2010（7）.

56. 刘见君.国内外城市社区管理的模式、经验与启示 [J].江淮论坛，2003（5）.

57. 刘开君，卢芳霞.再组织化与基层社会治理创新 [J].治理研究，2019（5）.

58. 刘蕾，邱鑫波.社会组织党建：嵌入式发展与组织力提升 [J].北京行政学院学报，2019（6）.

59. 刘润忠.试析结构功能主义及其社会理论 [J].天津社会科学，2005（5）.

60. 刘勇，王怀信.全球治理制度变革的中国方案优势 [J].江西师范大学学报（哲学社会科学版），2019（3）.

61. 娄成武.基于"三圈网络治理"模型的公共服务体系复杂性分析 [J].行政论坛，2014（3）.

62. 卢学晖.中国城市社区自治：政府主导的基层社会整合模式——基于国家自主性理论的视角 [J].社会主义研究，2015（3）.

63. 芦恒，蔡重阳."单位人"再组织化：城市社区重建的治理创新——以长春市C社区为例 [J].新视野，2015（6）.

64. 罗伯特·罗茨.新的治理 [J].木易，编译.马克思主义与现实，1999（5）.

65. 罗强强."嵌入式"发展中的"内卷化"——社会工作参与基层社会治理的个案分析 [J].江西师范大学学报（哲学社会科学版），2018（4）.

66. 马得勇.政治信任及其起源 [J].经济社会体制比较，2007（5）.

67. 马振清，杨礼荣.新时代全面从严治党三维建构：内涵、要求与特征 [J].江西师范大学学报（哲学社会科学版），2020（2）.

68. 闵学勤，王友俊.移动互联网时代的在线协商治理——以社区微信群为例［J］.江苏行政学院学报，2017（5）.

69. 闵学勤.社区认同的缺失与仿企业化建构［J］.南京社会科学，2008（9）.

70. 倪咸霖.政府购买社会组织服务"供需适配偏差"及其矫正——基于江苏省N市Q区的实证分析［J］.中国行政管理，2018（7）.

71. 牛涛.从"强国家弱社会"到"强国家强社会"［J］.湖北行政学院学报，2008（4）.

72. 彭兰.移动互联网时代的"现场"与"在场"［J］.湖南师范大学社会科学学报，2017（3）.

73. 齐卫平.论党的领导与多元社会治理结构［J］.探索与争鸣，2012（12）.

74. 任志安.网络治理理论及其新进展［J］.中大管理研究，2008（2）.

75. 任中平，邓超.实现社会治理模式转换的现实路径［J］.长白学刊，2014（4）.

76. 荣敬本."压力型体制"研究的回顾［J］.经济社会体制比较，2013（6）.

77. 师林，孔德永.制度—效能：基层党建引领社区治理的创新实践——以天津市"战区制、主官上、权下放"模式为例［J］.中共天津市委党校学报，2020（1）.

78. 史云贵，周荃.整体性治理：梳理、反思与趋势［J］.天津行政学院学报，2014（4）.

79. 宋道雷.国家治理的基层逻辑：社区治理的理论、阶段与模式［J］.行政论坛，2017（5）.

80. 宋黔晖.基层党建引领社区治理创新的路径［J］.中国党政干部论坛，2019（2）.

81. 孙柏瑛，邓顺平.以执政党为核心的基层社会治理机制研究［J］.教学与研究，2015（1）.

82. 孙立平，王汉生，王思斌，林彬，杨善华.改革以来中国社会结构的变迁［J］.中国社会科学，1994（2）.

83.孙涛.新时代城市基层党建引领社会治理创新路径探析［J］.新疆大学学报（哲学·人文社会科学版），2018（4）.

84.孙肖远.社区复合治理与社区党建领导体制创新——以南京市鼓楼区社区治理实践为例［J］.理论导刊，2012（6）.

85.谈小燕，营立成.首都城市社区治理70年［J］.前线，2019（12）.

86.唐皇凤.新时代党的长期执政能力建设：理论依据与战略路径［J］.治理研究，2018（3）.

87.唐江平.社区治理主体间关系：问题、成因与重构［J］.社会工作（学术版），2011（6）.

88.唐鸣，李梦兰.城市社区治理社会化的要素嵌入与整体性建构——基于"第三批全国社区治理和服务创新实验区"的案例分析［J］.社会主义研究，2019（4）.

89.唐兴军.从嵌入耦合到驱动引领：社会组织党建的逻辑与路向［J］.江西师范大学学报（哲学社会科学版），2020（1）.

90.唐亚林，陈先书.社区自治：城市社会基层民主的复归与张扬［J］.学术界，2003（6）.

91.田毅鹏，苗延义."吸纳"与"生产"：基层多元共治的实践逻辑［J］.南通大学学报（社会科学版），2020（1）.

92.童星.从科层制管理走向网络型治理——社会治理创新的关键路径［J］.学术月刊，2015（10）.

93.汪波.城市社区管理体制创新探索——行政、统筹、自治之三元复合体制［J］.新视野，2010（2）.

94.汪金友.指尖上的形式主义［J］.前线，2019（3）.

95.王金水.党的领导地位的政治学阐释［J］.社会科学，2010（7）.

96.王立娟，戴艳军.网络化社会"缺场交往"性质透视：兼论马克思主义交往理论［J］.中国领导科学，2017（5）.

97.王浦劬.国家治理、政府治理和社会治理的基本含义及其相互关系辨析［J］.社会学评论，2014（3）.

98．王诗宗，宋程成.独立抑或自主：中国社会组织特征问题重思［J］.中国社会科学，2013（5）.

99．王向民，李小艺，肖越.当前中国的社会组织培育发展研究：从结构分析到过程互动［J］.华东师范大学学报（哲学社会科学版），2018（6）.

100．王向民.分类治理与体制扩容：当前中国的社会组织治理［J］.华东师范大学学报（哲学社会科学版），2014（5）.

101．王向民.中国社会组织的项目制治理［J］.经济社会体制比较，2014（5）.

102．王欣，杨君.再组织化、公共性与社区治理［J］.长白学刊，2017（1）.

103．王旭，顾昕.政府能力建设与公共服务的治理变革［J］.学术月刊，2006（4）.

104．王永红.城市社区治理中政府的角色定位及其职能［J］.城市问题，2011（12）.

105．王臻荣.治理结构的演变：政府、市场与民间组织的主体间关系分析［J］.中国行政管理，2014（11）.

106．吴晓林，张慧敏.社区赋权引论［J］.国外理论动态，2016（9）.

107．吴晓林.治权统合、服务下沉与选择性参与：改革开放四十年城市社区治理的"复合结构"［J］.中国行政管理，2019（7）.

108．吴永红，梁波.制度结构、非均衡依赖与基层治理困境的再生产——以居委会减负悖论为例［J］.甘肃行政学院学报，2017（4）.

109．熊易寒.社区共同体何以可能：人格化社会交往的消失与重建［J］.南京社会科学，2019（8）.

110．徐永祥.社会的再组织化：现阶段社会管理与社会服务的重要课题［J］.教学与研究，2008（1）.

111．严志兰，邓伟志.中国城市社区治理面临的挑战与路径创新探析［J］.上海行政学院学报，2014（4）.

112．颜昌武，杨华杰.以"迹"为"绩"：痕迹管理如何演化为痕迹主义［J］.探索与争鸣，2019（11）.

113.颜玉凡.文化自信与社区文化协同治理创新［J］.学习与探索，2019（2）.

114.杨爱平，余雁鸿.选择性应付：社区居委会行动逻辑的组织分析——以C市Z社区为例［J］.社会学研究，2012（4）.

115.杨超.迈向关系性社会治理：一个元框架的构建［J］.华东理工大学学报（社会科学版），2019（1）.

116.杨宏山.整合治理：中国地方治理的一种理论模型［J］.新视野，2015（3）.

117.杨君，徐选国，徐永祥.迈向服务型社区治理：整体性治理与社会再组织化［J］.中国农业大学学报（社会科学版），2015（3）.

118.叶继红，杨鹏程.利益分化、差异共融与城中村治理［J］.理论与改革，2019（4）.

119.叶南客.中国城市居民社区参与的历程与体制创新［J］.江海学刊，2001（5）.

120.易承志.国家治理体系现代化制度供给的理论基础与实践路径［J］.南京师大学报（社会科学版），2017（1）.

121.尹广文，李树武.多元分化与关系重构：社会组织参与城市基层社区治理的模式研究［J］.理论导刊，2015（10）.

122.郁建兴，沈永东.调适性合作：十八大以来中国政府与社会组织关系的策略性变革［J］.政治学研究，2017（3）.

123.郁建兴.当代中国社会建设中的协同治理：一个分析框架［J］.学术月刊，2012（8）.

124.喻国明，等.趣缘：互联网连接的新兴范式——试论算法逻辑下的隐性连接与隐性社区［J］.新闻爱好者，2020（1）.

125.袁方成.增能居民：社区参与的主体性逻辑与行动路径［J］.行政论坛，2019（1）.

126.詹姆斯·马奇，约翰·奥尔森.新制度主义详述［J］.允和，译.国外理论动态，2010（7）.

127. 张成福.责任政府论［J］.中国人民大学学报，2000（2）.

128. 张冬冬.党建引领社区治理创新的理论和实践逻辑［J］.毛泽东邓小平理论研究，2019（11）.

129. 张济顺.论上海里弄［J］.上海研究论丛，1993（9）.

130. 张静.中国基层社会治理为何失效？［J］.文化纵横，2016（5）.

131. 张康之，程倩.网络治理理论及其实践［J］.新视野，2010（6）.

132. 张康之.对"参与治理"理论的质疑［J］.吉林大学社会科学学报，2007（1）.

133. 张康之.公共管理：社会治理模式的转型［J］.天津社会科学，2002（4）.

134. 张平，吴子靖，赵萌.中国城市社区治理研究的发展态势与评价——基于（1998—2017年）2049篇CSSCI的文献计量分析［J］.治理研究，2019（1）.

135. 张勇杰.多层次整合：基层社会治理中党组织的行动逻辑探析——以北京市党建引领"街乡吹哨、部门报到"改革为例［J］.社会主义研究，2019（6）.

136. 张玉磊.整体性治理理论概述：一种新的公共治理范式［J］.中共杭州市委党校学报，2015（5）.

137. 赵闯，姜昀含.环境决策中公众参与的有效性及其实现［J］.大连理工大学学报（社会科学版），2019（1）.

138. 赵方杜，等.社会韧性与风险治理［J］.华东理工大学学报，2018（2）.

139. 赵刚印.公民参与的应然与实然［J］.理论探讨，2006（3）.

140. 赵磊.改革30年：面临的问题与出路［J］.江汉论坛，2008（4）.

141. 赵玉林，任莹，周悦.指尖上的形式主义：压力型体制下的基层数字治理——基于30个案例的经验分析［J］.电子政务，2020（3）.

142. 周黎安.行政发包制［J］.社会，2014（6）.

143. 周敏晖，郝宇青."团队党建"：城市社区党建工作的新探索——以上海市江川路街道为例［J］.当代世界社会主义问题，2019（3）.

144. 周敏晖，郝宇青.基层社会治理中的"组织再造"：问题与对策［J］.社会科学，2019（11）.

145. 周晓梅，任雷.社区基金会的兴起与基层社会治理共同体的构建：从参与主体多元到资源渠道多元［J］.华东理工大学学报（社会科学版），2019（6）.

146. 周雪光，练宏.中国政府的治理模式：一个"控制权"理论［J］.社会学研究，2012（5）.

147. 周延东.社区治理的"关系式动员"研究［J］.中国特色社会主义研究，2010（1）.

148. 周怡.社会结构：由"形构"到"解构"——结构功能主义、结构主义和后结构主义理论之走向［J］.社会学研究，2000（3）.

149. 朱健刚.论基层治理中政社分离的趋势、挑战与方向［J］.中国行政管理，2010（4）.

150. 朱涛.新中国70年社会治理变迁与基本经验［J］.北京工业大学学报（社会科学版），2019（4）.

151. 竺乾威.从新公共管理到整体性治理［J］.中国行政管理，2008（10）.

152. 邹左功.全国首批社区建设实验区确定［J］.中国全科医学，2000（1）.

三、电子文献

1.《第44次中国互联网络发展统计报告》［OL］.中国互联网络信息中心.2019-8-30.http：//www.cnnic.net.cn/hlwfzyj/.

2. 闵行区城管执法局夯实精细化，迎接进博会［OL］.东方网，2018-8-14.http：//city.eastday.com/gk/20180814/u1ai11721404.html.